LA FRANCE EN BICYCLETTE

ÉTAPES D'UN TOURISTE

de Paris à Grenoble et Marseille

PAR

Jean Bertot

PARIS
ANCIENNE MAISON QUANTIN
LIBRAIRIES-IMPRIMERIES RÉUNIES
7, rue Saint-Benoît
1894

LA FRANCE EN BICYCLETTE

DU MÊME AUTEUR

En préparation :

LA FRANCE EN BICYCLETTE
De Paris en Auvergne, aux Causses et aux Pyrénées.

LA FRANCE EN BICYCLETTE
De Paris à Strasbourg,
aux Vosges et au Nord de la France.

LA FRANCE EN BICYCLETTE
De Paris en Normandie, en Bretagne et dans l'Ouest.

13383. — Lib.-Imp. réun., rue Mignon, 2, Paris.

Jean BERTOT
MEMBRE DU CLUB ALPIN FRANÇAIS

LA
FRANCE EN BICYCLETTE

ÉTAPES D'UN TOURISTE

◆

De Paris à Grenoble et à Marseille

Illustré de
40 reproductions d'après des photographies
PAR LE RIVEREND
et de dessins
PAR GASTON BUSSIÈRE

> Beù souleù de la Prouvenço,
> Gai compaire daù mistraù,
> Tu qu'escoules la Duranço
> Coumo un flot de vin de Craù,
> Fai lusi toun blound caleù,
> Fai te veire, beù souleù,
> Leù, leù, fai te veire, beù souleù!
>
> F. MISTRAL.

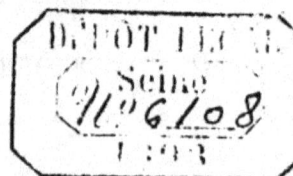

PARIS
ANCIENNE MAISON QUANTIN
LIBRAIRIES-IMPRIMERIES RÉUNIES
7, rue Saint-Benoît
MAY ET MOTTEROZ, directeurs

1894

Ce livre n'est ni un Guide ni un Itinéraire, dans le sens strict de ces mots. Il existe de très bons Guides en France, et il y aurait témérité à les refaire. Quant aux Itinéraires vélocipédiques, ils sont déjà fort nombreux, et, outre celui de Baroncelli, désormais classique, il n'est guère de journal de sport qui n'en publie quelques-uns toutes les semaines, plus ou moins sérieux, plus ou moins étudiés.

Toutefois, à travers les menus incidents d'un long voyage au milieu des contrées les plus pittoresques et les moins visitées d'ordinaire, on trouvera divers renseignements, diverses indications qui pourront être utiles à l'occasion pour ceux qui seraient tentés de suivre nos traces, — bientôt ils s'appelleront légion. — On y trouvera surtout le sincère amour du grand air, du soleil, de la nature et de ce merveilleux pays que nous connaissons si *peu, nous autres Français, et qui s'appelle la France.*

Et qui sait ? S'il arrive que nos lecteurs aient éprouvé quelque plaisir à nous accompagner dans les Alpes françaises et en Provence, peut-être, à la saison prochaine, nous remonterons en selle et nous visiterons quelque autre contrée. Le propre du bicycliste est de ne jamais se lasser!

LA FRANCE EN BICYCLETTE

⊕

De Paris a Grenoble
et a Marseille

CHAPITRE PREMIER

AVANT DE PARTIR

Conseils d'amis. — Mon compagnon. — L'itinéraire. — La bicyclette et ses accessoires. — Bagage et costume. — Ce qu'il faut et ce qu'il ne faut pas emporter.

« Ah çà ! mon cher, vous êtes fou ! Employer vos quelques jours de vacances à faire le voyage de Paris à Marseille en bicyclette, c'est absolument insensé ! Savez-vous bien qu'il y a, de Paris jusqu'à Marseille, quelque chose comme 860 kilomètres ?

— Que dites-vous ? Pour moi il y aura bien

davantage, car je compte passer au préalable par Nantua et Grenoble.

— Par Nantua et Grenoble! Mais savez-vous, malheureux, qu'il vous faudra traverser une grande partie des montagnes du Jura, vous enfoncer dans les Alpes françaises, où vous ferez, vous et votre bicyclette, une triste figure?

— J'en ai vaguement ouï parler.

— Êtes-vous entraîné, au moins? Avez-vous suivi un régime sévère et raisonné? Avez-vous fait régulièrement des records sérieux, pris part à des courses, reçu des leçons de quelqu'un des maîtres du sport?

— Nullement. Tout récemment initié par un ami complaisant à l'art paradoxal de se tenir en équilibre sur deux roues, j'ai fait deux ou trois fois le voyage de Paris à Versailles, voilà tout.

— Eh bien, je vous souhaite bien du plaisir! Vous n'irez pas jusqu'au bout, et encore vous reviendrez avec deux jambes cassées, pour le moins, trois côtes enfoncées et une épaule démise. »

Telles furent les observations encourageantes avec lesquelles mes amis et connaissances accueillirent l'annonce de mon départ.

Ma bonne vieille tante de Pontivy me manda que le médecin du lieu lui avait dit que l'exercice du vélocipède, outre qu'il était ridicule, donnait des dépôts dans les genoux et prédisposait à la mort subite.

Puis vinrent d'obligeants donneurs d'avis.

« Ne manquez pas, disait l'un, de vous munir d'une série de rayons. Rien de plus fréquent qu'une rupture de rayon.

— Surtout, disait un autre, emportez des tiges d'axes de rechange pour vos pédales.

— N'oubliez pas, ajoutait un troisième, de prendre une collection complète de boulons.

— Il vous faut aussi un serre-rayons, un revolver pour vous défendre contre les chiens et surtout contre les paysans, qui jettent des pierres aux vélocipédistes; une ceinture de flanelle. Il sera bon d'avoir des billes de rechange, ainsi qu'une tige de selle, au cas où la vôtre viendrait à fléchir. »

Il me souvient bien que quelqu'un m'engagea fortement à me pourvoir de bandages en caoutchouc, pour remplacer ceux de mes roues s'ils venaient à se couper; je les eusse portés en bandoulière, comme l'Amour son carquois. Ces bandages supposaient même l'accompagnement de tablettes de colle pour les fixer en place, et de lampes pour faire fondre lesdites tablettes.

Tout compte fait, et pour comble de précaution, j'aurais dû me faire suivre aussi d'une forge de campagne et d'un mécanicien pour réparer mes avaries.

Je me hâte d'ajouter que je ne suivis pas le moins du monde ces conseils, et m'en trouvai fort bien.

※

Un seul de mes amis ne prenait pas part à ce concert de prophéties et d'avis. C'est que celui-là devait m'accompagner et partager ma bonne ou ma mauvaise fortune. Convaincu, en sa qualité de médecin, que l'exercice sagement compris de la bicyclette est la meilleure de toutes les gymnastiques, il était bien aise de s'en rendre compte par lui-même avant de l'ordonner à ses malades. On n'est pas plus consciencieux : c'est comme un chirurgien qui, avant de couper la jambe d'un client, s'en couperait d'abord une à lui-même pour s'assurer que la scie est bien affilée.

Grand ami, d'ailleurs, comme moi, du plein air, de la campagne, de la liberté que donne la grande route, joyeux de voir de nouveaux paysages, de nouvelles villes, de nouvelles figures ; de constitution solide aussi, et n'ayant peur ni du soleil ni de la pluie.

Ensemble nous avions jadis été, le sac au dos, parcourir, j'allais presque dire découvrir, les graves solitudes du Morvan, ces contrées granitiques où les montagnes sont couvertes d'amples manteaux de forêts, où les rivières mugissent en cascades, où les rochers se découpent en silhouettes bizarres; pays étrangement pittoresque situé presque aux portes de Paris, et que les Parisiens ne connaissent pas. Au point que beaucoup de gens, nullement ignorants ou sots, se figurent que le Morvan est en Bretagne!

Or voilà que la bicyclette allait nous permettre de recommencer, embelli, ce beau rêve qu'avaient été nos courses dans le Morvan! Voilà que nous allions de nouveau reprendre la clef des champs, avec, en moins, la hantise du havresac, déplorable compagnon du piéton, dont il empoisonne trop souvent les joies! Nous n'eûmes garde de laisser passer l'occasion.

Pour un voyage de quelque importance en bicyclette, il est excellent d'être seul; il est mieux d'être deux; il est détestable d'être plus de trois.

Si l'on voyage seul, peut-être serait-il prudent de porter sur soi, comme on me le conseillait, un revolver. Encore que la police soit bien faite en France, et qu'on n'y arrête que rarement la diligence ou le courrier, il ne manque pas de rôdeurs et de chenapans pour qui une bicyclette serait de bonne prise, et qui, une fois l'amateur assommé, l'enterreraient décemment au fond de quelque gorge sauvage où toutes les gendarmeries de France ne l'iraient pas dénicher.

Donc, si vous voyagez seul dans des cantons déserts et montagneux, prenez un revolver, mais à la condition de ne jamais vous en servir, sauf en cas de péril flagrant. Entre les mains de bien des gens peureux ou ardents, un revolver est un véritable danger, et vous risquez de tuer sans motif quelque malheureux mendiant ou quelque honorable ivrogne.

Le voyage à deux est le voyage idéal, à condition que les âges, les tempéraments, les caractères congruent. S'il n'est pas nécessaire que les deux voyageurs aient sur tout les mêmes idées, il est indispensable qu'ils s'accordent toujours sur les questions de dépenses, d'itinéraire, qu'ils aient le même sentiment de la nature et du pittoresque. Ainsi, mon ami et moi, nous eûmes de terribles disputes sur les mérites de la musique de Wagner, mais sur le charme des montagnes s'estompant dans le violet du couchant, sur la magie des flots bleus de la Méditerranée, nous fûmes toujours d'accord.

Voyager à trois ou plus est mauvais, très mauvais, à moins qu'on ne se trouve dans de certaines circonstances exceptionnellement favorables.

⁂

Le premier soin du touriste, c'est de tracer son itinéraire. Il faut savoir où l'on va.

Nous prîmes donc la résolution de traverser en plein le Morvan, notre vieille connaissance, en prenant par Avallon et le lac des Settons ; de visiter en passant le Creusot et ses usines gigantesques, et, franchissant les contreforts du Jura, d'arriver à Nantua ; — de nous enfoncer ensuite, par Grenoble, dans les Alpes du Dauphiné, puis dans les Alpes de Provence, et enfin, filant au beau milieu du massif des monts des Maures, de longer quelque temps la Méditerranée avant d'arriver à Marseille.

Notre retour devait s'effectuer plus directement par Lyon et Nevers.

Pour ce faire et ne rien laisser au hasard, je traçai sur la carte de l'État-major au 80 000ᵉ la route à suivre. Cette carte est la seule dont un touriste sérieux doive se servir.

M'armant ensuite d'une belle paire de ciseaux, je découpai mes cartes en bandes de 15 centimètres de largeur environ, suivant l'itinéraire tracé, et je les collai sur une étoffe légère, tulle ou batiste, destinée à empêcher les déchirements. Je pliai alors le tout, — qui comportait bien une trentaine de mètres, — de façon à en faire un paquet facile à adapter au guidon. De la sorte, tout le temps du voyage, j'ai eu sous les yeux la route à suivre, et les tâtonnements, les erreurs si agaçantes pour le touriste novice, nous ont été inconnus.

J'entre dans tous ces menus détails, parce que j'espère qu'ils pourront être appréciés et perfectionnés par nos émules.

Pour faire un civet, on prend un lièvre. Pour faire un voyage en bicyclette, une bicyclette est indispensable.

La mienne était une machine de fabrication française, de poids raisonnable — 20 kilogrammes, — qui m'avait plu par son prix très modéré, son apparence de solidité et l'absence de tout luxe inutile. Caoutchoucs creux, bien entendu. Les pneumatiques, à propos desquels on s'est tant emballé, ne valent rien, jusqu'à présent, sur des terrains qu'on n'a pas préparés d'avance. Ce sont des bandages bons pour la course, mais non pour la route, surtout pour une longue route. Notre ami M. Pendrié, un véloceman de la veille, vient d'inventer un caoutchouc creux elliptique qui paraît réunir les avantages du creux et du pneumatique. Malheureusement, au moment de notre départ, ce caoutchouc n'était pas encore dans le commerce.

Estimant que voyager de nuit est ridicule de la part de gens qui veulent avant tout voir du pays, et qu'en outre il n'est jamais prudent de vélocer une fois le soleil couché, nous décidâmes de laisser nos lanternes à la maison. De la sorte, nous étions sûrs de ne pas céder à la tentation d'allonger nos journées ou de nous trop attarder en route. Cela pourtant devait nous arriver, ainsi qu'on le verra plus loin.

J'enlevai les appuie-pieds de la fourche de

devant. Rien n'est plus séduisant dans une descente, je l'avoue, que d'allonger paresseusement ses jambes, en se laissant rouler au gré de la pente ; rien aussi n'est plus dangereux. Un bicycliste qui lâche ses pédales, c'est un cavalier qui vide les étriers ; il est à la merci du moindre soubresaut, du plus petit écart. Beaucoup de chutes n'ont d'autre cause que celle-là, toujours inavouée d'ailleurs. Méfiez-vous des descentes, bicyclistes mes frères. Par la fausse sécurité qu'elles inspirent, elles ont à leur actif, — ou à leur passif, comme vous voudrez, — un nombre incalculable d'accidents.

La question du bagage à emporter dans un voyage de longue haleine en vélo a une grande importance.

Il s'agit de concilier deux points diamétralement opposés : emporter tout ce dont on peut avoir besoin, et ne pas trop charger sa machine.

Dans une valise faite exprès pour tenir dans le cadre de la bicyclette, et qui se trouve par conséquent entre les jambes du véloceman, on fait entrer beaucoup de choses. On peut, en fait de linge, emporter de quoi marcher quinze jours ou trois semaines. Ah dame ! il ne faut pas être trop sybarite, et l'on doit savoir se borner au strict nécessaire. Le costume le plus commode est un maillot en jersey avec culotte demi-collante en même étoffe. Cette tenue a l'avantage de supprimer toute apparence de linge. Mon camarade et moi remplacions aux tables d'hôte et dans les grandes circonstances nos faux cols absents par l'extrême distinction de nos manières.

Il suffit donc de quelques paires de bas, — un touriste qui se respecte ne montre pas ses mollets nus aux populations, — de quelques mouchoirs, d'un gilet de flanelle, dont on doit changer lorsqu'on arrive trempé de sueur à l'étape, d'un savon, d'un peigne et d'une brosse. Tout homme qui ne sait se contenter de cela n'est pas digne de voyager.

Un porte-paquet adapté au guidon est précieux. Grâce à ses courroies, on y assujettit une foule d'objets. Le veston en jersey, pareil au costume que l'on endosse dès que l'on fait halte ; le manteau en caoutchouc avec le capuchon sous lequel on s'impermée en temps de pluie ; le guide, l'itinéraire de l'État-major dont j'ai parlé tout à l'heure, et surtout les albums, la boîte à aquarelle et l'appareil à photographie.

Enfin une casquette en toile légère, avec couvre-nuque, et des espadrilles à semelles épaisses en corde terminaient notre équipement.

Quand un voyage doit se prolonger longtemps, il est nécessaire de se faire adresser, dans un des hôtels où l'on passera, un colis postal que l'on trouve tous les quinze jours environ, et qui permet de renouveler sa provision d'effets et de renvoyer chez soi son linge sale, qui demande, comme chacun sait, à être lavé en famille.

Pour l'entretien de la machine, rien de plus que ce qu'on prend pour aller au Vésinet : une clef anglaise, une burette d'huile et un chiffon.

Pas besoin d'autre chose.

Ah, pardon ! J'oubliais les deux plus indispensables : une bonne santé et une bonne humeur à toute épreuve !

CHAPITRE II

DE PARIS A MELUN

Le départ. — Villeneuve-Saint-Georges. — L'entraînement pratique. — 150 kilomètres par jour. — La forêt de Sénart. — Melun, ses églises et sa musique.

Go ahead!

Le 4 août, par une superbe matinée d'été, nous franchissions la Porte Dorée, qui ouvre si somptueusement le Bois de Vincennes.

Si nous eussions dit aux gabelous indolents qui nous regardaient passer que nous partions pour Marseille, ils nous auraient traités de fameux farceurs.

Longeant le lac de Charenton, fort joli à cette heure, nous allions tout doucement, nous laissant bercer par le charme discret des brumes du matin.

« Le lac de Nantua peut-il être plus gracieux que celui-ci? me dit mon ami.

— J'en doute.

— Eh bien, si nous en restions là du voyage? »

Pour toute réponse à cette question saugrenue, je donnai quelques bons coups de pédale, et bientôt nous traversions le pont de Charenton, non loin des bords fleuris, agrémentés de guinguettes à friture, où la Marne va marier ses eaux à celles de la Seine. Vrai paysage de banlieue, navrant les jours dits ouvriers, fourmillant et puant le vin bleu et la graisse bouillante le dimanche et le lundi.

Le lundi n'est pas un jour ouvrier. Souvent le mardi non plus.

On dit aussi jour *ouvrable*. D'après les commerçants, cela signifie les jours où ils ouvrent.

La route de Charenton à Villeneuve-Saint-Georges est la terreur des vélocipédistes parisiens. Pavée d'énormes grès jadis cubiques, arrondis avec les années et beaucoup plus polis que les charretiers qui y fréquentent, pas entretenue, délaissée par M. le Ministre des Travaux publics, qui n'a pas souvent l'occasion de s'y aller promener, elle offre au regard épouvanté d'horribles fondrières, des précipices et un aspect généralement montagneux. Nous qui cherchions des montagnes, nous débutions bien.

Il n'est que juste de dire que, de quelque côté que l'on sorte de Paris, sauf par Saint-Cloud, cet affreux pavé se rencontre.

Beaucoup de vélocemen, pour l'éviter, prennent le chemin de fer jusqu'à Villeneuve-Saint-Georges.

Pour nous, dédaigneux de ce mode arriéré de locomotion, nous laissâmes à droite la route maudite, et, faisant un léger détour, nous allâmes, par une belle voie pourvue d'excellents bas côtés, à Créteil.

Une colline boisée nous cache Villeneuve. Nous la contournons, et bientôt nous voici installés sous une tonnelle galeuse, en face d'un bifteck d'âne et d'une friture inquiétante. Si mon vis-à-vis était une jolie femme, — hélas! il s'en faut de tout! — je me pourrais croire en véritable partie fine.

✽

Cet aperçu de la belle et grande nature nous ayant mis en goût, nous le complétons après déjeuner en allant faire un tour sur le minuscule pont suspendu qui relie les deux bras de la Seine.

Aussi bien, il faisait très chaud. Déjà! Comme on sentait que nous allions vers le Midi! Et nous commencions à mettre en pratique une règle que nous nous étions imposée, excellente pour tous les bicyclistes voyageant l'été ; à savoir :

Ne marcher que le matin de très bonne heure, et l'après-midi, quand le soleil décline.

Du reste, ce premier jour, nous n'avions pas à nous presser. Voici pourquoi :

Il serait très imprudent pour des amateurs, même vigoureux et exercés, de se lancer dans une expédition aussi considérable que la nôtre — plus de 2000 kilomètres, — sans entraînement, sans préparation physique suffisante. Nous aurions dû, pour bien faire, parcourir sur nos montures, chaque jour, au Bois de Boulogne, une quarantaine de kilomètres; faire, par exemple, vingt-cinq fois le tour des lacs, et ce, pendant une quinzaine de jours. Mais nos occupations ne nous permettaient à l'un ni à l'autre de nous livrer à cet exercice utile sans doute, mais fastidieux. Nous avions donc trouvé dans notre esprit fertile en ressources un moyen de tourner la difficulté, sans tourner autour du lac.

« Pourquoi, nous étions-nous dit, ne procéderions-nous pas à l'entraînement indispensable, sur la route même que nous devons suivre ? Commençons par de petites, très petites journées, allongeons-les progressivement, jusqu'à ce que nous arrivions à faire sans fatigue notre moyenne de 80 à 90 kilomètres. Cela sera toujours plus amusant que le tour du lac ou le voyage de Versailles, le pont aux ânes des bicyclistes. »

Ainsi fut fait. Et je dirai dès maintenant que nous n'avons eu qu'à nous applaudir de cette idée et que nous la recommandons à qui de droit.

J'entends d'ici les forts *recordmen* :

« Comment ! 80 kilomètres par jour ! Vous voulez rire. Un cycliste sérieux fait dans sa journée de 120 à 150 kilomètres. 80 kilomètres, mais c'est une plaisanterie, mes braves gens !

— Nullement, recordmen que vous êtes. Nous savons très bien qu'on fait sans trop de peine 120, 125 kilomètres ; qu'en peinant quelque peu, on en fait 150. Mais les ferait-on le lendemain ? Les ferait-on le surlendemain et jours suivants pendant un mois ? Non, mille fois non. Pas plus que vous ne pouvez demander à un cheval qui a fait vingt lieues un jour d'en faire seulement le quart le lendemain. »

Qui veut voyager loin ménage sa monture, et dans le cas présent ce n'est pas la monture qu'il faut ménager, c'est le cavalier, beaucoup plus précieux encore.

De plus l'homme aux 150 et même l'homme aux 120 kilomètres doit rouler, rouler, rouler, pédaler, pédaler, pédaler toute la journée, du matin au soir. Pour lui, pas de ces bons et interminables déjeuners d'auberge où l'on s'oublie à deviser, les coudes sur la table et les jambes allongées ;

pas de ces bons sommes sur la mousse, au pied des sapins noirs; pas de vieux châteaux à visiter, pas de cathédrales, pas de paysages, pas de croquis; la route seule, toujours la route, où l'on file, file, file vite. Ah! le pauvre garçon! Isaac Laquedem était plus heureux; lui, du moins, allait à pied.

A notre modeste avis, le voyageur qui veut voir et apprendre doit faire des étapes de 70 à 100 kilomètres. Pas plus.

Gageons que les études de mœurs qu'a faites l'illustre Terront dans sa course Paris-Brest sont des plus sommaires.

✽

C'est donc en amateurs et du pas d'une bonne commère qui, montée sur son âne, s'en va vendre ses œufs au marché, que nous partons pour Melun. La route est superbe, unie comme une glace; on la dirait balayée exprès pour nous par l'ange gardien des bicyclistes, celui qui les précède sur le chemin, et qui de ses longues ailes écarte les pierres traîtresses et les cailloux dangereux. A droite, une vilaine plaine s'étend, mais à gauche on voit les coteaux verdoyants des bords de l'Yerre.

Nous traversons Montgeron, un bien joli village, coquet, tout plein de gaies villas, de parcs soigneusement ratissés, très cossu, et bientôt nous sommes dans la forêt de Sénart.

C'est une très belle forêt, trop peu fréquentée par les Parisiens, qui l'ont pourtant sous la main. Que de fois, dans mes herborisations, dans mes courses vagabondes aux environs de Paris, je l'ai parcourue, depuis le château des Marmousets, dont Théophile Gautier eût aimé à dépeindre l'entrée verdie et les sauts-de-loup ébréchés et croulants, jusqu'aux mares où dorment les diatomées et où s'agitent les hydres aux membres renaissants, jusqu'à la pyramide près de laquelle, il y a quelque dix ans, était une maison de garde où habitait une bien jolie fillette !

Et, justement, la voilà, non pas la fillette, — où est-elle maintenant ?... — mais la pyramide, plantée au beau milieu de la route de Berne. Car c'est la grande route de Berne que nous suivons présentement. La voilà, la pyramide, toute couverte des noms qu'y gravèrent depuis Louis XV, sous le règne de qui elle fut élevée, un tas d'imbéciles. Depuis notre passage, il y en a deux de plus, car nous nous empressâmes d'y adjoindre pieusement les nôtres.

La forêt de Sénart n'a, comme promenade, qu'un défaut, c'est de couvrir un plateau et de ne présenter, par conséquent, aucun imprévu, aucun accident de terrain. Pour les bicyclistes, ce défaut est une qualité, et nous roulions avec une facilité extrême sur cette belle route, au milieu de la verdure, aspirant à pleins poumons cet air pur et

Cascades de Sassenage, gorges du Furon (page 154).

nous croyant déjà à cent lieues de Paris et de ses horribles miasmes. Même mon compagon, que désormais j'appellerai, pour plus de commodité, Hippocrate jeune, avait entrepris de me démontrer qu'il n'y a pas de raison pour que l'homme sain, bien constitué et sage, qui vivrait dans une atmosphère aussi salubre, meure jamais, lorsque le bois se fit plus clair, et nous rentrâmes en plaine.

✵

C'est une plaine de fort ingrate mine que celle qui mène de la forêt de Sénart à Melun.

Rien de plus banal que le piteux village de Lieusaint. Deux rangées de maisons bêtement alignées au bord d'une route, maisons basses, crépies de plâtre, sans caractère, d'une niaiserie à gifler. Cela me rappelait certaines soirées bourgeoises où l'on voit de vénérables douairières, à peine moins plâtrées, faire tapisserie, avec ordre rangées le long du mur du salon. Lieusaint pourtant a son titre de gloire : c'est là que fut assassiné le Courrier de Lyon. Misérable Dubosc !

Infortuné Lesurques !

Cette plaine, dont la fertilité est incontestable, mais dont le pittoresque laisse à désirer, nous parut produire du blé, de la betterave et des cheminées d'usines, qui dentelaient brutalement l'horizon de place en place. Ces usines doivent être des sucreries et distilleries, où l'on fait, avec les betteraves susdites, de beau sucre de canne et d'excellent rhum de la Jamaïque.

Quelques bouquets d'arbres à droite et à gauche, et nous voici à Melun, où nous entrons par un faubourg tel quel.

Melun est notre gîte d'étape pour aujourd'hui. Nous y allons loger dans un hôtel en construction qui fleure bon le plâtre frais, et où Hippocrate jeune fait scandale en montant, non sans peine, sa bicyclette dans sa chambre, à la barbe du garçon d'écurie mortifié.

« Est-ce qu'il croit qu'on va la lui voler, sa mécanique? murmure l'honnête domestique.

— Non, lui dis-je; mais mon ami a une infirmité. Il ne peut dormir que sur sa selle. »

☙

Après les pèlerinages obligatoires aux églises de Melun, Saint-Aspais et Notre-Dame, nous nous penchâmes sur les parapets des ponts pour tâcher de découvrir dans la rivière, qui y coule morne et triste, les fameuses « anguilles de Melun », vous savez, celles qui crient avant qu'on les écorche. Mais nous n'en vîmes ni n'entendîmes.

A l'hôtel même, on ne nous en donna pas à notre dîner.

Décidément, notre première journée manquait de couleur locale.

(+)

Dans l'immense chambre où se trouvaient nos deux lits, et où la bicyclette de mon ami semblait attendre qu'on l'enfourchât, nous nous mettions en devoir de nous coucher, lorsque des accents guerriers et cuivresques se firent entendre soudain, à quelque distance de nos fenêtres. En même temps la rue s'éclairait de lueurs fantastiques.

Sauter sur nos pantalons — ou plutôt sur nos culottes — et nous rhabiller fut pour nous l'affaire d'un instant. Et, cinq minutes après, nous étions assis confortablement sur la promenade de la ville, boulevard Victor-Hugo, écoutant, avec toute la bonne société de Melun, un très agréable concert donné par la musique du 2ᵉ hussards. Elle n'est pas mauvaise du tout, cette musique, et, écoutée ainsi, le soir, sous la lumière électrique et les lanternes vénitiennes mélangées au feuillage des grands arbres, elle fait réellement plaisir. J'assurai même à Hippocrate jeune que la *Fantaisie sur des motifs d'Audran*, que *Hylda, polka pour piston*, et *la Jolie Parfumeuse* avaient meilleur air dans ce milieu que les plus belles conceptions de Wagner.

« Vous feriez mieux d'aller vous coucher que

d'émettre de pareilles théories, » me répondit-il gracieusement.

C'est ce que je fis séance tenante. D'autant que le concert était fini et que les jeunes beautés de Melun s'éclipsaient peu à peu dans l'ombre vague des rues tranquilles.

CHAPITRE III

MONTEREAU — PONT-SUR-YONNE

Le château de Vaux. — Singuliers touristes. — Montereau-faut-Yonne. — La vallée de l'Yonne. — Une visite à Louis Piesse. — La bicyclette récalcitrante. — Pont-sur-Yonne et la chasse aux éphémères.

Pour aller de Melun à Montereau, on peut, soit prendre par la plaine, c'est le trajet le plus court, soit accompagner la Seine en ses détours et passer dans le bas de la vallée par Thomery et Moret; c'est à peu près ce que fait le chemin de fer, et tous les voyageurs qui vont de Paris à Lyon ont vu cette large vallée où la Seine coule lentement au pied de coteaux crayeux.

Nous avions pris le premier parti, préférant toujours la route la moins fréquentée, et, en sortant de Melun, nous enfilâmes le grand chemin qui court sur le plateau. La vue y est fort limitée et l'intérêt presque nul. C'est ici qu'on apprécie surtout les services d'une monture qui vous permet d'accélérer l'allure lorsque le *ruban de queue* devient par trop fastidieux. Le voyageur à pied n'a pas cette ressource, et c'est du même pas qu'il doit parcourir les plaines assommantes et les plus riants cantons.

Pourtant quelques détails intéressent le touriste, qui doit savoir se contenter de peu, et même de rien. C'est, sur une molle ondulation de terrain, une vieille tour, ancien moulin privé de ses ailes ; c'est, à gauche et à quelque distance, l'angle droit d'un mur de parc derrière lequel apparaissent de hautes futaies : extrémité du parc du château de Vaux-Praslin, jadis Vaux-le-Vicomte, la succursale de Versailles où Fouquet engloutit le produit de tant d'impôts. Nos modernes flibusteries de Panama et autres ne sont que misères à côté de ces nobles fantaisies.

L'histoire a de ces rencontres : l'architecte de ce château de Vaux s'appelait *Le Veau*. Cet homme était prédestiné.

Ce palais semble avoir ébloui les contemporains. L'un d'eux écrit, en parlant de la salle à manger :

« On prétend que du plafond de cette salle les tables descendoient magnifiquement servies ; et on ajoute qu'il s'élevoit auparavant un brouillard qui en déroboit la vûe aux convives. »

Que trouvez-vous de ce brouillard ?

« On y voit aussi, ajoute mon contemporain, une frise avec ces mots : *Quo me vertam nescio*. »

Ce pourrait être la devise de bien des hommes politiques de notre temps.

Aujourd'hui Vaux-le-Vicomte est la propriété d'un raffineur richissime, qui, dit-on, raffine encore sur les splendeurs de Fouquet.

✴

Mais nous n'osons pas nous présenter avec nos costumes étranges chez ce riche seigneur, qui nous ferait certainement bâtonner par ses valets. Nous poursuivons notre chemin et traversons le village de Sivry, puis, au fond d'une petite vallée dont quelques buissons et menus bois font un tableau du genre tempéré cher à Claude Poussin, la bourgade du Châtelet.

La route est superbe, admirablement entretenue ; mais nous ne pouvons nous empêcher, chemin faisant, de remarquer combien la circulation y est restreinte. Quelques troupeaux de moutons docilement obéissants à la voix des chiens très convaincus de leur importance, quelques charrettes, et c'est tout. Non, cependant. Il y a toute une catégorie de gens qui utilisent fort les grandes routes. Ce sont les *batteurs de trimard*. — Trimard, voyez Route nationale. — Autrement dit rôdeurs de grand chemin. Ce matin justement nous en rencontrons pas mal. Le voisinage de la Maison centrale de Melun, qui rend à la société ceux de ses membres égarés qu'elle a hospitalisés pendant quelques années, ne doit pas être étranger à ces rencontres. Les deux que nous venons de croiser sont les vrais types du genre. Il y en a un jeune et un vieux, c'est la règle. Le jeune a les cheveux ras et pas ou presque pas de barbe, le regard oblique et faux du réclusionnaire ; il porte des vêtements en loques, mais presque propres, et qui ont passé par l'étuve de désinfection. Celui-là est sorti de la *boîte* il n'y a pas longtemps. L'autre, le vieux, est allé l'attendre à la sortie. Celui-là est simplement hideux. Les poils grisâtres d'une barbe dégoûtante font ressortir la teinte à la fois violâtre et terreuse d'une face bestiale qui ne connaît pas l'eau, mais qui sue le petit bleu et l'absinthe à deux sous le verre ; le costume est tout un poème : le chapeau a dû rouler dans bien des égouts, dans bien des fossés, avant de couvrir cette vénérable hure ; nous n'avons pas de chemise, nous, mais il en a une, l'estimable paroissien, une sorte de toile d'emballage qui n'a plus de couleur, et où l'on devine des colonies florissantes, croissantes et

2.

multipliantes ; le pantalon tient par trois ficelles,
et, s'il a des boutonnières, il n'a pas de boutons ;
il est ou plutôt il fut en velours, mais d'ingénieux
raccommodages en ont fait une mosaïque qui ne
manque pas de charme. Quant à la redingote qui
couvre le tout, il ne reste de sa nuance première
qu'un ton pisseux assez réussi, et son élégance
est fort compromise par les deux poches de derrière, hypertrophiées de la façon la plus bizarre,
gonflées à crever d'une foule de choses dont
l'inventaire serait probablement fort instructif.

L'un et l'autre marchent nu-pieds ; leurs souliers
sont jetés par-dessus l'épaule, et aussi un sac
énorme. Si j'étais gendarme, je voudrais savoir
ce qu'il peut bien y avoir dans ces sacs-là. Invariablement, la main droite porte un solide gourdin, fort capable d'estourbir un particulier quelconque, mais plus souvent employé contre les
canards, oies, dindes et autres volailles qui
s'aventurent dans la zone dangereuse autour de
nos gredins.

Parfois ces citoyens vont trois par trois ; c'est
rare. Ils sont la plaie de nos campagnes. Tout ce
qui traîne, tout ce qui se vole ou se chipe, devient
infailliblement leur proie. Ils pêchent les poules
à la ligne, déterrent les pommes de terre, coupent
la queue des chevaux pour en vendre le crin.
Rarement ils s'attaquent directement aux voyageurs. Mais ils font parfois d'assez jolis coups.

Aux environs de Viviers, trois cultivateurs étaient attablés à la porte d'une auberge.

Passe un individu dans le genre de ceux que je viens de décrire, mais monté sur un superbe tricycle.

Il s'arrête, s'attable aussi, demande un verre de vin, et, interpellant les trois paysans :

« Vous ne voudriez pas m'acheter cette machine-là ?

— C'est à vous, ça ? interroge un d'entre eux.

— Pardine ! Si c'était pas à moi, je demanderais pas à la vendre !

— Combien ?

— Deux cents francs.

— En voulez-vous vingt-cinq ?

— Ça va. »

Marché conclu. Notre homme empoche, file, et cinq minutes après partageait son gain avec un copain qui l'attendait derrière une haie.

Quant au paysan, il revendait le lendemain le tricycle quatre-vingts francs au médecin du village.

Tout le monde avait fait une bonne affaire, sauf le vrai propriétaire du tricycle.

Il y a de ces vieux rôdeurs qui font depuis cinquante ans et plus toujours le même trajet, de Paris à Marseille, par exemple, et de Marseille à Paris. Quand vient l'hiver, ils se font arrêter pour vagabondage ou pour quelque vol commis avec une maladresse calculée, et passent à l'abri la mauvaise saison.

⊛

Mais les ondulations de terrain deviennent plus accentuées. Quelques descentes et quelques montées varient un peu la monotonie de ce trajet au milieu des cultures. Nous mettons pied à terre pour visiter la misérable église du village de Valence. Le long du mur, je copie l'épitaphe de Jehan Masson, berger, et de Denise Mortillière, bergère :

> La mort les houlettes égalle
> A une couronne royalle.
> Le ciel est ouvert aux paysans
> Comme aux plus riches courtizans (1617).

Bientôt après, on traverse le bois de Valence, plein de frais taillis, et, à peine en est-on sorti que soudain l'horizon s'ouvre, la vue s'étend à l'infini sur des plaines, où serpentent deux rivières d'argent, la Seine et l'Yonne, sur des coteaux bleuissant à l'horizon et qui sont les premières collines du Morvan ; au premier plan, au bas du plateau subitement abaissé, une ville apparaît, avec des toits d'ardoises, des cheminées d'usines vomissant des fumées, et, dominant le tout, la masse haute et grise d'une église sans tours. C'est Montereau. Une magnifique descente nous amène sur le pont qui traverse à la fois la Seine et l'Yonne, au point où l'une de ces rivières *fault* dans l'autre. D'où vient le nom de Montereau-faut-Yonne.

Montereau est une petite ville proprette, active, industrieuse. Les quais offrent l'animation de l'embarquement de diverses marchandises, caisses de faïences, sacs de plâtre, produits de fonderies, etc.

L'église a beaucoup d'apparence extérieurement. Le portail Renaissance est imposant, mais bien délabré ; le reste est surtout de style gothique flamboyant, aux caprices, aux finesses duquel se prêtait si bien la pierre de Bourgogne.

Mais ce que j'aime le mieux de Montereau, c'est le point de vue de Surville, dernier éperon des plateaux de Brie, belvédère naturel d'où le regard plonge sur une immense étendue de pays, et embrasse à la fois l'entrée des vallées de l'Yonne et de la Seine et la forêt de Fontainebleau. Il y a dans ces larges horizons quelque chose qui ouvre l'âme à de vastes pensées, qui fait rêver et...

Je fus tiré de mes réflexions par un ronflement sonore. C'était mon ami qui, étendu à l'ombre à quatre pas de moi, rêvait à sa façon.

☉

En sortant de Montereau, nous roulons dans la vallée de l'Yonne, dont nous remontons la rive gauche. C'est une contrée verdoyante et calme, toute fraîche et riante. L'Yonne coule à notre gauche, bordée de saules et de peupliers ; à droite, des collines doucement dessinées commencent à se couvrir de vignes. Nous nous extasions sur l'excellence de la route, qu'on dirait faite exprès pour la joie des voyageurs de notre espèce. Le fait est que toutes les routes de Bourgogne sont réellement merveilleuses pour la vélocipédie.

Nous traversons de gros villages, des bourgs d'aspect riche et de bonne mine, tels que Villeneuve-la-Guyard. On en voit d'autres sur le versant des collines, très rapprochés les uns des autres, avec de jolies maisons bien propres, de beaux jardins, et çà et là des châteaux entourés de parcs et précédés de belles avenues. Tout cela a un air de prospérité et de paix qui fait plaisir à voir. On sent qu'ici la terre, bonne mère, nourrit ses enfants et les paye de leurs sueurs. Les paysans qu'on rencontre sont bien portants, gais, bons vivants. Des faucheurs, qui prennent un moment de repos, nous tendent de loin un verre de vin, que nous accepterions volontiers si nous étions plus près d'eux.

Et l'on nous prédisait que les paysans nous jetteraient des pierres !

☙

Quiconque va visiter l'Algérie ou la Tunisie — et aujourd'hui cette excursion est tellement facile que tout le monde l'aura bientôt faite — ne peut s'embarquer sans s'être muni du Guide-Joanne, dont l'auteur pour l'Algérie et la Tunisie est Louis Piesse. Mais bien peu des voyageurs qui en feuillettent distraitement les pages se doutent qu'ils ont à la main un chef-d'œuvre d'érudition et de conscience artistique; bien peu se doutent que l'auteur est, en même temps qu'un savant hors ligne, un littérateur de premier ordre; bien peu se doutent de la modestie, de la ténacité, de l'honnêteté de cet écrivain qui, à soixante-dix ans passés, partait tantôt pour les pays qu'il avait déjà tant de fois visités, et, les trouvant passablement changés, entreprenait de refaire son Guide, véritable monument qu'il ne semblait pas possible de perfectionner.

Louis Piesse est pour moi un vieil et excellent ami; c'est un cœur d'or; il n'a rien de la morgue et de la solennité qui sont l'apanage des faux savants; comme on chante dans *les Noces de Jeannette* :

> Sa porte en aucun temps n'est fermée à personne.

Je savais cela de longue date. Je savais aussi que Piesse, l'été, vivait en famille dans sa maison des bords de l'Yonne, ou plutôt dans son jardin et dans son bateau, car il a un bateau, l'heureux homme!

Or nous traversions précisément le village qu'il habite. L'idée nous vint d'aller lui faire à l'improviste une petite visite. Il était, c'est vrai, bientôt l'heure du dîner. Mais cette considération ne nous arrêta pas, au contraire, et cinq minutes après, avec nos costumes hétéroclites, nos bicyclettes, nos dents longues d'une aune, nous apportions le trouble en ce paisible intérieur, en cette vraie maison du sage, toute tapissée de verdure et de fleurs sous lesquelles disparaissent les murs.

On nous demanda si nous voulions dîner; nous refusâmes mollement, pour la forme, fort penauds si l'on nous eût pris au mot; il n'en fut rien. Après le dîner on nous invita à coucher et à passer plusieurs jours. Mon compagnon, sous le charme du bon accueil de cette excellente famille, inclinait assez, cette fois encore, à nous arrêter là et à remplacer le voyage à Marseille par une foule de bonnes parties de pêche sur l'Yonne. Je regrettai un moment de l'avoir amené en cette Capoue, et c'est presque de force qu'il fallut nous arracher de là et reprendre, au soleil couchant, la route de Pont-sur-Yonne, où nous arrivâmes à la nuit tombante.

L'hôtel-auberge où nous nous arrêtâmes n'avait point les vastes escaliers et les corridors grandioses de celui de Melun. Un escalier tortueux et plutôt semblable à une échelle de meunier conduisait à des couloirs d'étroites dimensions. Hippocrate jeune entreprit, nonobstant, de hisser sa bicyclette dans sa chambre. Malgré les avis sages de notre accorte hôtesse, le voilà qui pousse, tire, porte la monture rétive dans l'escalier ondoyant et divers. Le commencement va bien ; mais, crac ! à un tournant voilà le guidon qui s'engage dans la rampe, les pédales qui s'accrochent un peu partout, les roues qui forment entre elles des angles invraisemblables, et toute la machine qui refuse positivement d'avancer ; le pis est qu'elle ne consent pas davantage à reculer. Elle a décidé qu'elle ne bougerait pas, elle ne bougera pas. L'escalier de l'hôtel restera obstrué jusqu'à la consommation des siècles ; elle ne bougera pas. Les voyageurs commencent à arriver, leur bougie en main, pour aller se coucher ; tant pis, ils monteront dans leurs chambres par les fenêtres, avec des échelles, car elle ne bougera pas.

Mon ami s'arrachait les cheveux, non sans peine, car il les porte très courts. Chacun courut de son côté chercher qui une pince, qui une scie, qui un serrurier, quand tout à coup un grand bruit de quincaillerie, de casseroles et de sabres de cavalerie retentit sur le pavé de la cuisine. C'était la bicyclette, qui, restée seule, s'était gentiment dégagée sans l'aide de personne, et dégringolait triomphalement les degrés.

Elle n'avait pas de mal, Dieu merci. Mais mon ami fut désormais guéri de l'envie de monter sa machine dans sa chambre.

☾

Aussitôt remis de cette alarme si chaude, nous allons faire un tour dans la ville. Supposant judicieusement qu'à Pont-sur-Yonne il devait y avoir une rivière et un pont, nous recherchons l'un et l'autre.

La nuit est magnifique. Des millions d'étoiles scintillent dans un ciel d'un noir d'encre. Du milieu du pont, où nous sommes accoudés sur le parapet, nous voyons à droite se refléter dans l'eau calme les longues rangées de peupliers de la rive; à gauche, derrière la massive et bizarre silhouette noire de l'église, lentement la lune se lève, fantastique et silencieuse. En bas, sur le quai, des ombres vont et viennent, allument et éteignent des bougies qui font d'ici l'effet de feux-follets.

Nous descendons voir ce qui se passe. Ce sont des gens du pays qui font la chasse aux éphémères, excellent appât, disent-ils, pour la pêche à la ligne. Un mouchoir ou une serviette étalée à terre, quatre bouts de bougie aux coins : c'est tout. Les folles bestioles arrivent par innombrables essaims, tournoient autour de la flamme, s'y brûlent les ailes, et le linge en est bientôt couvert.

« Le suffrage universel, me dit Hippocrate jeune en rentrant, prend des adjoints, et quelquefois les fait maires! »

Ce fut à mon tour de l'envoyer coucher.

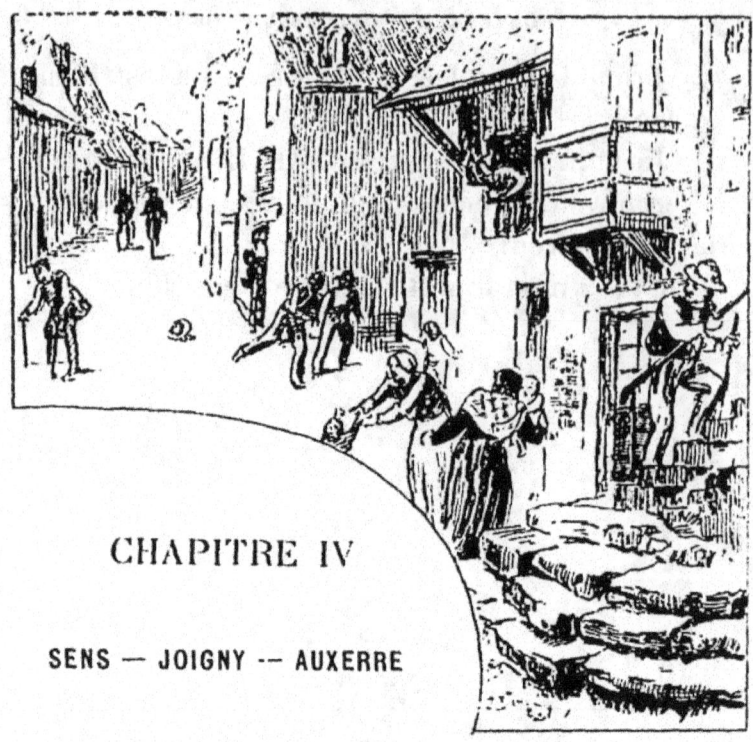

CHAPITRE IV

SENS — JOIGNY — AUXERRE

De Pont-sur-Yonne à Sens. — Sens et sa cathédrale. — Pourquoi le vélocipédiste se fait détester. — Le sage Nestor. — Villeneuve-sur-Yonne. — Saint-Julien-du-Sault. — Une église qui moisit. — Joigny. — Auxerre et sa fête.

De grand matin, dans la fraîcheur délicieuse des brouillards transparents que les rayons du soleil naissant n'ont pu encore dissiper, nous roulons sur la route de Sens. Des files de hauts peupliers, disposés tantôt en lignes parallèles, tantôt en carrés, s'élèvent dans la plaine verte à gauche, toute mouillée de rosée, et vont se perdre en de fantastiques grisailles de plus en plus insaisissables. A droite, l'Yonne nous accompagne; au-dessus des roseaux de son lit flottent comme de légères écharpes de gaze qui se contournent lentement, voluptueusement ; de vieux saules se penchent vers la rivière ainsi que des vieillards chenus qui solliciteraient les baisers de la naïade. Au delà, le chemin de fer de Lyon entaille fortement les collines qui ferment tout de suite le paysage de ce côté.

Il est cinq heures ; c'est le vrai moment de pédaler à l'aise, sans fatigue, sans chaleur, sur une route toujours admirable comme sol. Et dire qu'il y a des malheureux qui, en ce moment, ronflent entre leurs draps et ne verront cette route qu'en plein midi, quand la lumière crue du soleil aura fait lever la poussière, durcir les horizons, fuir la naïade, s'évanouir tout le mystère et tout le charme ! Oh ! comme nous les prenons en pitié !

Tout au loin, droit devant nous, sort de la brume un arbre de forme plus étrange que les autres. — Mais ce n'est pas un arbre ; on dirait une masse carrée surmontée d'un doigt géant qui montrerait le ciel ! — Eh ! c'est la silhouette de la cathédrale de Sens avec sa tour unique ! Elle domine la vaste plaine dont elle semble la reine et se voit de fort loin.

Mais passons sous une des arches de l'aqueduc interminable qui s'en va en Champagne prendre les eaux de la Vanne pour les apporter aux Parisiens, et, poursuivant notre agréable promenade, entrons dans la ville de Sens, après avoir laissé à droite, tout près de nous, l'abbaye de Sainte-Colombe, dont de belles constructions du treizième siècle sont encore debout.

✷

Sens, sous-préfecture, ville de 14 000 habitants, siège d'un archevêché, a bien perdu de son importance depuis les chemins de fer. Elle est toujours, comme autrefois, à cheval sur la grande route qui va en Italie, en Suisse, à Marseille. Mais sur cette grande route il ne passe plus personne. Demandez à ceux qui ont connu les plus beaux jours de Sens ce qu'elle était alors ! Il fallait s'y arrêter. On y couchait si l'on n'était pas trop pressé. Si l'on voyageait en diligence ou en chaise de poste, on y déjeunait ou on y dînait. Que de grands seigneurs, que d'illustres personnages sont descendus à l'hôtel de la Poste ! Parfois, c'était le courrier de M. de Chateaubriand, le précédant d'un jour pour préparer les logements du maître et de sa suite ; il fallait graisser fortement la patte à ce personnage important. Une autre fois, c'était M. de Lamartine et ses gens ; lui, toujours distingué et fort aimable, payant largement et sans compter, promettait aux demoiselles de la maison de leur envoyer des levrettes, ce qu'il oubliait naturellement aussitôt parti. Cet heureux temps, — heureux pour les hôteliers surtout, — qui paraît dater de l'époque des fées et pourtant n'est pas bien loin de nous, il ne reviendra plus. Peut-être l'usage de la bicyclette fera-t-il fréquenter davantage les grandes routes, mais les bicyclistes sont des gens d'ordre et n'auront jamais les grandes manières de M. de Lamartine ni les courriers de M. de Chateaubriand.

⁂

Quand on arrive tout à coup devant la cathédrale de Sens, on est saisi du sentiment de la véritable grandeur et de la solennité que respirent toutes les façades gothiques. Mais, sans qu'on s'en rende bien compte tout d'abord, ici à ce sentiment s'ajoute celui d'une élégance inaccoutumée. Ceci est dû surtout à deux tourelles polygonales, très adroitement appuyées sur les contreforts de la base de la tour de gauche.

Le côté droit ne ressemble nullement au côté gauche. Sa tour s'écroula en 1267 ; on commença à la reconstruire aussitôt, mais on ne finit ce travail que trois cents ans après. De sorte que si l'on regarde l'édifice en remontant de bas en haut, on y peut trouver un cours complet de l'architecture moyen âge, depuis les étages inférieurs, qui sont du treizième siècle, — passant par la tour qui est du quatorzième et de l'époque fleurie, — jusqu'au clocheton qui domine la terrasse du clocher et qui est un charmant morceau de la Renaissance.

Et voilà ce qui sera toujours un sujet d'étonnement. Il n'y a rien, à la bien regarder, de plus incohérent, de plus hétéroclite que la façade de la plupart des cathédrales du moyen âge, en général, et que celle de Sens en particulier. Pas d'ordre, aucune symétrie, aucun souci apparent d'une belle ordonnance ou d'un arrangement préconçu ; tout est disparate, les styles, les époques se confondent, se heurtent; et pourtant, malgré tout, l'ensemble est toujours grand et imposant. Tandis que la façade de notre Opéra, par exemple, si bien ordonnée, si bien combinée, est mesquine et misérable, celle de Notre-Dame, celle de Sens s'imposent à notre respect et à notre admiration. Le mot de cette énigme serait trop long à expliquer, et il nous reste trop de chemin à faire. Entrons plutôt dans la basilique, non sans avoir jeté un coup d'œil sur les six immenses fenêtres ogivales du bâtiment de l'Officialité, qui tient au côté droit de la façade. Ces six fenêtres, avec leurs rosaces profondes et les contreforts qui les séparent, constituent, à elles seules, un morceau d'architecture de premier ordre.

☉

L'intérieur de la cathédrale est surtout remarquable par la pureté de son style. Il y a de très

Sassenage. — Grande cascade du Furon (page 153).

beaux vitraux, moins nombreux qu'à Chartres, mais tout aussi riches. Nous ne savons plus faire de ces vitraux-là. Nous n'avons pas compris surtout ce que les artistes du moyen âge entendaient faire lorsqu'ils garnissaient les baies de leurs églises de ces verrières. Il n'y a pourtant qu'à se donner la peine de regarder celles de Chartres, de Sens ou d'Auxerre. Le plus ignorant vous le suggérera : « On dirait des tapisseries. » Mais c'est cela ! C'est cela tout simplement que voulaient avoir ces homme de génie : des tapisseries, des tentures, inaltérables et plus brillantes que celles qu'on peut tisser ou broder. Nos vitraux aujourd'hui sont ou des tableaux prétentieux et manqués ou d'affreux kaléidoscopes bêtes à pleurer. C'est parfois une ignominie que certains, confectionnés par des cuistres qui ne savent ni dessiner ni peindre. Je demande à la Direction des Beaux-Arts la création d'un *Bureau des cailloux*, dont les fonctionnaires, parcourant la France, iraient jeter des pierres dans ces vitres infâmes. Ces messieurs pourraient user de la bicyclette, pour aller plus vite.

✠

Au sortir de Sens, la route continue à faire le bonheur du bicycliste. Il doit se méfier pourtant d'une descente courte, mais raide et tournante, pendant laquelle on traverse le village de Rosoy.

On doit, dans ces descentes et en général dans toutes les traversées de villages ou de villes, savoir résister à la tentation d'étonner les populations par sa vitesse ou son intrépidité. Les neuf dixièmes des accidents arrivent par la faute des bicyclistes. Il n'y a aucune honte, on ne saurait trop le répéter, à marcher lentement, très lentement, pour avoir le temps d'éviter un enfant qui sort tout à coup en courant d'une porte pour traverser la route, un sourd que les appels et les cris laissent indifférent, un chien qui gambade à l'improviste devant vous, une poule éperdue qui se fourre juste sous votre roue, une voiture au galop qui débouche d'un carrefour, et mille autres obstacles sur lesquels un fou lancé à toute vapeur, les pieds indolemment posés sur les appuie-pieds, parfois même les bras croisés — oh! ça, c'est le grand chic! — viendra infailliblement s'aplatir.

C'est là ce qui a fait prendre en grippe, dans certains pays, le vélocipède et les vélocipédistes. Habitué à ces façons de matamore et d'ouragan, le paysan s'est figuré qu'elles étaient inséparables de cet exercice. Il fallait voir avec quelle terreur, du plus loin qu'on nous apercevait, les mères ramassaient autour d'elles leur progéniture, les gens chassaient leurs poules et leurs oies et couraient se réfugier dans leurs demeures. Il fallait voir aussi leur étonnement à nous regarder passer bien tranquillement, bien bourgeoisement et non pas en foudres de guerre. Alors ils nous saluaient d'un air de dire :

« A la bonne heure ! Vous, vous êtes de bons garçons qui n'en voulez pas au pauvre monde. »

La façon de s'annoncer est pour beaucoup aussi dans l'accueil qu'on reçoit. Ai-je dit que nous n'avions de corne d'aucune espèce et que nous avions fourré des feuilles dans nos grelots au point de les rendre aphones d'indigestion ? Le vrai touriste bicyclettant doit avoir un grelot pour obéir à M. le préfet et à M. le maire, mais il ne doit pas s'en servir en dehors des villes. Il faut savoir manœuvrer assez adroitement pour dépasser les voitures ou les groupes de piétons sans qu'ils s'en aperçoivent autrement qu'en vous voyant filer devant eux. Bon pour des collégiens et des garçons coiffeurs en rupture de ban, de corner et grelotter à tire-larigot.

Un appel poli pour les cas pressants, c'est tout ce qu'il faut, et le bicycliste à qui cela ne suffit pas fera mieux de rester chez lui.

☉

Une des choses qui ébahissaient le plus les indigènes, c'était de nous voir si souvent étendus au bord des routes, sur le gazon des bas côtés ou sur la mousse des talus, à l'ombre des haies, des taillis ou des rochers, selon les jours. L'opinion généralement répandue, c'est que le vélocipédiste n'est pas un homme, mais une manière de bête dans le genre des centaures, ne faisant qu'un avec son coursier, traversant vaux et plaines comme le fantôme des légendes allemandes, qui passe si vite qu'on n'est pas sûr de l'avoir vu; cet être interlope, inquiétant et dangereux a le corps en forme d'arc de cercle très prononcé; deux tentacules qui lui servent de pattes de derrière s'allongent et se raccourcissent avec une rapidité vertigineuse, sa voix est une sorte de cri rauque qui paraît sortir de l'extrémité de l'une de ses pattes de devant, où se trouve une petite vessie noire qui doit en être le siège; quant à sa face, elle ne rappelle que de loin la figure humaine; toujours courbée vers la terre, elle est rouge, parfois violette, contractée, ruisselante de sueur, hagarde, et deux yeux exorbités en complètent l'horreur.

Il n'était pas possible de reconnaître ce vilain animal dans les deux amateurs tranquillement couchés et d'apparence débonnaire qui contemplaient, en devisant gaiment, les coteaux des bords de l'Yonne devenus plus accidentés, plus boisés à mesure qu'on avance du Sénonais vers l'Auxerrois.

« On voit bien que vous n'allez pas loin, messieurs, et que vous n'êtes pas pressés, nous dit en descendant de son tricycle un vieil amateur à barbe de fleuve qui vint à passer devant nous.

— C'est ce qui vous trompe, noble vieillard, répondîmes-nous avec le respect que la jeunesse doit aux hommes dont les ans ont éclairci la chevelure et fourni la barbe, respect dont Mgr François de Salignac de la Mothe Fénelon a donné en son *Télémaque* les complètes formules. C'est ce qui vous trompe, car, tels que vous nous voyez, nous allons à Marseille.

— Ah bah ! En marchant de ce train-là, vous n'êtes pas près d'y arriver.

— Vous errez de plus en plus, ô mon père ! Nous arriverons plus sûrement en agissant ainsi que si, dans une ardeur juvénile mais inconsidérée, nous dévorions les kilomètres. L'horrible fatigue nous viendrait bientôt, et fourbus, incapables d'aller deux jours de plus, il nous faudrait un beau jour prendre honteusement le train. Nous croyons notre système meilleur. Quand nous avons roulé pendant une heure, nous nous accordons dix minutes de repos.

— Ah ! sybarites ! vous avez raison, et vous serez le dernier jour aussi dispos et aussi frais qu'au départ. »

Il se trouvait justement que nous avions affaire au président d'une société vélocipédique de Sens ou de quelque autre lieu. Il examina nos machines en connaisseur, approuva fort la marque de celle de mon ami. La mienne lui fit faire la moue, et il m'assura qu'elle ne me mènerait pas jusqu'au bout. Sur cette rassurante prédiction, que l'avenir d'ailleurs ne ratifia pas, il reprit sa place au milieu de ses trois roues, et partit.

※

Nous ne tardâmes pas à le suivre. Le soleil commençait à devenir passablement chaud lorsque la route se trouva barrée par une haute tour carrée flanquée de deux tourelles anguleuses s'y reliant obliquement par de grands arcs ogivaux formant mâchicoulis. Tout cela surmonté de ces toitures monumentales avec épis et crêtes, qui donnent une si crâne silhouette aux édifices du moyen âge. Une voûte basse et sombre passe sous ce sourcilleux édifice. C'est l'entrée de Villeneuve-sur-Yonne, véritable type des portes de ville au quatorzième siècle, dont des sœurs, plus ou moins riches, plus ou moins fortes, se retrouvent partout où l'homme ne les a pas stupidement détruites, à Moret, à Nevers, à l'autre extrémité même de la route qui traverse Villeneuve [1].

Vite un croquis, et nous entrons dans la petite ville tranquille et propre. Notre premier soin est d'aller voir l'église. La façade en est magnifique; elle est de la Renaissance; et, bien que je

---

1. Viollet-le-Duc, dans son *Dictionnaire raisonné de l'Architecture française*, a consacré à la porte de Villeneuve-sur-Yonne une très intéressante étude, dans son article PORTE.

n'aime guère ce style hybride et faux, qui n'est
plus du gothique et que les idées gothiques
hantent involontairement, qui n'est ni grec ni romain
et prétend être les deux à la fois, je ne puis
m'empêcher de reconnaître qu'il atteint parfois à
la grandeur dans certaines façades d'église, où,
comme à Gisors, comme ici, le parti pris est celui
d'un arc triomphal profond et richement guilloché.
Cette entrée est vraiment imposante. Ce que
nous avons remarqué surtout à l'intérieur de
l'édifice, c'est qu'il y faisait très froid et nous n'y
séjournâmes point.

※

Gardez-vous, ô jeunes gens, de mépriser les
conseils des vieillards! Ils en savent plus long que
vous, ayant vécu plus longtemps et s'étant usés
davantage à cette rude pierre ponce qu'on appelle
l'expérience. Notre respectable ami, que nous
retrouvons en sortant de l'église, nous donne un
bon conseil dont nous profitons incontinent. C'est
de prendre par la rive gauche de l'Yonne au lieu
de la rive droite, pour arriver plus vite à Saint-
Julien-du-Sault, où de violents tiraillements d'estomac
nous avertissent que doit se trouver la
halte du déjeuner. Nous le gagnons à la sueur de
notre front, ce déjeuner, car à travers les vignobles
la route monte ferme, le soleil tape dur, et c'est
en barbares affamés que, traversant sans les voir

les rues du bourg, toutes bordées de vieilles maisons moyen âge, nous envahissons la salle à manger, ombreuse et délicieusement fraîche, de l'hôtel des Bons-Enfants.

Tout est aux écoliers couchette et matelas.

Tout est au bicycliste festin de Balthazar. Nous n'aurions pas troqué le petit vin pointu de Saint-Julien-du-Sault contre les Clos-Vougeot ou les Moulins-à-vent les plus authentiques. Parmi tous les avantages de la bicyclette, on n'a pas insisté assez sur sa propriété d'ouvrir étonnamment l'appétit. C'est la ruine à bref délai pour les fabricants d'absinthe, de bitters et autres poisons dont personne ne boirait si l'on savait avec quoi on les fabrique. Après une belle course d'une dizaine de lieues, un déjeuner de sept ou huit plats n'a rien qui effraye, et, si un neuvième arrive par surcroît, il est le bienvenu. Hippocrate jeune se propose de traiter de la sorte tous les gastralgiques et dyspeptiques de sa connaissance, et généralement tous ceux qui font la petite bouche devant un œuf à la coque et s'effarouchent d'une côtelette.

Un peu remis par un déjeuner gargantuesque, nous procédons à l'inspection de la ville. Nous revoyons d'un œil plus calme les pignons, les façades en bois, les arcades effritées et rongées, qui donnent à ses rues un cachet très particulier et tout à fait séduisant. Juste en face de l'hôtel est l'église, un vaste édifice qui date surtout du seizième siècle. Qu'il est délabré, bon Dieu! Les contreforts fléchissent, les murailles se fendent et crèvent sous leur propre poids; les fenêtres, la plupart bouchées de moellons, font l'effet d'un œil malade sur lequel on a plaqué un bandeau; du haut en bas des lézardes zèbrent les murs de leurs zigzags extravagants. Cette église est énorme; on a eu visiblement la prétention d'en faire une cathédrale; mais le temps, l'argent ont manqué, et le chœur seul a été bâti. Cela sent l'inachevé, l'effort impuissant, l'entreprise avortée.

Et le dedans! Verdâtres et couverts de lèpres, les piliers se penchent brusquement, d'une grande poussée, de haut en bas, comme si les chapiteaux voulaient s'embrasser; ou bien, prêts à se casser par le milieu, font ventre et s'hydropisent en ballonnant; les murs suintent l'humidité et le salpêtre; tout craque, tout moisit, tout verdoie; les badigeons, dont on essaya à différentes époques d'empâter cette misère, se détachent par larges plaques et, dessinant sur les voûtes en bois des géographies inconnues, tombent en écailles malsaines. Quand l'office s'est, aux grandes fêtes, quelque peu prolongé, les bonnes dévotes sortent de là couvertes de champignons.

✦

Pour nous purifier de cette odeur de mucre et de salpêtre, montons sur la colline qui domine

Saint-Julien-du-Sault d'une centaine de mètres et allons y chercher les traces du château de Vauguillin.

En fait de château, nous ne trouvons qu'un réservoir rempli d'eau croupie et qui doit être abandonné aux grenouilles et à leurs têtards d'enfants. Mais en montant encore un peu, nous parvenons au sommet d'un plateau où s'élève une chapelle fort ruinée, et d'ailleurs murée de toutes parts. Couchés à son ombre, nous contemplons longuement l'admirable panorama de la vallée, qui se déroule sous nos yeux, avec, dans le fond, l'Yonne qui coule comme une mince couleuvre argentée, les trains qui rampent comme de petites chenilles noires, et, à perte de vue, des coteaux qui s'en vont, bleuissants durement sous le grand soleil, les uns derrière les autres. Tout est calme, tout est écrasé sous la grande chaleur ; l'air surchauffé tremble et le paysage apparaît comme au travers d'une gaze transparente et mouvante. Il ferait bon s'allonger ici jusqu'au soleil couchant. Mais il nous reste encore bien du chemin à faire, il faut descendre et repartir.

C'est le malheur de tout voyage : on sème sa route de regrets.

✦

En route pour Joigny !

Traversant l'Yonne à Villevallier, notre chemin

contourne en montant la colline du Fays, puis traverse, d'une pente vertigineuse, les villages de Villecien et de Saint-Aubin. Au frein, au frein! L'Yonne nous accompagne, dormant à nos pieds dans sa corbeille de vertes prairies ourlées de saules et de peupliers.

Joigny, grimpant sur le flanc de la fameuse *côte Saint-Jacques*, si connue des gourmets, a les rues tortueuses, étroites, pittoresques des vieilles cités d'autrefois. Vers le haut de la ville, une antique maison en bois, restaurée avec goût et discrétion, arrête notre attention. Les sculptures en sont remarquables de finesse. Quelques-unes sont d'une gauloiserie par trop risquée et que la ligue contre la licence des rues ne tolérerait plus aujourd'hui.

Les églises sont intéressantes : dans celle de Saint-Thibault, de curieux bas-reliefs représentent la vie de Notre-Seigneur, avec une naïveté qui n'exclut pas un réel sentiment artistique; ils doivent être de la Renaissance, ou la précéder de peu. A Saint-Jean, la voûte est d'une complication de nervures extraordinaire. Saint-André, situé sur une petite place déserte, est voisin d'un Palais de Justice où une jolie petite chapelle de la Renaissance sert de chambre du conseil.

De nouveau nous traversons l'Yonne à Joigny.

et nous voici sur la route d'Auxerre. De cette route rien à dire, sinon qu'elle continue à être parfaite pour le bicycliste, qu'elle a, de Joigny à Auxerre, six bonnes lieues et demie qui, à pied, paraîtraient un peu longues. En approchant d'Auxerre elle cesse d'être aussi uniformément plane. Le paysage s'accentue; on monte la petite côte de Migraine, — drôle de nom! — et subitement, du sommet, Auxerre apparaît, largement étalée au bas, dans la plaine, la masse énorme de sa cathédrale surgissant de la foule des toits abîmés à ses pieds. Cette vue est magnifique, et c'est avec entrain qu'on se laisse emporter sur la splendide descente de 2 kilomètres qui aboutit directement aux premières maisons.

Les hôtels se suivent et ne se ressemblent pas. Ici, le nôtre est confortable, grand genre, les chambres éclairées à l'électricité, le dîner plantureux. Ne ris pas, ami lecteur, si nous profitons de ces bonnes occasions. Qui sait ce qui nous attend dans les Alpes et au fond de la Provence!

CHAPITRE V

AUXERRE
AVALLON — LE MORVAN

Auxerre et ses églises. — La chaleur. — Cravant. — Vermenton et le flottage des bois. — Les grottes d'Arcy-sur-Eure. — Vézelay. — Avallon et les gorges du Cousin. — Marche nocturne. — Quarré-les-Tombes.

Les bons Auxerrois dorment encore à poings fermés que nous arpentons déjà leurs rues.

Le plan de la ville est tortueux et irrégulier; je ne sais si elle est bâtie, comme Rome, sur sept collines, mais elle en couvre bien deux ou trois, qui rendent ses rues montueuses, compliquées, fantasques; avec cela elles manquent de caractère et sont quelconques. La cathédrale, vue de l'extrémité d'une de ces rues, se dresse sur une hauteur et produit un effet magique. Les contreforts découpés comme une dentelle, les grandes rosaces circulaires, hardiment ouvertes, qui les séparent, donnent l'impression d'une audace de conception et d'un bonheur de lignes inexprimables. Lorsqu'on s'approche, on est stupéfait de la richesse de la façade principale, dont la plus grande partie date de l'époque où l'art ogival se mit à fleurir surabondamment. C'est même trop riche, et l'esprit se fatigue à poursuivre dans ses mille détails la pensée de l'artiste. Cette façade est malheureusement bien mutilée.

L'intérieur est très beau ; 30 mètres de hauteur, 100 mètres de longueur, voilà de quoi faire un magnifique vaisseau. Le chœur est d'une élégance rare ; les colonnes qui supportent les voûtes de la chapelle de la Vierge sont d'une légèreté telle que pour un peu on crierait au miracle. Vitraux superbes, ici comme à Sens. C'est merveille que d'aussi fragiles trésors aient pu traverser les siècles sans avoir été, comme tant d'autres, broyés sous la féroce et stupide brutalité des hommes. Ceux de la grande rosace de la façade sont éblouissants.

※

L'église de l'ancienne abbaye de Saint-Germain élance au loin sa flèche romane, une des plus belles qui existent. Nous y allons sans perdre de temps. Le clocher est isolé, séparé de l'église par des constructions dont il ne reste que des vestiges. L'église est située dans l'enceinte de l'Hôtel-Dieu. Les guerres de religion l'ont bien mutilée ; en 1820, on a démoli la nef. Mais le chœur et le transept, très élevés, font encore, lorsqu'on entre, un bel effet. Ce qui est surtout intéressant, ce sont les cryptes, véritable dédale d'allées et de chapelles, qui ont une sorte de ressemblance avec les catacombes.

L'abbaye était fortifiée autrefois, et il reste encore des tours et des murailles de l'enceinte.

Voyageurs consciencieux, avant de quitter Auxerre nous tenons à voir encore l'église Saint-Eusèbe, pourvue, elle aussi, d'une belle tour romane, de vrai style bourguignon. A l'intérieur, une foule recueillie assiste à la messe, car c'est dimanche. Nous nous abstenons discrètement de faire le tour réglementaire des bas côtés, afin de ne pas donner de distractions aux jolies fidèles.

☉

En traversant le pont de l'Yonne, on a sur Auxerre une vue charmante ; dans l'eau se mirent les clochers de ses nombreuses églises et le chœur de la cathédrale avec ses contreforts découpés ; les peupliers des rivages, les roseaux qui sortent çà et là du lit de la rivière, égayent ce paysage, dont une matinée d'été adoucit de ses brumes

La Meije (page 165).

transparentes les tons et les lignes. Mais ce matin le soleil manifeste des velléités de se montrer intraitable. La route monte, très doucement il est vrai, mais sans relâche, sur le flanc de coteaux couverts de vignes. Nul ombrage ne vient la border et mettre obstacle aux chauds baisers de l'astre, qui font mûrir les grappes et ruisseler les piétons. Arroser la terre de ses sueurs n'est plus pour nous une métaphore. La route est blanche, éblouissante; sa réverbération nous semble souffler à la face des bouffées torrides. A nous les couvre-nuques! Seulement mettons-les à rebours, en manière de voilettes, et marchons à l'aveuglette.

Rien à craindre, du reste; il n'y a sur la route qu'un brave homme de cantonnier qui casse philosophiquement des cailloux brûlants. Ça lui est bien égal, à lui, que la route monte ou descende. A nous, pas.

Voici enfin de l'ombre, de la fraîcheur, de l'eau, un pont champêtre, et, derrière, étagées sur le flanc d'un coteau, des maisons aux vieux murs couleur pain d'épice, dominées par une haute tour carrée d'aspect très féodal. C'est Cravant.

A une petite lieue de Cravant, nous traversons Vermenton. Nous avons quitté l'Yonne, et c'est maintenant les bords de son affluent, la Cure, que nous longeons. La Cure, ici si tranquille, si douce, d'humeur si facile et qui là-haut, dans le Morvan, bondit en cascades, écume en remous, fait une vie d'enfer au milieu des rochers et des forêts invisitées. Le port de Vermenton a une considérable importance pour l'envoi des bois à brûler que l'on consomme, ou consume, à Paris.

Une grande partie du chauffage de Paris vient en effet des forêts du Morvan. Les troncs, sciés en bûches par les bûcherons, sont marqués de la marque du propriétaire, puis jetés dans la rivière la plus prochaine, la Cure, ou quelqu'un de ses affluents. Comme ces petites rivières ont des cours capricieux et de subites baisses, des réservoirs immenses, formés par la retenue de leurs eaux, ont été aménagés de façon, ouverts au moment opportun, à lâcher une masse d'eau telle que tous les bois sont entrainés par cette crue factice. Malgré cela, dans les cascades, dans les rochers qui hérissent le lit et les bords de ces cours d'eau, vrais régals pour les artistes si les artistes venaient quelquefois dans le Morvan, bien des bûches sont arrêtées et refusent d'avancer; d'autres arrivent que les premières arrêtent à leur tour; un barrage artificiel se forme, qu'il faut détruire à tout prix. C'est pour cela que des équipes de flotteurs, vulgairement appelés *Poules d'eau*, parcourent les bords, armés de longues perches, débusquant les bûches récalcitrantes, gourmandant les paresseuses, empêchant toute tentative de rébellion et de barricades. Ce métier est fort pénible. Les malheureux passent une partie de leurs journées, les jambes, la moitié du corps dans l'eau, en lutte avec le courant et les bois qui parfois les blessent cruellement.

Tous ces rondins arrivent à Vermenton, dans de vastes bassins. Alors commence l'opération, très difficile, du triage. Il faut retrouver les marques de chaque bûche, après quoi on en forme de vastes radeaux qui prennent, plus tranquillement, la direction de la grande ville. C'est ce que nous appelons les *trains de bois*. Plusieurs ont près de 100 mètres de longueur.

☉

La perspective du déjeuner nous fait parcourir rapidement les deux petites lieues qui nous séparent d'Arcy-sur-Cure. La route est belle, mais l'ombre y fait défaut. En revanche, la vallée est à souhait pour le plaisir des yeux, verdoyante, pleine de bouquets d'arbres, de villages perdus dans les feuillées.

Confortablement installés sous une tonnelle de pampres verts, nous dévorons un déjeuner servi par une bonne vieille dame alerte, proprette et souriante. Et vite en route pour les grottes.

Les grottes d'Arcy-sur-Cure sont une des merveilles de la France. On y arrive par des sentiers agrestes qui serpentent le long d'une colline, au milieu de taillis légers et frissonnant à la brise. L'entrée en est basse, et l'on chemine courbé pendant quelques minutes. Bientôt s'ouvrent de vastes salles, où tout ce que l'imagination peut rêver de plus fantastique entoure le visiteur ébahi. Ici ce sont des colonnades, là-bas des étoffes drapées, que les mouvements des ombres font comme flotter, se plisser et se tordre; dans une salle, tout affecte la forme de gigots, de jambonneaux, d'aloyaux, d'épaules et de côtelettes, de foies et de tripailles; dans un autre, un gigantesque autel se dresse, surmonté, au milieu de sculptures invraisemblables, d'une statue de la Vierge qu'on dirait taillée par un habile ciseau; je passe sur une foule d'enfantillages que le guide ne manque pas de faire complaisamment remarquer, — aux messieurs seulement, dit-il en clignant un œil. Mais ce qui est vraiment imposant, c'est une salle au plafond très élevé, qui se prolonge à l'infini, sorte de long couloir mystérieux, et dont le sol est formé de concrétions bizarres rappelant absolument les vagues d'une mer qui se serait figée. Ces vagues deviennent de plus en plus hautes à mesure qu'on s'enfonce dans cette fantastique galerie, au point que la marche y finit par être fort pénible et que l'on revient bientôt sur ses pas.

Rivières souterraines, lacs dormant silencieusement dans les entrailles du sol, abîmes dont on n'a pu atteindre le fond, et dans le noir desquels on entend des eaux clapoter sourdement; aucun mystère, aucune attraction ne manquent à ces grottes étonnantes. On y vient d'Auxerre, d'Avallon, de tout le pays avoisinant. De Paris, jamais.

✵

Arcy est au seuil du Morvan. A partir de là, les paysages s'accentuent, deviennent d'aspect plus sévère, mais plus intéressant. Ce n'est guère que maintenant que le vrai pittoresque commence. Nous allons voir moins de cathédrales, mais plus de montagnes, ces cathédrales faites par le bon Dieu. Pendant quelque temps nous verrons moins de vignes, mais plus de forêts; moins de peupliers, mais plus de rochers.

Et dès Arcy dépassé, le beau du voyage commence, l'écarquillement aussi, car il faut ouvrir l'œil et ne rien laisser perdre. C'est la côte de Chaux, toute trouée de grottes qui vaudraient, comme l'autre, d'être visitées; c'est Saint-Noré, sauvage escarpement de rochers, camp romain bien placé pour commander toute cette âpre vallée; Voutenay, avec de jolies filles aux fenêtres et un lavoir qu'on eût qualifié jadis de romantique. C'est, à droite, une longue vallée qui s'épanouit tout à coup. Sur un pic isolé qui la ferme, tout là-bas, un édifice colossal découpe sa silhouette bleuâtre dans le ciel pur : nous voyons l'abbaye de Vézelay.

Encore que Vézelay ne soit pas sur notre chemin précisément, nous serions les plus indignes des touristes si nous ne faisions pas un crochet pour aller le visiter : 18 kilomètres, aller et retour, une misère pour des bicyclistes. A mesure que nous avançons, se dessine le profil du coteau isolé que couronne l'église. C'est sur ce versant même que le dimanche des Rameaux de l'an 1146, saint Bernard prêcha la deuxième croisade, en présence du roi Louis VII et d'une multitude qui couvrait la vallée et les montagnes voisines. C'est là que résonna, formidable, ce cri de « Dieu le veut ! » qui fut la *Marseillaise* de ces siècles de foi.

La ville est restée telle qu'elle était ce jour-là. Ses maisons sont les mêmes ; ses remparts subsistent encore ; c'est une des cités les plus curieuses à voir. Fièrement campée au sommet de sa colline, de quelque part qu'on arrive, il faut monter pour y atteindre. Mais on est bien payé de cette ascension, par l'admirable vue qu'on découvre tout autour de soi, et surtout par la visite de l'église de la Madeleine.

Il y a peu de monuments en France aussi purs de style, aussi imposants, aussi complets. La façade, au-dessus des trois portails romans, présente une sorte de retable d'une magnificence calme et grande. Le tympan de la porte du milieu offre des sculptures célèbres : au centre, le Christ est assis. La tour de droite est seule entière, ainsi qu'une autre auprès du chœur.

En entrant, on est surpris par la solennité religieuse de ces hautes voûtes en plein cintre, par l'aspect grandiose du *narthex*, ou vestibule d'entrée, par la simplicité, la sobriété noble de cette architecture. Cette église a été restaurée de fond en comble par Viollet-le-Duc. Tous les chapiteaux de Vézelay sont remarquables à un titre quelconque; les uns représentent des scènes avec des personnages et sont de véritables bas-reliefs circulaires; d'autres sont des feuillages sculptés avec une perfection rare et une vraie entente de l'art ornemental. Quelques-uns ont été refaits, mais on a conservé dans un musée lapidaire au-dessus du narthex les originaux. C'est là qu'on peut se rendre compte que nos artistes, malgré tout leur talent et leur bonne volonté, ne peuvent traduire ni retrouver cette naïveté des premiers temps, si pleine de charme et d'imprévu.

Mais ne nous attardons pas. Mon compagnon commence à affirmer que nous n'arriverons pas avant la nuit à Quarré-les-Tombes, et il pourrait n'avoir pas tort. Allons, en selle; pour revenir de Vézelay à la grande route d'Avallon, on ne cesse de descendre, et le trajet se fait vite et sans fatigue. Mais nous ne restons pas longtemps sur la grande route; un petit chemin ombreux et rustique nous mène, par une foule d'agréables détours, au village de Vault-de-Lugny; là, tout est en fête, on danse au milieu de la place; filles et garçons, la joie et la santé éclatant sur leurs joues roses, s'en donnent à qui mieux mieux, sans se soucier de la poussière ni de la grosse chaleur. Les filles de ce pays, comme du reste dans tout le Morvan, n'ont rien de cet air pataud, niais et lourd des paysannes normandes ou bretonnes, par exemple. Elles ont l'œil franc, la démarche souple et un profil dont la noblesse persiste jusque dans l'âge avancé. Je me préparais déjà à inviter pour une contredanse l'une des plus jolies, quand la voix impérieuse de mon camarade me remit dans le chemin de la vertu et d'Avallon.

A Pontaubert commence une ravissante promenade, les gorges du Cousin, partout citées comme une des merveilles de la contrée. La petite rivière, le Cousin, coule en babillant entre deux rives escarpées, couvertes de forêts et de maquis; elle fait détours sur détours, découvrant chaque fois de nouveaux et imprévus paysages. Tantôt des roches à pic surplombent la route, qui suit fidèlement les méandres de la rivière. Tantôt une vallée s'ouvre subitement, laissant voir d'autres entassements de rochers, d'autres amoncellements de verdure. En de certains moments le Cousin se fâche et de babillard devient rageur, se brisant sur les roches de son lit et jaillissant à grand bruit en tourbillons écumeux. Puis, nouveau changement : il n'y a plus qu'une timide rivulette, qui arrose bien gentiment des miniatures de petites prairies, et reflète dans son cristal des escarpements couverts de sapins.

Cela dure ainsi pendant plus d'une lieue et, si pressé que l'on soit, on s'oublie au milieu de ces spectacles à chaque instant nouveaux. Aussi est-il déjà tard quand nous arrivons à Avallon.

☉

Avallon est situé sur le haut d'une colline escarpée, et notre route passe dans le bas. Malgré l'heure qui nous presse, nous ne résistons pas au désir de grimper les lacets qui y mènent. Nous pouvons ainsi constater que ce qu'il y a de plus intéressant dans cette petite ville, c'est sa position, vraiment fort jolie. De ses promenades, de ses jardins, des mille zigzags de sentiers qui y montent, on découvre des points de vue bornés, mais frais et élégants.

. ☉

L'église romane visitée, nous reprenons nos bicyclettes à un carrefour où nous les avions laissées sous la sauvegarde de l'honnêteté publique.

et nous nous enfonçons dans les profondeurs de la forêt de Montmain et du bois de la Bouchoise. Adieu les belles routes plates et si bien unies des derniers jours; ici le sol est raboteux, caillouteux, orniéreux et, pour comble de malheur, le jour baisse et la route monte.

Elle monte même très fort, si bien qu'il nous paraît sage d'aller à pied quelque temps. Au moment où nous passons devant le large et solitaire étang de Marrault, le disque du soleil se plonge, sanglant et énorme, derrière les hauteurs mystérieuses et boisées qui l'enserrent.

Impitoyablement la route monte, monte toujours, et tant que le crépuscule nous le permet nous consultons piteusement les cotes de la carte : « 380, 415, 438! gémit mon camarade. Ah! l'air est pur, à 400 mètres au-dessus de la mer! »

Nous nous décidons pourtant à enfourcher nos bêtes, quitte à pédaler un peu ferme. Au ciel s'allume la grande lampe d'argent de Phœbé. Le clair de lune est tel que les moindres détails du sol ne peuvent nous échapper. Nous ne pourrions pas non plus échapper à la vigilance des gendarmes, s'il s'en trouvait par là, et ce voyage sans lanternes pourrait nous coûter cher. Mais le dieu des bicyclistes veillait sur nous. Cette promenade au clair de lune nous eût paru charmante si nous n'avions eu l'estomac dans les talons et la crainte d'arriver au gîte après que les derniers rogatons eussent disparu.

Une ultime côte et, affamés et fourbus, nous débouchons sur la place de l'Église, à Quarré-les-Tombes.

⁂

Nos vieilles connaissances, M. et Mme Morlet, les patrons de l'hôtel modeste mais excellent où nous descendîmes jadis pédestrement, prennent le frais devant leur porte. Tout dort dans le village, et à cette heure aucun voyageur n'est à espérer.

« A boire, monsieur Morlet! A manger, madame Morlet! Sauvez-nous la vie! »

Un peu surpris de l'arrivée imprévue de notre cavalcade, le ménage Morlet se hâte de se mettre à notre disposition. Nous nous faisons reconnaître, et tout de suite les voilà, serviables, obligeants, qui s'empressent.

« Mais nous n'avons rien, mes pauvres messieurs; à cette heure tout est mangé; nous n'avons plus rien!

— Eh bien! vous nous en mettrez sur du pain, ça fera de fameuses tartines! »

Et de rire.

Tout de même la nappe se mettait, et ces braves gens, qui n'avaient rien, nous servent au bout de dix minutes un festin de Gamache, où ne manquaient ni les poissons du lac des Settons, ni le canard aux olives, ni le veau à la sauce, ni surtout cette cordialité polie dans l'accueil, ce désir de contenter ses hôtes, ces mille attentions qui ne sont rien et qui sont tout ; réception que vous trouverez partout dans le Morvan, mais nulle part plus parfaite qu'ici.

De ces éloges j'excepterai pourtant certain village, — du côté de Lormes, n'est-ce pas, Hippocrate jeune? — où nous commandâmes, il y a deux ans, des œufs sur le plat qu'on alla faire tout de suite et que nous attendons encore.

Ce qu'ils doivent être cuits !

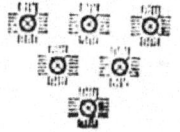

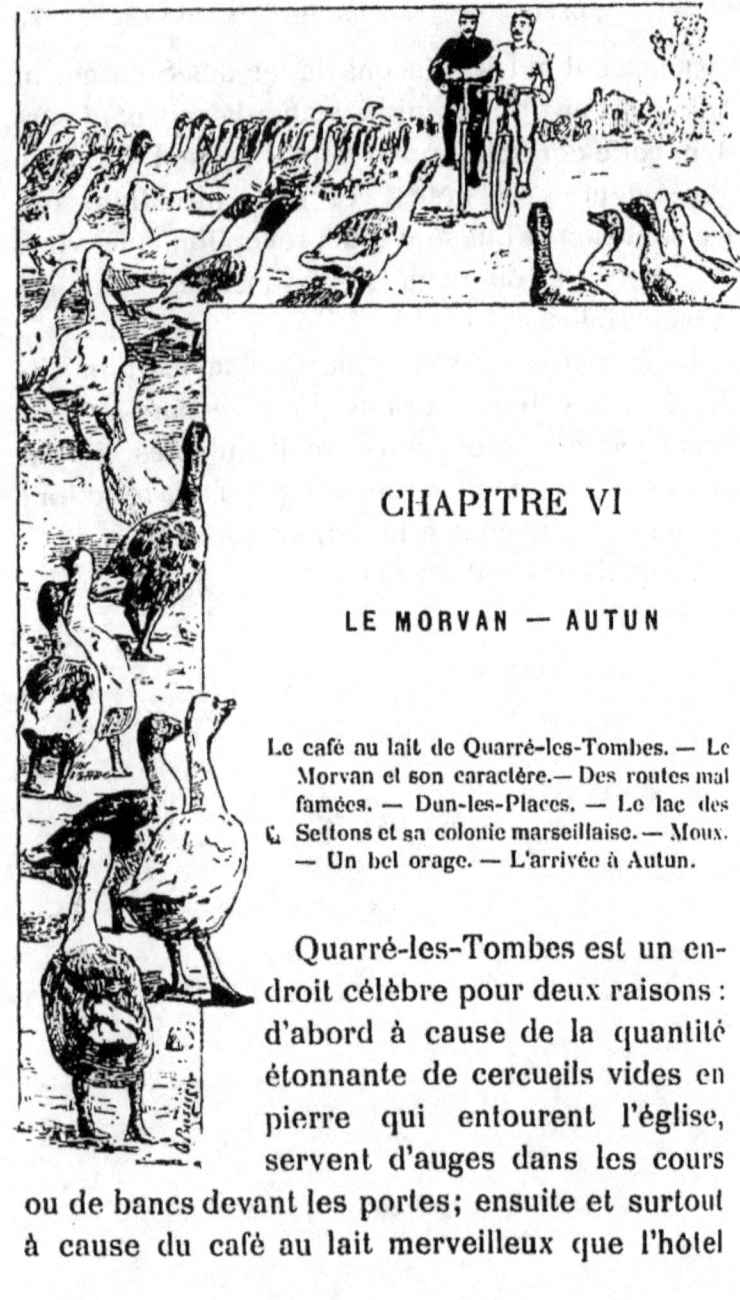

CHAPITRE VI

LE MORVAN — AUTUN

Le café au lait de Quarré-les-Tombes. — Le Morvan et son caractère. — Des routes mal famées. — Dun-les-Places. — Le lac des Settons et sa colonie marseillaise. — Moux. — Un bel orage. — L'arrivée à Autun.

Quarré-les-Tombes est un endroit célèbre pour deux raisons : d'abord à cause de la quantité étonnante de cercueils vides en pierre qui entourent l'église, servent d'auges dans les cours ou de bancs devant les portes; ensuite et surtout à cause du café au lait merveilleux que l'hôtel

Morlet sert à ses clients. Ce n'est pas ici de ces misérables tasses où dans trois cuillerées de lait on vous verse deux gouttes de café ; non ; de vastes bols ne suffisent pas à vider en une seule fois le contenu d'une casserole, plus vaste encore, d'un lait mousseux et épais ; les larges flancs d'une cafetière géante vous permettant d'agir vis-à-vis de ce lait avec toute la noirceur désirable ; enfin, des pyramides de sucre n'attendent qu'un signe pour crouler dans les bols fumants. Ah ! les bons déjeuners que nous avons faits là, de grand matin, nous précautionnant ainsi contre les brouillards, et nous lestant pour affronter les fortes côtes et les rudes montées ! Avec quels soupirs de regret nous y penserons là-bas, tout au Midi, dans les pays sans lait !

Derrière Quarré-les-Tombes, de hauts sommets arrondissent leurs crêtes, couvertes d'épaisses forêts aux tons d'un vert sombre et parfois presque noir. On comprend, à les voir, l'étymologie celtique du Morvan, qui signifierait : « Montagne noire. » C'est la grande forêt au Duc, et nous nous y enfonçons courageusement. Cette forêt est une des plus belles du Morvan. Les chênes, les hêtres y sont plusieurs fois centenaires ; elle est solennelle et sauvage. La Cure s'y est taillé héroïquement une coupure à force de siècles, et la traverse en des gorges réellement grandioses, et dont je n'ai encore vu d'analogues que dans l'Atlas, en Algérie : les fameuses gorges de la Chiffa.

Au sortir de la forêt, le paysage s'élargit et s'étend. L'impression qui domine est celle d'une profonde solitude et d'une nature tout à fait à part. Pays de granits, de porphyres, de roches éruptives, il n'a aucun rapport, comme aspect, avec les régions calcaires et jurassiques que nous venons de traverser. Les forêts y ont poussé de profondes racines, les eaux y ruissellent en torrents et en sources. Plus de peupliers, plus d'aulnes, plus de ces arbres qui viennent dans les plaines grasses; mais de fortes et vigoureuses essences et, dans les hauteurs, les noirs sapins; parfois des fonds marécageux et fertiles se colorent de prairies d'un vert éblouissant, plantées de pommiers et peuplées de vaches grises. Ce serait la Normandie, n'étaient les hautes collines, presque des montagnes, qui se pressent en foule à l'horizon.

Ce qui manque au Morvan, c'est la ligne nette, arrêtée, tranchante des grandes montagnes, des Alpes surtout. Tous les monts du Morvan ont la même forme, un dos arrondi qui manque d'imprévu et a un galbe un peu bourgeois. Quant aux neiges, glaciers et autres accessoires de la haute montagne, il n'en saurait être question, puisque la plus haute cime s'arrête à 902 mètres. Mais ce qu'on ne trouve nulle part ailleurs à un même degré, c'est le calme, la paix, la sévérité aussi, de la plupart de ses vallées compliquées ; c'est l'heureuse disposition de beaucoup de ses paysages, quelquefois si harmonieusement distribués qu'ils répondent pleinement, sans restriction, à l'idée qu'on se fait du beau dans la nature ; ce sont les aspects très divers, un peu courts souvent, de ses prairies, de ses rochers, des forêts qui couvrent d'un lourd manteau de deuil ses hauteurs. Très espacés sont les villages, très tortueux les chemins qui y mènent. Aussi se sont formés de tout petits hameaux perdus dans de profonds replis, composés souvent de deux humbles chaumières accrochées le long des pentes silvestres ; bien des fois, c'est une chaumière isolée qui vient de loin en loin rappeler que cette contrée est habitée.

☉

Pourtant, qui le croirait ? un voyage au Morvan offre quelque danger. Des bandes parcourent les routes, composées d'individus d'aspect débonnaire, mais animés au fond de très mauvaises intentions, et qui ne craignent pas d'arrêter le voyageur isolé aussi bien que ceux qui circulent en nombre. Nous n'avons pas ouï dire qu'elles aient dévalisé personne ou pillé les diligences ; mais leur aspect farouche et provocant pourrait déterminer chez le voyageur novice quelque terreur.

Il s'agit de compagnies d'oies, dont le Morvan semble avoir le privilège; oies puissantes, bien membrées, ayant fort mauvais caractère et portant haut la tête. Ces animaux féroces parcourent en liberté bois, prés et sentiers, et se figurent évidemment que les routes sont faites pour leur circulation exclusive. Dès qu'un bipède non pourvu de plumes et portant nez au lieu de bec se permet d'y mettre le pied, ils s'avancent en bataillon serré, ouvrant à outrance leurs larges becs et crachant à la face de l'intrus tout le catéchisme poissard de leur race. Il y en a toujours une qui est le chef de la bande et marche bravement à l'ennemi, devant toutes les autres, dégoisant un répertoire d'injures et de menaces du plus haut comique.

Cham avait un canard qu'il avait apprivoisé et auquel il portait une affection paternelle. Lorsque cet enfant adoptif avait commis quelque incongruité dont les canards, fussent-ils de Vaucanson, ne sont pas exempts, son maître ne le corrigeait pas d'une façon manuelle et brutale. Il prononçait seulement à haute voix, devant lui, cette observation, en apparence toute simple, mais d'un ton sarcastique :

« Les petits pois seront très bon marché, cette année!! »

Mon ami essaya de cette recette sur les oies du Morvan. Du haut de ses deux roues, il leur proclamait que la récolte des marrons serait excellente, et qu'en certain endroit de sa connaissance on donnerait les lèchefrites pour rien.

Il n'eut aucun succès. Prières et menaces échouaient devant ces courageux indigènes défendant leur patrie. Dans cette lutte entre des oies et des hommes d'esprit, les hommes d'esprit eurent tout le temps le dessous.

Ce n'est pas la première fois que cela s'est vu.

Souvent la conductrice du troupeau porte, passée en travers du bec, une longue plume. Cet ornement, dont elle paraît très fière et qu'elle étale en se dandinant orgueilleusement, est destiné à l'empêcher de traverser les haies et les barrières avec toute son armée ralliée à sa plume blanche.

Du reste, il ne faudrait pas entreprendre une lutte corps à corps avec ces bêtes guerrières. D'un coup de bec elles coupent fort proprement un doigt.

Je comprends maintenant pourquoi l'on dit que certains jugements ont « force de l'oie ».

Le Morvan a un vocabulaire à lui, sinon une langue. Les prairies marécageuses et fertiles sont des *ouches*. Un hameau, une simple maisonnette sont des *huis*. Ainsi nous venons de passer à l'huis Châtelain ; nous commençons à l'huis

Laurent une descente admirable à travers les rochers de la Cure, qui va nous conduire à l'huis Gilot. De là, une montée fort pénible, en vue de croupes pelées, nous amènera au sommet du mont où est bâti le village de Dun. *Dun* est, parfaitement conservé, le mot celtique qui signifiait *hauteur*. Il y a beaucoup de *Dun* en Morvan, — pas autant cependant que de *Don* en Espagne, — et tous sont sur des lieux élevés. Celui où nous sommes, c'est Dun-les-Places, un pays bien isolé, où l'on voit une croix de pierre du seizième siècle, devant une église due, et cela se voit assez, à la libéralité de M. Dupin aîné, qui était de par là.

Il fait chaud, à Dun-les-Places. On se croirait au Sénégal. Avec cela, les routes du Morvan n'ont ni arbres, ni ombres.

A force de rouler de descente en montée et de montée en descente, nous finissons par apercevoir, à travers une échappée de collines vite refermée, une nappe d'argent, le lac des Settons. Le chemin que nous suivons, bien que vicinal ou départemental, est réellement des plus médiocres et doit fatiguer nos montures. Mon ami, qui a pour la sienne un véritable culte, se montre fort mécontent. Si nous rencontrons l'agent-voyer, il passera un mauvais quart d'heure. A gauche, la forêt du Breuil et la forêt Chenue étalent les splendeurs de leur végétation.

Enfin le lac des Settons se dévoile à nos yeux dans tout l'éclat de sa nappe étincelante. Voilà le barrage, muraille cyclopéenne qui supporte le poids de 22 millions de mètres cubes d'eau ; voilà les verts coteaux qui lui font une gracieuse ceinture. Voilà surtout, au bout du barrage, un beau petit bâtiment tout neuf, tout guilleret, décoré du nom d'hôtel, ou même de Casino, Dieu me pardonne ! Cet édifice signifie halte, repos, déjeuner, toutes les voluptés.

Effectivement il se trouve que cet établissement coquet est tenu par une famille de Marseillais exubérants, pullulants et riants. Il y en a des tas, une vieille grand'mère très gaie, des frères barbus comme des bandits corses, de ravissants bébés, et surtout la patronne, une jeune dame méridionale comme il n'est pas possible, vive comme la poudre, pétulante, pleine de verve et d'entrain, encore que son homme soit dans une chambre du haut, paralysé. Quant à elle, elle ne l'est pas, tant s'en faut. Tout en liant avec nous une intime amitié, tout en nous racontant par le menu avec une volubilité mirifique son histoire et celle de tous les siens, elle va, vient, active les bonnes, pique une fleur de grenade au milieu du pâté qu'on nous sert, débouche les bouteilles, éclate de rire tout à coup au milieu d'une phrase, à belles dents, en nous voyant faire honneur au festin en vrais cannibales. La salle à manger est au bord de l'eau, une terrasse la continue et la vue y est charmante.

Nous faisons donc joyeuse chère et, prenant congé de nos nouvelles connaissances, après de touchantes effusions et protestations de mutuelle amitié, nous mettons le cap sur Autun.

⊛

Notre route longe le lac, et la vue est très belle sur la nappe tranquille, les caps qui la mordent et les golfes qui s'enfoncent profondément entre les collines. De petits bois de sapins s'avancent jusqu'au bord. Le tour du lac a 27 kilomètres, et sa plus grande profondeur est de 18 mètres. On y pêche une très grande quantité de poissons. Ce n'est donc pas une simple cuvette, une mare, comme on le croit quelquefois, et j'engage tous ceux qui, en fait de sites, aiment le simple, le modéré, le gracieux, le calme, à venir en faire le tour. C'est une promenade d'un charme peu ordinaire.

Le ciel se couvrait de gros nuages. Quelques tonnerres sourds et lointains se faisaient même entendre. Nous espérions pourtant que l'orage passerait à côté de nous. Justement les hauteurs venaient de s'écarter comme un rideau qui s'ouvre, nous dévoilant un incomparable panorama de vallons, de monts, de prairies, parsemés de villages à toits rouges, à petits clochers carrés;

sur tout cela le ciel tourmenté, plein de révoltes et de batailles, bleu encore par trous épars, jetait d'étranges lueurs, des coups de soleil brusquement limités par des ombres violentes, heurtant les plans, dérangeant la perspective, faisant tout apocalyptique et impossible.

Comment ne pas s'arrêter devant un pareil spectacle? Ainsi fîmes-nous, et soucieux de la tempête prochaine pour les effets seulement qu'elle produisait dans l'éclairage de l'étrange tableau que nous avions sous les yeux, nous restâmes hypnotisés pendant longtemps. Un coup de tonnerre plus rapproché que les autres nous fit revenir à nous. Sautant en selle, en un clin d'œil, par une descente des plus raides, nous fûmes à Moux.

Moux est un petit bourg entouré des plus beaux paysages du Morvan. Il a une église bien misérable, mais agrémentée d'un porche. Ce porche nous sert pour le moment de vestiaire. Car décidément l'orage nous est destiné ; les premières gouttes nous l'annoncent, comme un grand opéra qui aurait pour prélude quelques notes de harpe. Nous endossons donc nos caoutchoucs, rabattons le capuchon jusqu'au menton, et déclarons désormais nous moquer de toutes les pluies imaginables.

C'était un peu trop nous vanter. D'abord

modeste, la pluie se borne à jeter devant les coteaux un voile uniforme et à transformer le tableau en grisaille. Mais bientôt elle redouble ; la grisaille elle-même disparait, la pluie devient cataracte, le tonnerre nous accompagne de ses grondements que répercutent en roulements interminables les vallons d'alentour ; la foudre éclate en un coup sec auquel répondent des pétarades ininterrompues. La cataracte devient grêle, la grêle devient trombe. Assourdis, ahuris, malgré nous, nous fuyons à toute vitesse, et les paysans, pâles derrière leurs vitres, voient passer dans l'ouragan deux formes noires qui semblent chevaucher le vent et enfourcher la tempête, des revenants de l'autre monde, pour sûr.

Au milieu de ce charivari des éléments conjurés contre nous, Hippocrate jeune, qui n'avait pas eu la précaution de fourrer comme moi sous la visière de sa casquette le rebord de son capuchon, le voit rabattre par le vent sur ses épaules ! Déplorable accident ! D'imperméable il devient perméable et bientôt sa tête ruisselle sous une douche formidable.

Notre ordre de marche habituel était de nous trouver à une dizaine de mètres l'un derrière l'autre. Je diminue la distance qui nous séparait, et j'entame, dans de mauvaises conditions, une conversation éminemment instructive.

Je hurle, car il faut hurler dans un pareil cyclone :

« La statistique...

— Qu'est-ce que vous dites? hurle à son tour mon ami, assourdi par les paquets de grêle que nous recevons sur la tête, les sifflements du vent et les timbales du tonnerre.

— La statistique nous apprend qu'il tombe dans le Morvan annuellement trois fois plus d'eau qu'à Paris, soit 200 centimètres au lieu de 60. Elle ne parle pas de la grêle.

— Flanquez-moi la paix avec votre statistique! »

A-t-il bien dit: Flanquez? Assourdi moi aussi, je n'en suis pas bien sûr.

La symphonie à grand orchestre continue. Des pays que nous parcourons, je ne puis dire que ceci, à savoir que la pluie et la grêle viennent de l'Ouest, et que, tandis que ma jambe gauche est relativement à l'abri — oh! très relativement, — ma jambe droite prend un bain complet et prolongé. Les caoutchoucs ne descendent pas jusque-là. Ma pauvre carte de l'État-major prend sa part du Hammam. Soupe, bouillie, purée, c'est tout ce qu'on voudra, sauf une carte. Mon camarade, dont la patience n'est pas la vertu dominante, est exaspéré et jure comme un possédé. Je lui crie aux oreilles que, s'il ne cesse pas d'attirer ainsi sur nous les colères célestes, je vais de mon côté entonner les sept psaumes de la pénitence. Il me semble bien que dans notre course effrénée nous avons dû traverser Lucenay-l'Évêque et apercevoir quelque part un château fort à tourelles et mâchicoulis.

Quand mon ami fut arrivé au paroxysme de la fureur et que nous fûmes tous les deux bien et dûment bons à tordre, les éclairs se firent plus rares, le tonnerre plus lointain, la grêle disparut et fut remplacée par de copieuses averses destinées à nous laver de toute trace de poussière. Puis, comme par enchantement, tout fut fini, et nous restâmes ébaubis de cette fin subite de notre épreuve.

Presque au même instant, — le ciel nous devait bien cette compensation, — commença au milieu des bois et des rochers une magnifique descente. A nos pieds s'étendait une plaine immense, riche, piquée en mainte place de villages, d'usines, de bouquets de bois; au fond, une grande ville étalait la masse de ses édifices, et, derrière, fermant l'horizon, une chaîne de montagnes dentelait de ses scies un ciel où se préparait un majestueux coucher de soleil. Au loin, à droite et à gauche, d'autres montagnes apparaissaient, déchiquetant les nuages. Nous voyions devant nous Autun, appuyé aux monts du Charolais, du Beaujolais et des Cévennes septentrionales.

✽

La descente continue ainsi pendant plusieurs

kilomètres. Elle serait fort agréable si le sol n'était semé d'affreux cailloux, que, malgré des prodiges de manœuvre, il est impossible d'éviter tous; la route elle-même est d'ailleurs raboteuse, cahoteuse au suprême degré. Tant fîmes-nous et si bien que la chaîne de mon ami, sans doute tendue outre mesure par l'averse de grêle qu'elle avait reçue, se rompit net, au moment même où nous mettions pied à terre pour passer sous la porte d'Arroux, superbe entrée romaine à cette ville toute romaine d'Autun. Un mécanicien devant lequel nous passâmes fit la réparation séance tenante, et nous courûmes à l'hôtel, où notre premier soin fut de changer de costume de fond en comble, regrettant seulement d'être obligés de remettre nos culottes trempées pour descendre à la salle à manger.

Nous eussions pu, à la rigueur, nous en dispenser. Il était tard, et il n'y avait plus personne à table.

※ ※ ※

CHAPITRE VII

AUTUN — LE CREUSOT BLANZY

Autun, ses ruines romaines et sa cathédrale. — L'art de descendre. — Un pays infernal. — Avocat malgré lui. — Visite à l'usine du Creusot. — Blanzy.

Cette nuit, nos effets et lingeries diverses ont eu le temps de sécher, et les rues d'Autun aussi. De sorte que de bonne heure nous procédons à la visite de la ville.

Autun, avec ses 15 000 habitants, ses ruines

romaines, sa cathédrale, ses rues irrégulières, ses immenses promenades qui portent le nom caractéristique de promenades des Marbres, est une ville intéressante. L'enceinte romaine, dont de vastes parties subsistent encore, flanquées de tours carrées et de tours rondes; les deux portes monumentales d'Arroux et de Saint-André; les aqueducs qui amenaient à la ville les eaux des étangs de Montjeu et de Montdru, par 9000 mètres de trajet; l'énigmatique pyramide de Couhard; le théâtre, dont, au dix-septième siècle, on prit les pierres pour construire le petit séminaire, l'hospice et la gendarmerie; la masse imposante et sombre du temple de Janus; les vestiges du temple d'Apollon; en voilà plus qu'il n'en faut pour justifier notre empressement.

La cathédrale nous appelle aussi, dédiée à saint Lazare. Sa façade est précédée d'un immense porche roman, où se trouvent les degrés qui donnent accès aux portes, par un large palier. Rien de plus monumental, de plus décoratif que cette entrée, surmontée encore de deux tours, également romanes.

La tour centrale est un admirable morceau de gothique flamboyant, et la flèche est d'une belle audace.

A côté de la cathédrale, un ravissant bijou de la Renaissance : la fontaine Saint-Lazare, qui date de la belle époque des Delorme, des Goujon, des Lescot. Ce sont deux étages de petits dômes surmontés d'un pélican. Tristes, nos fontaines Wallace, à côté de ces joyaux.

☉

Les rues qui environnent la cathédrale sont compliquées, étroites, moyen âge tout à fait; les boutiques sombres, sans prétention, antiques, fermées toutes, d'ailleurs, à ce matinal moment, sauf celle de M. Mangematin, boulanger. Cet homme, évidemment, ne peut se lever tard. En redescendant vers le bas de la ville, les voies s'élargissent, la place du Champ-de-Mars s'équarrit, étalant un hôtel de ville, un théâtre, un collège, dont il vaut mieux ne pas parler. Les magasins commencent à enlever leurs volets. C'est pour nous le signal du départ.

☉

Sortant d'Autun par la rue de l'Arquebuse et la promenade des Marbres, nous prenons la route du Creusot, et par une gorge sauvage, au milieu d'arbres centenaires et de hautes et solennelles futaies, nous nous élevons, en quelques kilomètres, des 336 mètres d'altitude où est situé Autun, à 539; plus de 200 mètres! Aussi faisons-nous pédestrement ce trajet, sans nous plaindre, car les feuillages, tout humides encore de la pluie d'hier qui se suspend en diamants à leurs pointes, les taillis mouillés, les mousses rafraîchies, exhalent des senteurs embaumées, pénétrantes ; c'est la vie, la santé, que l'on respire sous ces voûtes frémissantes. Sans savoir pourquoi, nous sommes gais, nous chantons, nous embrasserions volontiers une brave fille qui tricote derrière sa vache et nous regarde ébahie, pour la récompenser de piquer d'une note rouge si réussie, avec sa coiffe éclatante, toute la symphonie des verts qui nous entourent. Une plaine succède à ces défilés, et une descente de plusieurs kilomètres, en lacets, avec de belles vues sans cesse variées, nous précipite à la petite station de Marmagne, sur la ligne du Creusot.

Cette descente est fatigante par sa longueur, dangereuse par sa pente et surtout l'état médiocre de la route. Les très longues descentes, comme celle-ci, ne font pas le bonheur du bicycliste prudent. On ne peut serrer le frein pendant 3 ou 4 kilomètres, la main se fatigue, le sabot devient brûlant, le caoutchouc de la roue s'use en poudre impalpable ; il faut de temps en temps lâcher le frein et contre-pédaler. Le contre-pédalage est séduisant. Il repose le corps tout entier en le forçant à se redresser et à se pencher en arrière. Mais il a le grave défaut de tendre outre mesure la chaîne et de donner à toute la machine des secousses fort nuisibles à sa solidité. En combinant ces deux opérations, le frein et la contre-pédale, on arrive à descendre sans danger toutes pentes.

Il existe des crans d'arrêt pour maintenir le frein à la tension voulue. Nous n'en faisons pas usage, étant d'avis que rien ne vaut l'action directe du cavalier sur sa bête.

Un moyen original de ralentir sa course dans les descentes a été indiqué dernièrement. Je le donne pour ce qu'il vaut. Il consiste à couper une grosse branche bien feuillue, d'une vingtaine de kilogrammes, — excusez du peu, — et à l'attacher, avec une corde de 1 mètre de long, à la selle de la bicyclette. Son traînage s'oppose à tout emballage. Ce procédé demande l'emploi d'une forte scie, l'absence de poussière, de boue, de tournants brusques, et surtout de gardes champêtres, à qui l'on ferait difficilement croire qu'on trimballe ce bagage derrière soi depuis Paris.

De Marmagne au Creusot, la route monte au milieu de collines tristes; au loin on entend des coups sourds, comme ceux d'une canonnade invisible, et ces détonations étouffées sont lugubres : c'est le grand marteau-pilon qui frappe sur son enclume géante. Tout à coup une vallée infernale s'ouvre devant nous.

✥

A nos pieds, dans les fantastiques nuages de

Massif de la Meije (page 105).
(D'après une photographie de M. J. Lemercier.)

vapeur et de fumée que vomissent des centaines de cheminées d'usine, grandes et petites, toute une cité babylonienne sort de terre, cité bizarre, sans maisons, hérissée de pyramides noires, d'entrées de puits de mine, d'obélisques fumants, des tours étranges des hauts fourneaux, de grands bras inexplicables, de mâts, de treillis de fer incompréhensibles ; des ululements rauques, des bruits formidables, des souffles de géants, des sifflets stridents montent de cet abîme effrayant. A travers les fumées on distingue à peine une multitude de rails où des trains circulent au milieu de forêts de signaux, des ponts reliant d'immenses hangars, des arches, des escaliers colossaux, des bouches semblables à des cratères, rejetant des flammes jaunes ou verdâtres, des fournaises subitement ouvertes et refermées, et, en regardant bien, dans ce fouillis étourdissant, de vagues fourmis, qui sont des hommes.

C'est un spectacle grandiose, magique, d'une intensité de suggestion inouïe. Spectacle dont sont privés ceux qui arrivent au Creusot par le chemin de fer.

Une descente des plus dangereuses, heureusement courte, nous fait arriver, entre deux rangées de maisons ouvrières, noirâtres et uniformes, dans la ville.

Fi ! la vilaine ville ! Toute neuve et toute noire, étalant au grand jour la misérable banalité de nos bâtisses utilitaires, elle n'a rien d'intéressant. C'est la ville industrielle dans toute sa platitude.

Aussi, déjeunant rapidement, nous nous dirigeons vers l'usine pour la visiter sans tarder.

⊕

La visite de l'usine commence par l'inscription que chaque visiteur est invité à faire de ses nom, prénoms, profession et lieu de naissance, sur un registre *ad hoc*. Mon compagnon s'inscrit :

Hippocrate, Auguste, docteur.

« Endroit? lui dit le portier-consigne, en lui redonnant la plume.

— Non, fait mon ami; en médecine. »

Et il ajoute, après le mot *docteur*, *en médecine.*

« Mais puisque je vous dis : Endroit? insiste le vieux brave.

— Mais puisque je vous dis, moi : en médecine! Je le sais mieux que vous, peut-être! Est-ce que vous vous fichez de moi? »

La chose s'envenimait; aucun des deux adversaires ne voulait céder, mon ami s'indignant de l'entêtement du vieux à vouloir qu'il fût avocat, l'invalide furieux contre cet original qui ne voulait pas dire où il était né. Il fallut les séparer et ni l'un ni l'autre n'y ont jamais rien compris.

Vous pensez bien, benoît lecteur, que je ne vais pas vous raconter par le menu cette visite aux forges, mines, fonderies, aciéries, hauts fourneaux du Creusot. Cette visite, fort intéressante à faire, le serait beaucoup moins à lire. Consciencieusement nous avons tout visité.

D'abord la grande halle où fonctionne le marteau-pilon, dont les coups ébranlent si bien le sol qu'il n'y a pas une maison de la ville qui ne soit lézardée; son bélier pèse 100 000 kilogrammes;

Les halles de laminage où s'étirent, rouges et éblouissants, les larges poutres, les lames, les fers carrés, les tringles, et jusqu'aux fils de fer; c'est merveille de voir l'adresse avec laquelle des enfants armés de pinces rangent proprement à côté les uns des autres ces fers brûlants;

Les hauts fourneaux et les fours à coke, tours bizarres qui, la nuit, prennent des aspects terrifiants;

Les ateliers où des machines, formidables et dociles, conduites par des enfants souvent, fabriquent des clous, des vis, des boulons, scient les fers et les plient aux mille besoins de l'industrie;

Ceux où l'on fond les pièces de fonte, et où des cyclopes versent dans les moules le contenu liquide et bouillonnant de marmites colosses;

Le carreau de la mine; nous y voyons remonter au jour les berlines pleines, en tôle rivée, redescendre les berlines vides. Voir *Germinal*. Des fillettes sont là, au triage, un foulard jaune coquettement serré autour de leur chevelure, pour éviter que le charbon ne s'y mette. Elles sont noires, mais fort jolies pour la plupart, — *nigra sum, sed formosa*, — et, rieuses, elles montrent leurs dents blanches de petites négresses;

Les ateliers des machines à vapeur de la flotte et des transatlantiques; ceux où l'on rabote l'acier; ceux où l'on boulonne mécaniquement; enfin nous sommes sortis de là passablement ahuris, à demi rôtis, et tout à fait sourds; fiers cependant d'avoir vu une usine française qui est la plus considérable de l'Europe, — l'usine Krupp ne vient qu'après, — qui occupe seize mille ouvriers et est, en somme, une des forces vitales de la patrie.

⁂

Nous devions aller coucher à Cluny. Mais du Creusot à Cluny il y a près de 57 kilomètres, et la visite de l'usine nous a retenus beaucoup plus longtemps que nous ne le pensions. Il sera sage de s'arrêter à Blanzy, qui n'est qu'à quatre bonnes lieues. Trajet sans grand intérêt. Nous grimpons à Montcenis, perché sur une colline qui est le point culminant du pays. Puis nous avisons un joli, joli chemin vicinal qui nous raccourcira notre étape d'une façon appréciable. Il se trouve être excellent pendant dix minutes, moins bon ensuite, puis mauvais, puis effroyable pour nos pauvres bicyclettes. Au premier carrefour, nous regagnons la grande route, ayant allongé ingénieusement le voyage de quelques forts kilomètres.

A Blanzy, qui n'est qu'un gros bourg, l'hôte est solennel, l'hôtesse aux petits soins, le dîner succulent, les lits délicieux, les chambres propres, et la lune se reflète doucement dans le canal du Centre, qui passe sous nos fenêtres.

Nous rêvons que notre tête est sous le marteau-pilon et que nous prenons un bain de pieds dans les cuves où fond l'acier Bessemer.

CHAPITRE VIII

CLUNY — MACON

De Blanzy à Cluny. — Cluny, ses maisons, son abbaye. — Les vandales. — Des palefreniers bien logés. — Les montagnes. — Mâcon. — Un dîner gai. — Cruelle énigme.

La contrée qu'on traverse entre Blanzy et Salornay est accidentée, mais toujours de la même façon : au-dessus de la plaine plus ou moins ondulée, des collines isolées ou à peine reliées entre elles s'élèvent, portant généralement à leur sommet un bois ou un village. Il paraît que lorsqu'on est au bourg de Mont-Saint-Vincent, dont nous laissons à gauche le monticule, on aperçoit le Mont-Blanc.

Il résulte de cette disposition uniforme du

paysage un peu de monotonie. Pourtant nous sommes heureux de laisser derrière nous le dais de fumée qui nous a caché le ciel pendant toute la journée d'hier ; tout le pays, aux environs du Creusot, de Blanzy, de Montceau, de Montchanin, est sans cesse endeuillé de ce crêpe lourd, que les grands vents peuvent seuls déchirer ou envoyer flotter plus loin. Enfin, aujourd'hui nous retrouvons le soleil.

Les gorges de la Fouillouse, où nous descendons à trois lieues environ de Blanzy, viennent rompre le charme un peu languissant où se complaisait notre route. Serpentant entre deux escarpements rocheux, où se cramponnent chênes, hêtres et sapins, la route côtoie et coudoie la petite rivière turbulente. Partout où le moindre coin est resté libre, un bout de gazon d'un vert triomphant étend un tapis digne d'une reine. Cette descente, où nous dégringolons en un rien de temps près de 300 mètres, est à noter. Elle nous fait passer du bassin de l'Océan dans celui de la Méditerranée. C'est surtout à partir de maintenant que nous allons nous sentir marcher vers le Midi.

Voici de belles et larges prairies, que coupent des hauteurs pittoresques. A gauche, des ruines couronnent la hauteur de Sigy-le-Châtel. Tout ce qui n'est pas prairies est planté de vignes. On voit qu'on se rapproche de Mâcon.

Une fois qu'on a dépassé le gros village de Salornay, le paysage devient plus tourmenté; en face de nous, les collines vers lesquelles nous roulons prennent du relief et de l'intérêt. Nous descendons toujours, avec quelques côtes de temps en temps, pour ne pas perdre l'habitude de pédaler. La route est fort caillouteuse, toujours pour n'en pas perdre l'habitude. Le soleil darde des rayons ardents; heureusement, au fond de la longue et verdoyante vallée de la Grosne, nous apercevons les clochers de Cluny, où nous nous abattons juste à l'heure du déjeuner, mourant de faim.

« L'usage des repas, a écrit quelque part M. Prud'homme, remonte à la plus haute antiquité. »

Si cet usage-là n'avait pas existé, nous l'aurions inventé à Cluny, où fort heureusement le déjeuner est proportionné à nos appétits.

Cluny n'est pas une ville comme les autres. Les toits de tuiles ondées à la romaine font de fortes saillies sur les façades, pour donner de l'ombre; les maisons sont remarquables presque toutes. Pas une rue où plusieurs n'attirent votre attention. Les unes sont franchement romaines et datent de la conquête des Gaules; d'autres arrondissent leurs arcades romanes; d'autres dessinent les trèfles, les meneaux sculptés du moyen âge ; d'autres, les pilastres, les guirlandes de la Renaissance. Beaucoup de ces façades sont célèbres et ont été citées et imitées partout. Cluny n'a plus que 4000 habitants. C'est une bien petite ville, mais sa renommée est universelle, grâce à ses maisons et à son abbaye. Hélas ! depuis une trentaine d'années, on y a été pris de la maladie de l'alignement et une foule de ces précieuses maisons ont été démolies. Maladie terrible que celle-là, contagieuse, et dont les effets sont irrémédiables.

C'est le cœur serré que l'artiste visite Cluny. L'antique splendeur de l'abbaye qui donna trois papes à l'Église s'est évanouie. Nulle part la stupide manie de la destruction n'a causé de tels ravages. Le 30 novembre 1793, des citoyens, accompagnés d'officiers municipaux, brûlèrent sur le champ de foire les statues de bois, les livres d'église et une grande quantité de terriers, de titres, de chartes. Les archives et le trésor occupaient une salle immense de l'abbaye. Une petite armoire leur suffirait largement aujourd'hui.

Quant aux bâtiments de l'abbaye, y compris l'église merveilleuse, ils furent vendus en 1799 à des démolisseurs, malgré la vive opposition de l'administration de la ville. En 1811, les parties que les démolisseurs avaient encore respectées leur furent rachetées par l'État, pour l'installation d'une station d'étalons. « L'État fit abattre au mois de juin 1811 soit le clocher qui dominait le sanctuaire, soit la voûte et ses piliers ; dans le mois suivant, soixante-quinze coups de mine eurent raison du clocher dit des Bisans. Enfin, la caserne des palefreniers avec ses dépendances et le logement du directeur furent élevés à l'aide des matériaux, sur l'emplacement même de l'ancienne église (1). »

☉

... Ce fut comme un lever de rideau. Depuis près d'une heure nous montions, après Cluny, une forte rampe dans un beau défilé boisé, quand brusquement nous arrivâmes au sommet. Un cri nous échappa : « Les montagnes, les montagnes ! » C'étaient elles, en effet. Un espace infini s'ouvrait devant nous, tout un monde nouveau : à droite, de hautes crêtes, continuant celle où nous nous trouvions, couraient avec cette forme de terrasses inclinées et coupées tout à coup à pic, gigantesques dents de scie caractéristiques du Jura, et qu'en géologie on appelle des *pupitres*; devant nous les plaines du Mâconnais jusqu'au fleuve qui coule tout là-bas; au delà, les plaines de la

(1) *Cluny, la ville et l'abbaye*, par A. Penjon, professeur à la Faculté des lettres de Douai.

Bresse, et enfin, comme fond à ce panorama splendide, la chaîne des Alpes et ses puissantes silhouettes. Tout près, un petit village à toits plats, en tuiles, se tassait sur les pentes de la montagne, misérable d'aspect et plein de ces trous noirs, fenêtres ou portes sans clôtures, qu'on voit dans les bourgades alpestres. Ce fut pour nous un ineffable moment; une de ces minutes qui payent toutes les sueurs, tous les ennuis du voyage. Appuyés sur nos bicyclettes, nous les caressions involontairement, en face de ce spectacle imposant, comme pour les remercier de nous avoir amenés jusque-là. Moïse contemplant la Terre promise du haut de la montagne de Nébo n'était pas plus heureux que nous; il ne devait pas y entrer et nous nous sentions maîtres de l'espace, de la plaine et des monts, tout ce que nous voyions était à nous!

Aussi, remontant en selle, nous hâtons-nous de descendre vers Mâcon, à travers des vignes qui font place à de larges prairies à mesure qu'on avance vers la plaine. Nous apercevons à gauche, sur une pointe de rocher isolée, le château de Berzé, avec ses tours carrées à mâchicoulis, se dressant très fièrement; à droite, le village de Milly, où Lamartine passa une partie de son enfance et qu'il a souvent célébré; et, après deux bonnes lieues de plaine, nous entrons dans Mâcon.

Mâcon est en fête et très animé. C'est la foire, et les rues sont remplies de paysans bourguignons, hauts en couleur, l'air ouvert et jovial. Une rue étroite, mais commerçante et gaie, mène au bord de la Saône.

Sur le quai, des rangées de boutiques en toile attirent la foule, et partout les marchands de vin ont arrangé devant leurs maisons de vastes tentes où pour quelques sous les amateurs peuvent déguster les meilleurs crus de la Bourgogne.

La ville est vivante et de belle apparence. Presque tous ses monuments sont modernes. La halle vaut une visite. C'est tout simplement le porche et les deux tours de l'ancienne cathédrale Saint-Vincent, encore une que la Révolution démolit en grande partie. Ces deux tours, mutilées et incomplètes, font un certain effet.

L'église actuelle est fort grande; elle est moderne et de style roman. Elle a deux mérites : celui d'être l'œuvre d'un enfant du pays, M. Berthier; celui surtout d'être une jolie étude du roman bourguignon.

Nous traversons sur un beau pont de pierre la Saône, large et rapide, qui s'étale dans une grande plaine verdoyante, avec quelques rares peupliers sur ses bords; et de l'autre côté du pont, au village de Saint-Laurent, nous sommes dans le département de l'Ain.

La nuit approche; nous descendrons au premier village que nous trouverons sur la route.

※

Ce village est un hameau d'une demi-douzaine de maisons. Un petit fagot pendu à une perche doit indiquer que l'une d'elles est l'auberge. Traversant une cour déserte, nous frappons. Une femme vient nous ouvrir. Elle a les yeux rouges. A notre habituelle question, si l'on peut nous donner à dîner et à coucher, elle répond d'une voix dolente que oui. Le fils, un grand gaillard à longue blouse bleue, vient nous aider à remiser nos bicyclettes. Lui aussi a pleuré, et, en traversant la cuisine morne, nous entrevoyons une fillette qui s'essuie les yeux.

Décidément, il y a quelque chose et nous aurions pu mieux tomber.

Dans une salle sombre, à peine éclairée par le misérable lumignon d'une bougie coulante, la bonne dame nous sert silencieusement une omelette miniature et deux petites bouchées qui restaient d'un poulet. Nous nous regardons fort déconfits. Omelette et poulet avaient disparu en un clin d'œil et n'avaient fait que nous mettre en appétit. Il fallut nous résigner à dévorer du pain et du fromage.

Lugubre, ce dîner. Par bonheur arrivèrent deux braves paysans qui revenaient, un peu éméchés, de la foire de Mâcon. Attablés en face d'une bouteille de vin, ils causaient de nous et de nos bicyclettes qu'avec leur char sur la route ils avaient en vain essayé de dépasser.

« Voyez-vous, la jeunesse d'aujourd'hui, avec ces machines-là, elle se corrompt le sang ! »

Cette opinion, magistralement exprimée, nous égaya ; et comme en voyage il faut peu de chose pour dilater la rate, notre gaîté dégénéra bientôt en un fou rire qui nous tordit violemment, éclatant en fusées d'une joie incompressible, devant notre petite bougie terne et notre pitoyable fromage.

Quand fut calmé ce rire, dont nous étions un peu honteux, nous pensâmes à aller nous coucher. Brrr ! La chambre où l'on nous conduisit était un immense galetas, plus lugubre que tout le reste. Et dans cette chambre il y avait trois lits, trois, vous entendez bien. On nous désigna expressément les deux nôtres. Qu'y avait-il dans le troisième ???

Et voilà qu'avant de nous endormir, pensant à l'aspect funèbre de cette chambre, aux larmes de tous ceux que nous avions vus en bas, aux regards furtifs et troublés que le garçon, en s'en allant, avait jetés sur le troisième lit, la même idée macabre nous vint et que nous fûmes de nouveau pris de ce déplorable fou rire. Et si jamais fou rire fut mal en situation, ce fut ce soir-là.

CHAPITRE IX

BOURG-EN-BRESSE — NANTUA

La maison hantée. — Bourg-en-Bresse. — L'église de Brou. — Ceyzériat. — Notre confrère. — Visite aux grottes d'Hautecour. — La côte de Berthian. — Je tombe, tu tombes... — Arrivée à Nantua.

Nous avons fort bien dormi. Si le troisième lit est occupé, c'est par quelqu'un de bien tranquille et de pas gênant, et qui n'a pas bougé. Nous lui tirons un grand coup de casquette et, sortant de la chambre mortuaire, nous nous trouvons en présence d'une vingtaine de fantômes gris, immobiles et graves, qui nous barrent le passage.

Cette maison est hantée.

Nous nous frottons les yeux ; à quatre heures du

matin, on a bien le droit d'être un peu endormi,
et nous reconnaissons de grands sacs de farine
qui déjà, la veille, nous avaient fortement impressionnés.

Notre écot payé, nous sommes reconduits à la
grille par le jeune homme, plus triste que jamais,
et nous partons en poussant un soupir de soulagement.

Nous apprîmes dans la journée que le patron
de l'auberge était mort peu d'instants avant notre
arrivée.

Il nous passa dans le dos un petit frisson rétrospectif.

✣

Une demi-heure plus tard, nous traversions le
Logis-Neuf, une jolie bourgade où deux ou trois
auberges, gaies et joyeuses, bordent la route
de leurs balcons découpés et festonnés de vigne
vierge.

Pourquoi n'avons-nous pas, hier soir, poussé
jusque-là ?

✣

Dans les brouillards du matin nous roulons à
travers la grande plaine de la Bresse. A droite et
à gauche, au delà des prairies où une foule de
petits ruisseaux dorment entre les saules, on
devine, à travers les gazes légères, des collines

qui s'étagent, de plus en plus hautes. En face, les montagnes doivent s'élever, barrant notre chemin. Nous le savons, nous le sentons, mais nous filons dans une brume fraîche et délicieuse, qui nous ravit à toutes les préoccupations terrestres.

Nos pédales seules nous avertissent que nous nous élevons, très doucement. De grandes découpures grises partagent les brouillards. Les montagnes se révèlent peu à peu. La route se peuple de paysans conduisant leurs vaches, de femmes se rendant au marché, coiffées du bonnet bressan, tuyauté, et le panier au bras. Une ville émerge du brouillard. Nous sommes à Bourg.

Le chef-lieu du département de l'Ain est à peine réveillé à cette heure. Ses rues, bordées de sévères maisons à l'aspect de couvents, résonnent sous nos pas. De vieilles maisons de bois avancent par places leurs pignons surplombants. D'autres ont leurs remplissages formés de tuiles décorées fort riches et fort originales. Nous arrivons ainsi jusqu'à l'église, de style dit jésuite, et dont le clocher possède un cadran beaucoup trop grand pour lui, embelli des armes de Savoie. Les rues sont encombrées, autour de l'église, de marchandes de fruits et de légumes; les tomates éclatantes, les potirons aux tons riches et aux flancs pansus, les raisins aux grappes dorées, les poteries aux couvertes vernissées de rouge, de vert et de jaune, encombrent la chaussée.

Ce qu'il y a de plus intéressant à voir à Bourg, c'est l'église de l'abbaye de Brou, située à quelque distance de la ville, un quart d'heure à peine en bicyclette.

Isolée dans la campagne, cette église est tout ce qui reste d'un prieuré fondé en 1506 par Marguerite d'Autriche. Ce qui la rend unique au monde, c'est non seulement la richesse étonnante, je dirai presque exagérée, de ses sculptures, mais surtout leur état incroyable de conservation. C'est ici le chef-d'œuvre du gothique flamboyant arrivé à l'extrême limite où il va se transformer en architecture Renaissance. C'est aussi l'extrême limite de la prodigalité dans l'ornementation, du souci du détail qui fait perdre souvent de vue l'ensemble. Le flamboyant est là tout entier, dans ses qualités comme dans ses défauts. La façade a des bizarreries, des rosaces en forme de triangles, égaux ou inégaux, réguliers ou non ; on sent que la géométrie est intervenue là dedans, et la préoccupation d'éblouir, à quoi ne pensaient guère les vieux maîtres d'œuvre, ainsi qu'on appelait jadis les architectes. Rapprochement singulier : ces choux, ces torsades, ces dais ornés à outrance rappellent tout à fait l'art portugais de la même époque.

Devant la porte, les badauds remarquent avec admiration un cadran solaire elliptique dessiné en pierres de taille sur le sol. Ce cadran n'a pas d'aiguille. Au milieu une ligne est tracée, portant les initiales des douze mois. En se plaçant sur l'initiale du mois courant, le spectateur sert lui-même de style — le style, c'est l'homme, a dit quelqu'un, — et son ombre lui indique l'heure qu'il est.

L'intérieur de l'église de Brou, le chœur surtout sont d'une splendeur inconcevable. Trois mausolées — ceux de Marguerite de Bourgogne, de Philibert le Beau et de Marguerite d'Autriche — sont chacun un monument extraordinaire. Ils sont tellement surchargés de détails, tellement fouillés, tellement travaillés, que l'œil s'en fatigue et s'y perd. Un retable en albâtre, du même style, exagère encore le fouillis des sculptures, des dais microscopiques, des colonnettes minuscules, des statuettes myrmidonesques. Tout cela, pris séparément, est charmant. Mais l'ensemble est confus, toutes ces gentillesses se nuisent et les lignes ne se dégagent pas.

Il n'y a pas que la pierre qui soit sculptée à Brou. Les stalles du chœur présentent cinquante-deux statues très originales et taillées avec une verve infinie. C'est l'Ancien et le Nouveau Testament, l'histoire sainte tout entière, défilant sur ce bois d'un beau ton brun. Sous les miséricordes, une foule de scènes grotesques et parfois plus que grotesques témoignent de la jovialité de l'époque.

On sort de là émerveillé, regrettant de n'avoir pu tout voir, tout examiner, mais se disant qu'il faudrait une semaine pour bien visiter en détail cet extravagant chef-d'œuvre.

※

Plaine encore jusqu'à Ceyzériat avec de beaux herbages verts et plantés de saules. Mais là, cette plaine cesse et les montagnes se dressent, impérieuses. C'est donc à Ceyzériat que nous déjeunons, afin de prendre des forces pour l'escalade.

Déjeuner exquis, sur la terrasse de l'auberge du Grand-Balcon, où l'hôte est un brave et gros homme, plein d'attentions et de sollicitude pour nous. « Allez, nous dit-il, allez surtout visiter nos grottes, les grottes de Hautecour. Vous passez tout près pour gagner Nantua. Ça vaut la peine.

— Et tout à l'heure je vous y conduirai, s'écrie un aimable jeune monsieur qui assiste à notre déjeuner en spectateur, fort intéressé par notre appétit peu commun. Moi aussi, je fais de la bicyclette, et nous irons tous les trois ensemble. »

Marché conclu; en attendant que notre nouvel ami soit prêt, nous avalons en guise de dessert deux excellentes poulardes de Bresse, authentiques, puis nous parcourons le village, plein de ces fontaines aux eaux cristallines qu'on ne rencontre que dans les montagnes.

Notre confrère nous rejoint, guêtré, maillotté de blanc, dûment casquetté, équipé enfin pour un long voyage.

« Excusez-moi, dit-il, si je vous ai fait attendre. Je fais un peu de médecine en amateur, et j'étais allé donner une consultation pour un enfant atteint d'une méningite. »

Charmant garçon, d'ailleurs, que ce monsieur, et de bonne compagnie. Nous sûmes le soir que c'était un huissier.

Nous voilà donc grimpant ensemble les pentes qui contournent le mont July; il n'a encore que 600 mètres et prend des airs de vraie montagne. Alors s'ouvre la grande vallée de Meyriat, avec, en face, de hautes pentes d'un jaune orangé, tachetées de quelques petits points café au lait ou rougeâtres, qui sont des maisons ou des bergeries. Le coup d'œil est sévère et grand. La beauté des montagnes ne tient pas tant à leur altitude en mètres qu'à leur ligne plus ou moins imposante, à leur forme, à leur couleur; telle de 1000 mètres paraîtra plus grande que telle autre de 2000.

Nous traversons un col qui nous fait entrer dans une seconde vallée, plus imposante encore que l'autre. C'est là que se trouve Hautecour.

La clef des grottes est chez le maire, un riche

cultivateur qui nous donne son fils comme guide et nous convie à déguster les vins de ses diverses récoltes. Nous déclarons tout excellent, et nous nous mettons à escalader pédestrement la montagne sur la côte de laquelle est l'entrée des grottes. Dure escalade, en plein soleil, sur une pente caillouteuse, sans arbres, sans un buisson, pelée et rocailleuse. De nouveau nous offrons à Cybèle le sacrifice de notre sueur; nous nous sentons changés en fontaine, ainsi que le fut jadis l'aimable Narcisse. Hippocrate jeune ne laisse pas que de ronchonner amèrement, assurant que cette fois encore la nuit nous surprendra en chemin.

Au bout d'une demi-heure, quand on est tout en haut, une fissure dans le sol donne accès à la grotte.

Ce que ce souterrain a de plus curieux, c'est la façon dont on y descend. Le sol de la première salle est à une quinzaine de mètres au-dessous de la porte, en sorte qu'il faut, par une échelle de fer suintante d'humidité, s'enfoncer dans un abime dont on ne voit pas le fond. Quand on est arrivé, on retrouve le mobilier ordinaire des grottes : stalactites, stalagmites, petits *gours* bosselant le sol, concrétions à formes bizarres, quatre ou cinq salles. C'est, en moins grand, ce que nous avons vu à Arcy-sur-Cure.

De retour à Hautecour, nouveaux verres de

vin. Nous y serions encore sans l'énergie de mon camarade, homme de devoir que tous ces retards horripilent.

⊛

Notre ami de Ceyzériat est décidément un obligeant compagnon. Remettant à demain les affaires sérieuses et une saisie qu'il allait faire quelque part, il tient à nous faire profiter de certains raccourcis très caillouteux, mais assurément avantageux. Dans l'un de ces sentiers sauvages et déserts, il nous montre l'emplacement exact où fut assassiné, il y a quelques années, un marchand de bœufs qui revenait de la foire de Nantua.

« On a retrouvé la trace des chevrotines sur le tronc d'un chêne. Et tenez, sur ce rocher, voilà les éclaboussures du sang. »

Et comme nous nous étonnions que ce sang fût resté là si longtemps :

« Oh! nous répondit-il très sérieusement, on l'entretient de temps en temps avec un peu de peinture. »

⊙

Quand nous nous séparons, le soleil se couche et il nous reste encore cinq bonnes lieues à faire pour gagner Nantua.

Cinq lieues, c'est peu pour de solides vélocipédistes. Mais, malheureusement, sur ces cinq

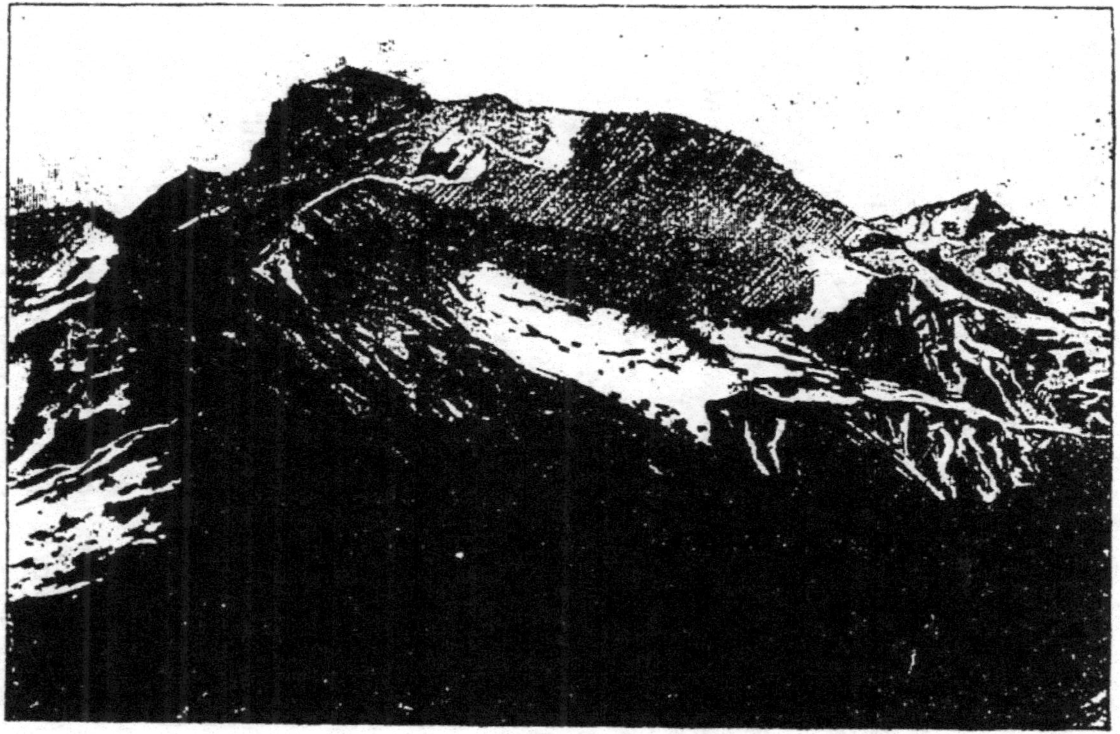

L'Obiou, vu du Trièves (page 164).

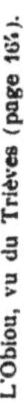

lieues il y a une montée effrayante, dont tout le monde nous a parlé dans le pays, et qui a 8 kilomètres, la fameuse côte de Berthian. C'est une des plus dures, la plus dure peut-être que je connaisse. On n'en monte pas une lieue à l'heure; elle a une pente déraisonnable. Un particulier a essayé, il y a quelques années, d'organiser un service de voitures publiques de Bourg à Nantua. Six mois après, il a dû y renoncer, la côte de Berthian avait fourbu tous ses chevaux. Pour nous, n'était l'heure avancée et la nuit qui menace, nous ne nous en plaindrions pas; la vue dont on y jouit est tellement belle à mesure qu'on s'élève, qu'on oublie tout pour ne penser qu'à elle. A cette heure surtout, où les montagnes s'entassent violacées les unes contre les autres, où des abîmes montent des vapeurs qui accusent et élargissent les plans, où la rivière d'Ain reflète, au fond des défilés sombres, d'étranges lueurs, tout est admirable. Peu à peu au violet succède un gris très doux où tout se fond, et la nuit jette sur cette féerie son voile brodé de points d'or.

La montée de Berthian a ceci de particulier que, lorsqu'on se croit arrivé au bout, elle tourne au milieu des sapins noirs et recommence. Vingt fois nous sommes pris à ce leurre, et, quand nous arrivons au col, nous sommes bien près du découragement.

Sur le versant qui regarde Nantua, nous ne voyons, hélas! rien que le noir, piqué çà et là de petites lumières, très loin, en bas, tout en bas. Il s'agit de s'enfoncer dans ce noir, sans lanterne, et par une route que nous savons détestable. Nous nous mettons en selle pourtant et nous commençons à descendre avec la prudence du serpent.

A peine étions-nous en route — bing! — un cliquetis significatif m'apprend que mon camarade vient de faire ce que dans l'argot vélocipédique on appelle élégamment : ramasser une pelle.

Je n'ai pas le temps d'arrêter pour ne pas lui passer dessus, que — bing! — j'en fais autant.

Touchante unanimité!

La route est en cet endroit tout de neuf empierrée et couverte d'une belle couche de cailloux étalée d'aujourd'hui. Cantonnier perfide! Caillou maudit! Grottes abominables!

Enfin, comme des bicyclistes sérieux doivent savoir tomber sans se faire de mal, nous n'avons de blessé que notre amour-propre. Mais, plus prudents encore que tout à l'heure, c'est à pied que nous descendons cette montagne qu'à pied nous montâmes. Un bout de plaine, puis une place de village, au bord d'un lac qu'on entrevoit.

« Nantua! Nantua! »

Hélas non! c'est la Cluze. Nantua est à l'autre extrémité du lac.

On y arrive enfin, non sans peine, à une heure réellement indue, et, si le patron de l'hôtel de France ne nous met pas à la porte, c'est que nous lui sommes particulièrement recommandés.

On nous déclare, par exemple, comme à Quarré-les-Tombes, qu'il n'y a plus rien à manger. Mais ici, c'est positif. Nous dînons principalement d'écrevisses et de pêches.

Une manière comme une autre de pratiquer la pêche aux écrevisses.

CHAPITRE X

NANTUA — LE VALROMEY

Le lac de Nantua. — Route de Genève. — Le Valromey et ses sapins. — Descente de la vallée. — Champagne-en-Valromey. — Une exploration nocturne. — Nouvelle énigme.

Nantua est un endroit si charmant que nous nous accordons une matinée de repos au bord de son lac.

Hippocrate jeune la passe entre ses draps, se dédommageant de toutes les matinées où nous nous levâmes à quatre heures. Pour moi, je vais faire, à petits pas, le tour de ce délicieux bassin, si calme, si riant au fond des colosses rocheux qui le dominent, presque à pic, de 500 mètres parfois. D'un côté, les montagnes plongent directement leurs pentes abruptes dans ses eaux, et la route a dû tailler à même le roc son passage ; en face, quelque marge est restée entre le bord et les escarpements hautains qui le dominent. Cette marge est occupée par de petites bandes de fraîches prairies, qu'on dirait aménagées exprès pour s'y allonger à l'ombre des cerisiers, des pruniers, qui en font un verger, et pour y rêver. Nantua, jolie petite ville coquettement blottie dans une fente des montagnes, se mire à une de ses extrémités, et à l'autre bout, deux villages, la Cluze et Port — appelé par les gens du pays Port-en-France — ouvrent la plaine que nous traversions hier soir dans l'obscurité. Il n'est pas bien grand, ce lac ; il n'a pas 3 kilomètres de long ni 1 kilomètre de large ; le tour complet ne fait pas 7 kilomètres. Mais ce tour est une belle promenade ; la route qui le borde est excellente pour le vélo ; et les montagnes qui l'entourent, hautaines et grandioses, sont de celles qu'on ne se lasse pas de contempler.

✲

Nantua est sur la route de Genève ; le trajet est admirable, entre ces deux villes. Les montagnes y ont des formes, des aspects de toute beauté. Un lac solitaire et sauvage, plus petit que celui de Nantua, le lac de Sylans, est à voir en passant.

Cette excursion me tentait beaucoup. Mais mon

compagnon, tout heureux d'avoir fait la grasse matinée, me fit observer que de Nantua à Genève il y a exactement 64 kilomètres; qu'il y en a autant de Genève à Nantua; que 128 kilomètres seraient une trop forte journée et contraire à nos principes; qu'enfin, et surtout, si nous nous mettions sur le pied d'allonger l'itinéraire et d'y greffer des rameaux improvisés, il n'y aurait pas de raison pour que notre voyage prît fin.

Je me rendis à ces objections et reconnus que la voix de la raison me parlait par sa bouche. D'ailleurs, je connaissais Genève et son lac, dont les boarding-house, family-house, hôtels, casinos, villas, maisons meublées ont tellement envahi les bords qu'il est devenu la plus sotte chose du monde.

Je cédai donc, et nous nous remîmes en route.

☉

Nous allons entrer maintenant dans le Valromey, région montagneuse faisant partie de l'ancien Bugey, une des chaînes parallèles dont se compose le Jura, immense plateau très peu visité, très peu fréquenté, et dont les sites âpres et graves mériteraient mieux que cette indifférence. Des routes très bonnes, très vélocables, le parcourent, ainsi du reste que tous nos pays de montagnes. Il y a, évidemment, nombre de côtes à faire à pied. Mais on s'en voudrait de les monter autrement, tant est enivrant l'aspect de ces paysages alpestres.

Presque aussitôt que nous avons quitté le lac, nous nous mettons à grimper en corniche sur le flanc des monts d'Ain ; ensuite, toujours montant, nous avons à notre droite un abîme au fond duquel roule un torrent, et d'où s'élancent de hauts sapins dont les cimes sont bien au-dessous de nous. Derrière les monts bizarrement découpés qui ferment notre horizon, d'autres surgissent, plus bizarres, et d'autres encore, et d'autres toujours, comme s'ils poussaient de la terre, envoyés d'en bas par une force silencieuse et invisible. Des forêts de hêtres, de sapins élancés comme des colonnettes hardies, nous environnent. Nous rencontrons un attelage de bœufs à la robe chamois, qui traîne lentement un de ces troncs, et nous sommes stupéfaits de la longueur de ce géant, ainsi que de sa rectitude. Il n'est pas rare d'en voir qui aient 25 ou 30 mètres et plus.

Ils s'en vont faire des mâts de navires. Étrange destinée que celle-là ! Avoir poussé, avoir grandi fièrement ancré dans le sol, avoir vu autour de soi, immobile, l'immobile nature, et devenir ensuite le misérable jouet que les vents et les flots vont secouer, balancer, briser, sur les toujours mobiles océans !

À ces gorges, à ces forêts succède un plateau couvert de drus pâturages et de maigres bruyères où ruminent des vaches et dont une seule petite métairie fait ressortir la singulière solitude, le profond désert. Une femme est là, l'air heureux dans ce mélancolique paysage, un bébé aussi, qui court dans les herbages.

« Quel âge croyez-vous qu'elle a ?

— Quatre ou cinq ans, peut-être ?

— Eh bien ! non, mes bons messieurs, elle n'a que deux ans, la mignonne ! Voyez si ça se porte bien !

— C'est que vous êtes en bon air, ici, à 1000 mètres au-dessus de la mer. Mais l'hiver, comment faites-vous ? Les vents doivent balayer affreusement le plateau, les neiges le rendre inhabitable.

— Ah ! l'hiver nous descendons dans le bas pays. »

Ce plateau est singulier ; à son aspect désolé, à son air de complet isolement du reste de l'univers, vient se joindre ceci, que, du beau milieu de son tapis d'herbes courtes et jaunes, sortent, comme posés dessus par un caprice de géant, des pics de 100 à 200 mètres de haut, plantés là sans qu'on sache pourquoi, jeu inexpliqué de la nature. Rien d'étrange comme ces monts qu'on dirait tombés de la lune.

C'est le point culminant de la chaîne que nous traversons. Nous allons maintenant descendre, au fond de la longue vallée, entre deux lignes de montagnes aux découpures fantastiques, aux lignes tourmentées, infiniment changeantes. Le soleil qui décline colore d'un rouge de brasier tout un côté du gigantesque couloir; le côté resté dans l'ombre a des nuances d'un violet noir sinistre, où les forêts de sapins, les prairies obliquement couchées sur les pentes où elles semblent prêtes à glisser, prennent des tons durs et intenses ombrés de bleu de Prusse. Par moments, au loin, un flamboiement reflète dans une vitre l'incendie du couchant; déjà envahis par l'ombre précoce, dans le creux du val, des villages tassent leurs toits de tuiles brunes au pied d'un modeste clocher, invariablement le même, carré avec une petite coupole en ardoises en forme de soupière.

Et nous descendons toujours, suivant le fond de la vallée, le thalweg, pour parler l'affreux langage des savants ou de ceux qui veulent en avoir l'air. Nous descendons pendant 5 kilomètres, 10 kilomètres, 15 kilomètres; nous descendons sans pédaler, sans autre préoccupation — car la pente est modérée et la route passable — que de mettre pied à terre chaque fois que nous rencontrons des sociétés de vaches rentrant à l'étable, sans se presser, en personnes paisibles et satisfaites, tintinnabulant des grosses cloches pendues à leur cou. C'est l'heure ; aussi tout le long du chemin nous nous livrons à cet exercice. Nous traversons ainsi des villages qui n'ont pas la mine trop pauvre et dont les noms sonnent de façon toute spéciale : le Petit-Abbergement, Ruffieu, Lompnieu, Sutrieu, Fitignieu.

Et nous descendons toujours, emportés par nos chevaux d'acier que nous n'avons qu'à guider. Certes à ce moment nous n'échangerions pas notre selle contre le fauteuil doré du Président de la République. Siège pour siège, on est plus heureux et aussi solide sur le nôtre que sur le sien.

L'épreuve est décisive. Oui, la bicyclette est bien un instrument de montagne. Je parle pour le touriste, pour l'artiste, pour le voyageur intelligent que ne talonne pas la hantise d'aller très vite, qui se trouve tout content d'une côte à monter à pied, d'une halte à faire, d'un retard imprévu qui permet de mieux voir, de rester plus longtemps dans des paysages toujours trop tôt évanouis; pour l'amateur dépourvu d'amour-propre, qui saisit tout prétexte à flânerie, un croquis à faire, un point de vue à contempler, un petit bout de causette avec les bonnes gens qui passent, ou tout bêtement un dessous de bois engageant, une mousse bien tentante, un roc fait exprès pour s'asseoir. Au véloceman aussi heureusement doué, la montagne est délicieuse et fertile en inépuisables jouissances.

⊕

A la nuit tombante, nous nous écartons un peu de notre route pour monter au village de Champagne, où nous devons coucher. Ici l'hôtesse est une excellente femme et une excellente cuisinière aussi, sa fille une très jolie enfant qui porte avec distinction le nom distingué de Claudia, et de plus, — ô surprises agréables des voyages, imprévus charmants, — nous trouvons dans ce coin perdu du Jura, dans ce village où personne ne va jamais, une coquette petite Parisienne aux grands yeux noirs, qui dîne solitairement dans la modeste salle à manger de l'auberge. Notre arrivée met tout sens dessus dessous; tout le monde se multiplie pour nous bien recevoir. Nous-mêmes, enchantés de l'accueil, de la bonne chère, des gracieux minois qui nous entourent, nous sommes d'une gaîté exubérante, contagieuse, nous tirons nos plus étincelants feux d'artifice d'esprit, et jamais, je pense, l'hôtel Gorrel n'a hébergé plus joyeuse compagnie. Une expédition nocturne est organisée, sur notre désir de connaître les environs de Champagne. Ces demoiselles, par la nuit noire et des sentiers horriblement semés de pierres pointues, nous mènent à un plateau, du côté de Vieu, d'où, s'il faisait jour, nous verrions la Dent-du-Chat et le lac du Bourget; puis, à une hauteur d'où, s'il faisait jour, nous verrions une infinité de choses plus belles encore. Hippocrate jeune, que cette promenade excentrique n'amusait qu'à moitié — en quoi il avait tort et se montrait peu galant — interrompit l'enthousiasme que je manifestais, de confiance, en demandant à quelle heure on se couchait, dans le pays.

« Être grossier et matériel! m'écriai-je, en saisissant le bras de Mlle Claudia, qui trébuchait sur les cailloux. Comment pouvez-vous faire une pareille question, alors que ces demoiselles ont encore, j'en suis sûr, une foule de choses à nous montrer? N'y aurait-il pas par ici quelques grottes?...

— Mais si, mais si! s'écrièrent d'une seule voix nos deux compagnes. Il y en a, tout près d'ici. Venez! venez! »

L'indignation de mon ami ne connut plus de bornes. Il déclara qu'il ne voulait plus entendre parler de grottes, cavernes, spélunques, souterrains, de quelque espèce qu'ils fussent ni à quelque heure que ce fût, — surtout à onze heures du soir. Que j'étais libre d'explorer le pays sans chandelle tant qu'il me plairait; mais que, pour sa part, il en avait assez et allait rentrer.

Comme je n'avais pas plus envie que lui de

passer la nuit à la belle étoile, notre quatuor reprit le chemin du logis.

☙

Et, en nous couchant, nous nous demandions ce que pouvait bien faire cette petite Parisienne à Champagne-en-Valromey...

CHAPITRE XI

LE LAC DU BOURGET — AIX — CHAMBÉRY

Le Bourget. — Promenade au bord du lac. — Déjeuner improvisé. — Aix-les-Bains et la belle société. — Un jeu de cochers. — Des charrettes obstructionnistes. — Chambéry.

Ce matin, pas de Parisienne; mais, en revanche, la Dent-du-Chat, au loin dans les vapeurs bleues; c'est une montagne admirablement nommée, et, au milieu de toutes les déchiquetures biscornues qui l'environnent, sa pointe légèrement inclinée la fait facilement reconnaître. Derrière cette barrière, nous trouverons le lac du Bourget.

Cette pensée nous donne des ailes et efface bientôt la tristesse de nos adieux à l'hospitalière maison Gorrel et à la gracieuse Claudia. Nous descendons encore jusqu'au village d'Artemare, et nous roulons dans la plaine formée par les anciennes alluvions du lac qui vint jadis jusque-là. Plaine fertile, verte, où nous revoyons les peupliers, les tilleuls, et qui forme un contraste frappant avec nos régions tourmentées du Valromey. Un grand massif montagneux la domine superbement, c'est celui du Grand-Colombier qui s'élève là jusqu'à 1534 mètres. Voici le marais de Lavours, bien vert et bien cultivé. Des foins qu'on coupe montent des senteurs presque grisantes.

Un château carré, isolé sur un pic tout seul, au pied du Colombier. C'est Culoz. Encore quelques coups de pédale et nous traversons le Rhône, bas et encombré d'îlots. A gauche, vers Genève, il a ses rives bordées de hautes et belles montagnes.

Le Bourget! Cris enthousiastes! Explosion d'admiration, inexprimable ravissement! Large miroir d'un bleu profond, parfois nuancé d'un vert délicat, s'enfuyant à perte de vue devant nous, réfléchissant dans ses eaux de cristal les sommets découpés du rivage opposé, les hameaux de ses bords, l'abbaye de Hautecombe, qui d'ici nous paraît un minuscule joujou; lac à la fois gracieux et noble, grand et charmant, tu es une des joies, un des bonheurs de ma vie! Que de fois, allant en Italie, j'avais, longeant les bords en chemin de fer, regretté de ne pouvoir m'y promener tranquille, jouir en gourmet de tes délicieux paysages! La voilà donc arrivée, cette heureuse journée, et je vais en profiter avidement.

※

L'ingénieur qui a construit cette route, au bord du lac, savait-il qu'en la traçant il faisait œuvre de grand artiste? Impossible de rêver rien de plus aimable, de plus séduisant que cette promenade qui suit la rive en tous ses détours, au pied de rochers escarpés, à même le schiste desquels il a fallu tailler pour lui faire place, à elle et au chemin de fer que nous escortons. La montagne jette dans le lac des éperons que nous contournons et où le chemin de fer s'enfonce en tunnel pour reparaître un peu plus loin. L'eau du lac vient balancer ses petites vagues tout près de nous; si transparente, si bleue, que les cailloux du fond nous apparaissent nettement, azurés ou glauques, comme autant de saphirs, d'émeraudes ou de turquoises.

Nous allons tout doucement, pédalant à peine, sur un sol parfait, en amateurs jaloux de faire durer le plaisir. A cette heure, les monts de Cessens et du Corsuet couvrent notre chemin de leur ombre, ce qui n'est pas à dédaigner, car la journée est chaude, et ce détail complète notre satisfaction. Je vous assure que nous ne pensons guère à la géographie en ce moment, et qu'il nous est bien égal que le Bourget ait 16 kilomètres de long, 5 de large et 100 mètres de profondeur. Tout au plus exprimerions-nous l'opinion que 16 kilomètres, ce n'est guère, et qu'il aurait le double, double serait notre plaisir.

L'exercice creuse. L'enthousiasme aussi, il faut croire, car nous avons une faim! Justement voici qu'un petit hameau se présente. C'est Grésine qu'on le nomme. Va pour Grésine!

Salle à manger rustique ouvrant sur le lac, vue enchanteresse, fraîcheur délicieuse, des limonades volcaniques et exquises, un brave homme d'aubergiste gras et paterne, — et rien à manger!

Pourtant on s'ingénie.

« Avez-vous des pommes de terre?

— Oui, messieurs, oui, il y a des pommes de terre.

— Avez-vous des œufs?

— Oui, messieurs, oui, il y a des œufs.

— Avez-vous du lard?

— Oui, messieurs, oui, il y a du lard. »

Eh bien! nous voilà sauvés! Des pommes de terre cuites sous la cendre, une omelette au lard pour douze, d'excellent vin des coteaux voisins, un appétit d'enfer, c'est superbe. Bien mieux, nous voyons encore apparaître, dorés et frits à points, de resplendissants poissons, les *lavarets* qu'on ne pêche que dans le lac, et dont la chair est d'une finesse sans rivale. A Nantua, nous avions mangé des férats, à Quarré-les-Tombes des perches. On dirait que nous faisons un cours d'ichtyophagie.

Remarque pratique. En des voyages dans le genre du nôtre, quand on vous déclare qu'il n'y a rien à manger, soyez assurés que vous ferez copieux repas.

Après ce déjeuner fastueux, et tout en regardant le lac et ses montagnes, *recubantes sub tegmine fagi*, dans un verger au-dessous de notre salle à manger, mon ami me rappelait que c'est en ces parages que Lamartine composa *le Lac*, qui, mis en musique par Niedermeyer, eut tant de vogue, en a tant encore dans les salons bourgeois.

☙

Fabrique de tissus en poil de lapin angora. — Cette inscription se lit sur toutes les portes à Brison-Saint-Innocent. C'est l'industrie du pays.

Toujours est-il qu'à notre passage les lapins se reposent et tout le village danse, aux accents d'un violon et d'une clarinette aussi peu d'accord que possible. Pour avoir moins chaud, on s'est mis dans le rez-de-chaussée d'une maison en construction. Des mamans font tapisserie, jeunes et allaitant leur progéniture. Elles étalent naïvement à tous les yeux les trésors dont la nature les a largement dotées. Pays simples, mœurs honnêtes, braves gens !

Par une immense avenue plantée de grands platanes, on entre à Aix-les-Bains, ville d'eaux, ville à la mode. Partout où nos regards se portent, nous lisons en lettres dorées de trois pieds de haut : HÔTEL. Il n'y a que des hôtels à Aix : hôtel de l'Europe, Splendide Hôtel, hôtel des Bains, hôtel des Ambassadeurs, que sais-je ? Fort intimidés devant ces titres ronflants et l'aspect monumental de ces caravansérails, nous le sommes bien plus encore par les innombrables voitures découvertes qui promènent par les rues de belles dames poudrederizées, de beaux messieurs à favoris corrects et à monocle, des lots de petits messieurs et de petites demoiselles habillés chez la bonne faiseuse et flanqués de leur gouvernante, d'incontestables clergymen, figés ainsi que leur compagne sur les coussins poudreux. Notre embarras redouble à la vue des beaux magasins où tout est marqué en chiffres inconnus, où tout est étiqueté en anglais, des pharmaciens qui s'appellent *Apothecary*, des bottiers qui se proclament *Furnishers of her gracious Majesty*, des épiciers qui fournissent de cirage et de parmesan *Sa Majesté l'Impératrice de Russie*, des industriels qui s'affirment Artistes manicures! Colonne donne des concerts le soir, et le roi de Grèce est ici! Faisant un retour sur nous-mêmes, nous avons honte de notre accoutrement; nous ne resterons pas plus longtemps : si le roi de Grèce nous voyait!

Aix, c'est Trouville, avec la mer en moins et la poussière en plus. Son seul monument c'est l'arc de Campanus, une arcade assez pauvrette dans un jardinet étiolé, en face de l'établissement où les gens vraiment malades vont prendre des bains. Comme à Trouville, tout y est combiné pour l'exploitation de l'étranger. C'est la ville d'eaux dans tout son beau. Nous avons retrouvé là, à de certaines devantures d'*antiquaires*, de vieilles connaissances de la rue Laffitte et de la rue Le Peletier, les sèvres inévitables, les saxes niais et mièvres, les rouens barbares, et les commodes ventrues, et les armoires normandes, tout le bric-à-brac dont raffolent les gens qui ont cinquante mille livres de rente et au-dessus, expressément fabriqué pour eux, d'ailleurs, en des chambres tristes, rue Guénégaud ou rue Sainte-Marguerite, par d'habiles ouvriers en vieux neuf.

Sauvages comme nous sommes devenus, tout cela nous écœure, et nous regagnons le lac au plus vite. Mais, près d'Aix, la route qui le longe ne vaut rien pour la bicyclette. Promenade classique des voiturées de *young ladies* et de belles dames aux yeux charbonnés, le sol n'est plus qu'une couche épaisse de poussière où il est très difficile d'avancer. Jamais arrosée, cette route ; ce n'est pourtant pas l'eau qui manque. De plus, les cochers d'Aix-les-Bains ont inventé un jeu singulièrement divertissant et des plus spirituels. Comme le chemin n'a guère que la largeur nécessaire à une voiture, ce jeu consiste à serrer le bicycliste rencontré par hasard et à le pousser de force si près du lac qu'il n'a plus qu'à y faire la culbute. Alors la partie est gagnée. Vingt fois nous faillimes faire ce plongeon, qui n'aurait rien de dangereux, mais causerait trop de joie à ces brutes.

Donc, un bon conseil. Si vous allez d'Aix à Chambéry, ne prenez pas par la rive. D'ailleurs, le Bourget est beaucoup moins beau à cette extrémité. Encombré de roseaux, il vient se perdre insensiblement en prairies ; de noble il est devenu bourgeois et de lac, marécage.

⊙

Deux lieues dans une plaine fertile, bordée de montagnes, avant d'arriver à Chambéry. La journée va finir, et les routes sont gaiment sillonnées de chars qui ramènent au logis les travailleurs, ou qui rapportent de la ville les provisions, avec le conducteur assis sur le brancard ; de troupeaux de vaches, de moutons, de chèvres. Moins amusantes sont les charrettes chargées de foin, si plantureusement étalé qu'il occupe toute la largeur de la route et qu'il est impossible de se faufiler à droite ou à gauche. Comme elles sont traînées par des quantités de paires de bœufs, je vous laisse à penser s'il nous est agréable de leur emboîter le pas. Nous crions, nous braillons, tant ensemble que séparément, pour avertir que nous voudrions passer. L'homme à l'aiguillon marche en tambour-major, placide, en tête de la première paire de bœufs, et nos cris, qu'il n'entend point, le laissent indifférent. Il nous faut faire des tours de force pour triompher de ces mouvantes barricades. Je voudrais bien savoir ce qui se passe quand deux de ces monuments viennent à se rencontrer.

☉

Nous arrivons à Chambéry à point pour dîner. C'est une ville grave, sévère, comme toutes les douairières, ancienne capitale de la Savoie, et qui a conservé son air de capitale, avec ses rues bordées de hautes maisons grises, en pierres, aux arcades solides et gravement alignées. Tout y est solennel : solennelles les rues, solennel notre hôtel aux grands escaliers de pierre où montent des rampes en fer forgé, solennel même le directeur de la poste, qui me refuse le payement d'un mandat de 10 francs, attendu que je n'ai pas les papiers justificatifs qu'il faudrait.

> Ayez toujours vos papiers dans vos poches,
> On ne sait pas ce qui peut arriver.

CHAPITRE XII

LE GRAISIVAUDAN — GRENOBLE

Le fort Barreaux. — La vallée du Graisivaudan. — Une bien mauvaise route. — Une auberge où l'on ne revient pas. — Grenoble et ses excursions. — Les gorges de Sassenage. — Singulière façon de respirer le grand air. — Soleil.

A quatre heures du matin nous quittons Chambéry, et nous entrons dans une région de collines compliquées ; à nos côtés s'élèvent de hautes montagnes aux sommets rocheux coupés à pic. Bientôt nous descendons dans une large plaine qui s'étend à perte de vue entre deux rangées de montagnes. C'est le Graisivaudan, l'immense vallée où coule l'Isère, et qui va nous conduire jusqu'à Grenoble. Nous passons auprès du fort Barreaux, une forteresse sans cachet, quelques toits bas entre des glacis gazonnés, au sommet d'une taupinière qui semble barrer la vallée. Il faut croire que son utilité, proclamée jadis sans rivale, est contestable, car il vient d'être déclassé. Est-il encore prison militaire? Je n'en sais rien. Mais toujours est-il qu'il court sur son compte dans les régiments des histoires terribles. On n'y envoie que les plus mauvais sujets, les incorrigibles, les crapules avérées, les arsouilles notoires, qui, même en prison, même aux compagnies de discipline, se rendent encore coupables de nouveaux méfaits; on parlait de cellules humides, de casemates dont on ne sort que pour être transporté à l'hôpital, de pieds gelés, des vingt-cinq degrés de froid qu'il fait par là l'hiver. Assurément ce doit être une triste perspective que d'y vivre, et je plains de tout mon cœur les gardiens de ces honnêtes gens.

☉

La vallée du Graisivaudan avait autrefois la réputation d'être la plus belle de France. Les monts élevés qui la dominent de leurs escarpements rocheux, à plus de 1300 mètres de hauteur, y ont des aspects grandioses et fantastiques réellement splendides, et toute la journée nous ne cesserons d'admirer. Nous traversons sur un pont suspendu l'Isère, très rapide et qui a des allures de fleuve, et bientôt après nous apparaissent, au-dessus des premières crêtes rougeâtres, des massifs et des cimes couvertes de neiges et de

Route de la Grande-Chartreuse. — Entrée du désert (page 149).

glaciers. C'est la région des Alpes de Belledonne, et son pic majestueux, qui se dresse à 2981 mètres. Cette vue, nous l'aurons pendant toute l'étape à notre gauche, sans cesse variée, sans cesse changeante dans ses découpures étranges, tandis qu'à droite s'étend la plaine où coule l'Isère, toute plate jusqu'à l'autre ligne de montagnes qu'on appelle l'Alpette, celles-là tout en roches à pic, comme une muraille faite par la main des géants, et qu'un ardent soleil surchauffe et fait trembloter à nos yeux.

C'est que cette journée est la plus chaude de cette chaude année. Aujourd'hui le thermomètre montera à des hauteurs inconnues depuis cent cinquante ans. Nous rôtissons littéralement sous cette ardeur de four, qu'aucune brise ne vient tempérer. Nous ne pédalons pas vite, bien que la route soit d'un nivellement très acceptable. Mais quel sol, *bone Deus!* Jamais trous, ornières, fondrières, creux n'atteignirent de telles proportions et ne furent aussi multipliés. Cette route est réellement abominable; c'est pourtant une route nationale, ou tout au moins départementale. Mais il faudrait aller loin pour en trouver une pareillement défoncée. Elle l'était, du moins, au moment de notre passage. En est-il toujours de même? Je veux, pour l'honneur des ingénieurs ou agents voyers de l'Isère, espérer que non.

Une autre route, parallèle à celle-ci, longe les

montagnes sur la rive opposée. Elle ne peut être pire que celle-ci.

La chaleur augmente toujours ; quelques pauvres villages bordent le chemin : Goncelin, près duquel est Allevard ; Tencin, avec le château de Mme de Tencin, la mère de d'Alembert. Jugeant impossible d'aller plus loin, nous nous arrêtons à Froges, pour déjeuner.

⁂

Le hasard nous a amenés dans une misérable auberge de la plus réjouissante malpropreté tenue par une brave femme plus répugnante encore. Dans l'unique salle, — quelle sale salle ! — figurent appendues aux murs deux glaces qui disparaissent sous les indiscrétions des mouches. Quatre chromos fixées par deux ou trois clous sont tellement couvertes de plusieurs couches de ce guano que le sujet en est devenu invisible. Ces aimables bestioles s'en vont batifoler sur le pain, sur la crème, partout, et y laissent des traces de leur passage. Le taudis qui sert de cuisine est quelque chose d'inénarrable. Je me suis arrangé pour lui tourner le dos ; mon camarade, qui, lui, voit tout ce qui s'y passe, me raconte des choses à faire frémir.

Le déjeuner est à l'avenant, c'est-à-dire repoussant. Côtelettes, omelette ont des mines à calmer d'emblée l'appétit le plus féroce. Nous mangeons pourtant, car la faim ne connaît pas les difficultés. Mais nous fermons les yeux et nous tâchons de nous figurer que nous déjeunons chez le nonce du pape, et que ce mouton coriace et puant est viande d'ortolans ou filets de chevreuil. Ce qui nous réconcilie un peu avec notre hôtesse, c'est l'apparition d'une *pogne*, ou tarte aux courges, qui, bien qu'ayant reçu la visite de mouches nombreuses, nous paraît excellente. Nous remarquons aussi que cette femme a esquissé un simulacre de coiffure, tout en faisant l'omelette. Cela m'explique alors certains cheveux que j'avais trouvés dans ma part, et dont je n'avais pas osé me vanter, craignant de passer pour un de ces esprits moroses qui trouvent une paille dans un œuf à la coque. Si nous restions à dîner, on nous ferait peut-être l'honneur de se laver les mains ou la figure. Mais il ne faut pas trop demander à la fois.

⊙

C'est au-dessus de Froges qu'était le château du fameux baron des Adrets, qui, pendant les guerres de religion du seizième siècle, trouva moyen, passant des huguenots aux catholiques, et réciproquement, de se faire exécrer des deux partis. Une jolie cascade descend en gazouillant des hauteurs des Adrets.

Après avoir attendu dans des champs de blé où sont plantés des mûriers et où les moustiques nous dévorent, que le soleil calme ses fureurs, nous reprenons le cours de nos soubresauts sur la route de Grenoble. A mesure que nous avançons, les villages deviennent plus gais, plus animés, plus cossus. Voici Domène, plein d'une foule joyeuse qui prend d'assaut les voitures d'excursion; voici Gières, la station d'où part la correspondance pour Uriage ; voici toute une série de tonnelles verdoyantes, de petits cabarets pimpants envahis d'une foule endimanchée, toute une banlieue aimable et animée; voici enfin Grenoble, où nous entrons par un pont-levis et une voûte rébarbative.

Comme nous sommes à la onzième journée de notre voyage, il est convenu que nous nous accorderons à Grenoble un jour entier de repos.

La ville en vaut la peine. Elle a tout à fait la tournure d'une grande cité. Larges et belles rues, places magnifiques, squares élégants, maisons à multiples étages, rien n'y manque ; mais, à côté de cela, d'autres rues étroites, sombres, tortueuses, pittoresques, un air de bonhomie chez les habitants, un vrai confortable dans les hôtels, et surtout, oh surtout! une situation merveilleuse. Assise au pied de l'imposant massif de la Grande-Chartreuse, dominée par l'éperon appelé Casque de Néron, que ses forteresses escaladent en trois paliers successifs, Grenoble commande les vastes plaines où coulent l'Isère et le Drac. En face d'elle les Alpes neigeuses étendent leur magique rideau de pics et de glaciers. Il n'est pas au monde de site comparable.

Pour bien jouir de la vue de Grenoble et de ses environs, il faut monter sur une des terrasses fortifiées qui s'étagent superbement au-dessus de la ville. Alors on a devant soi un des plus beaux spectacles qu'on puisse voir. La ville, étalée dans une corbeille de verdure, avec toute l'ampleur d'une cité de plus de cinquante mille âmes, près du confluent du Drac et de l'Isère, la plaine fermée de toutes parts par les hautes montagnes, la ligne solennelle des grandes Alpes, à gauche le large couloir du Graisivaudan, et à droite, s'en allant à perte de vue, dans les tons bleus des lointains, un chaos insensé, un inextricable fouillis de monts déchiquetés, pressés, heurtés, bousculés les uns par les autres, incohérents, invraisemblables, qui ne paraissent pas appartenir à ce monde terrestre ; on dirait un pays fantastique comme on en voit en rêve ou dans les *Mille et une Nuits*.

C'est à travers ce labyrinthe que nous avons la prétention de passer.

✹

Grenoble n'a guère de monuments remarquables. C'est très distraitement et l'œil tout plein des sublimes paysages entrevus, qu'on regarde la cathédrale, fort ordinaire, et la jolie façade Renaissance du Palais de Justice. Les quais de l'Isère sont très beaux, les cafés magnifiques, les casernes innombrables et insupportables, la musique d'artillerie fort bonne. Nous eûmes la chance de l'entendre le soir donner un concert dans le Jardin de Ville. Ceci nous permit en même temps de nous assurer qu'il y a dans la société de Grenoble de fort jolies personnes et qui portent à merveille de charmantes toilettes.

Les excursions que l'on peut faire de Grenoble dans les montagnes sont nombreuses. La plus connue, celle qui est pour ainsi dire classique, c'est de monter à la Grande-Chartreuse. Des services de voitures très bien organisés permettent de parcourir le massif montagneux que couvrent d'épaisses forêts, en montant par Saint-Laurent-du-Pont et en redescendant le versant opposé, par le Sappey. A la rigueur, et pour des gens pressés, une journée suffit pour aller et revenir. Il vaut mieux en mettre deux pour bien voir, et dans ce cas on couche à la Grande-Chartreuse ou à Saint-Laurent.

En dehors des ascensions de pics et de glaciers, à Belledonne, aux Sept-Laux, qui sont d'ailleurs accessibles même à des alpinistes novices, une infinité de promenades du plus haut intérêt prennent Grenoble comme point de départ ; — soit que, se dirigeant vers Die, on traverse le Vercors sinistre et désolé ; — soit que, visant le Pelvoux, on parcoure l'Oisans aux grandioses tableaux ; — soit qu'on aille au pèlerinage de la Salette, et qu'on visite l'effrayant Devoluy, dévasté et poignant ; — soit que, comme nous allons le faire, on s'en aille vers le Midi, en remontant le cours du Drac. Grenoble est la terre d'élection des amants de la nature.

C'est à 6 kilomètres de Grenoble que se trouve le village de Sassenage, où l'on se munit d'un guide pour les grottes. Je fus assez heureux pour tomber sur un brave garçon, d'une obligeance, d'une complaisance à toute épreuve, et en même temps fort intelligent. Rappelez-vous son nom, quand vous irez à Sassenage : il s'appelle Hourseau.

Les grottes de Sassenage ne ressemblent à aucune de celles qu'on a l'habitude de voir. Ce sont plutôt des fissures étroites dans le rocher schisteux, le long desquelles il faut ramper et se hisser à la force du poignet. Quand on se sent bien enfoncé dans ces fentes noires, dont les parois obliquement inclinées n'offrent que de rares aspérités, on se dit involontairement qu'il suffirait d'un bien petit mouvement, d'un insigni-

Entrée des grottes de Sassenage (page 150).

fiant tremblement de terre, pour que guides et voyageurs soient en un rien de temps aplatis comme punaises. Par moments, la grimpée est trop difficile, les saillies trop espacées; le guide monte devant, s'arc-boute, et c'est au tour du visiteur de faire une gymnastique insolite, qui consiste à gravir l'homme comme on ferait une échelle, posant le pied sur ses cuisses, sur ses bras, sur ses épaules, puis sur sa tête, pour arriver à un petit socle où l'on s'arrête avant de reprendre son haleine et sa bougie, dont le guide vous a débarrassé préalablement. Ce qu'il y a de plus piquant dans ces grimpées le long des roches humides et glissantes, c'est qu'on entend, au fond des fentes où l'on se traîne haletant, mugir les eaux d'un torrent au nom significatif, le Furon. Un faux pas, et vous voilà parti pour les mystérieuses profondeurs où s'engouffrent ces eaux, avant de paraître au jour. Cela fait passer le long de l'épine dorsale de délicieux frissons.

Ces acrobaties, qui nous mènent de faille en faille, de couloir en couloir, se continuent pendant une heure, un siècle. Je faisais cette visite en compagnie de deux autres touristes, très improvisés ceux-là, un jeune ménage arrivé le matin même de Paris en train de plaisir. Ils avaient vu une voiture partant pour Sassenage. Ils sont montés, sans seulement savoir ce que c'était que Sassenage, ni ce qu'on y faisait. « Monsieur et madame désirent visiter les grottes ? — Mais oui. Ah ! il y a des grottes, allons, ça nous rappellera celle du parc Monceau ! » Ces braves jeunes gens ne s'attendaient pas à celles-là. La femme allait bien, très courageuse, très audacieuse, comme tous les animaux timides qui, une fois lancés, ne peuvent plus s'arrêter. Rien de pire qu'un mouton enragé. Mais le mari renâclait. Ces crevasses étroites où il faut s'aplatir tout en grimpant, ces ténèbres, ce bouillonnement là-dessous, l'ennuyaient prodigieusement ; lui qui était venu dans un pays de montagnes pour respirer le grand air ! Hourseau, heureusement, a un entrain auquel rien ne résiste. Il nous explique qu'on peut faire deux visites : la petite et la grande. Nous faisons la petite. La grande visite explore tout l'intérieur de la montagne et dure douze heures. Il nous montre, sur le sol, en un couloir un peu plus large que les autres, les quatre ou cinq ouvertures circulaires dites *Cuves de Sassenage*, par où, à l'automne et au printemps, aux époques des pluies et de la fonte des neiges, le Furon sort, irrésistible et bouillonnant, pour tomber en effrayante cascade dans la vallée.

Enfin une vague lueur verdâtre semble indiquer la fin des tortures de ce pauvre monsieur qui était venu pour respirer le grand air. Effectivement, c'est le jour, c'est la sortie. Mais la sortie doit s'effectuer sur un petit rebord de corniche de quelques centimètres à peine, qui court, glissant et mouillé, le long d'un gros roc en surplomb. Au bas, grondent les magnifiques bouillons du torrent qui, libre enfin, se précipite vers la lumière. Sortir par là, allons donc !

Mais le guide se baisse devant vous, comme le méhari du désert, et vous invite à passer votre jambe droite sur son épaule droite, sur son épaule gauche votre jambe gauche, à nouer solidement vos bras autour de son cou, et, ainsi chargé, il passe lestement sur le petit bout de corniche en question. Il fait le voyage autant de fois qu'il y a de voyageurs à conduire. Avouez que ce brave garçon gagne bien son argent.

Inutile de dire que la jeune dame sortit par le même chemin et par le même procédé.

✵

Aussitôt dehors, on éprouve une joie intense. Le ciel, les arbres, les montagnes, tout paraît nouveau, créé à l'instant ; la poitrine se dilate plus à l'aise. On recommence à vivre. O divin soleil ! O suprême maître de la nature ! Que je comprends que des hommes t'adorent !

De jolis sentiers descendent, au milieu des rochers et des arbrisseaux, vers le village. Ils longent la cascade où le Furon verse ses eaux en mille filets et s'éparpille en une foule de petits torrents. Ce spectacle, qui n'est que gracieux, devient terrible une fois l'été passé et c'est une énorme nappe qui ruisselle et s'épanche avec rage sur ces pentes. D'admirables échappées montrent Grenoble, le massif de la Chartreuse, sillonné de *couloirs* où glissent des avalanches de rochers, et toujours, au fond du tableau, les Alpes aux blanches découpures.

CHAPITRE XIII

DANS LES MONTAGNES

La ligne de Grenoble à Marseille. — Les montagnes. — Variété d'aspect. — Monestier-de-Clermont. — Un philosophe heureux. — Le col de Fau. — Le mont Aiguille. — Le pays de Trièves. — Des paillasses en révolution.

Quand il fut question de faire une ligne de chemin de fer allant de Grenoble à Marseille, l'entreprise parut tout d'abord impossible. La traversée des montagnes abruptes et compliquées qui sont au sud de Grenoble semblait impraticable ; il fallait s'élever de 1000 mètres pour gagner le col de la Croix-Haute. On dut attendre que les constructeurs eussent inventé les locomotives à fortes rampes, dites locomotives de montagne. On se décida alors à tracer cette ligne, qui est la plus remarquable de France, et qu'on ferait bien du chemin pour aller voir, si elle était à l'étranger. Accrochée aux flancs des monts, enjambant les mille torrents qui sillonnent de plissements imprévus les pentes en apparence régulières, perçant en tunnels les escarpements qu'elle ne pouvait tourner, prévoyant par d'étonnants travaux d'art les crues des eaux, le glissement des terrains, la dégringolade des rochers, elle a vaincu tous les obstacles, et aujourd'hui les trains hissent, à l'aide de plusieurs machines, voyageurs et marchandises au travers de sauvages solitudes où le piéton se hasardait autrefois en tremblant.

Notre route est presque parallèle à celle de la voie ferrée. Nous pourrons donc suivre pas à pas les travaux gigantesques qu'ont dû faire les ingénieurs pour opérer ce magnifique tour de force.

Nous commençons par nous engager dans une avenue de 8 kilomètres, ombragée d'arbres dont la voûte verte se ferme au-dessus de nos têtes. Cette avenue, la plus belle dont jamais ville se soit enorgueillie, relie Grenoble au village de Pont-de-Claix. Là on traverse le terrible Drac, ce torrent dévastateur dont le nom vient de *Dragon*, et fait si bien image. Le Drac ! en voilà un torrent qui donne du fil à retordre aux forestiers. Avec un zèle louable et une persévérance que le succès finit par couronner, l'administration des forêts a entrepris de mater cet insurgé, de régulariser le cours de ce révolté, de lui interdire de ravager des contrées entières et d'emporter des pans de montagne dans ses subites fureurs. Rien d'empoignant comme cette lutte froide, mathématique, de la raison contre la force aveugle ; chemin faisant, nous l'étudions et nous nous rendons compte au prix de quels dangers, de quels dévouements, de quels vertiges on a pu construire ces digues et ces escaliers que descend le torrent dompté.

A partir de Pont-de-Claix, la route monte, mais pas trop pour la bicyclette. Elle est du reste très bonne et l'on y roule à l'aise. Le chaos des montagnes commence à se débrouiller. Quelques villages, les derniers que nous verrons d'ici longtemps, Varces, Vif, sont nos adieux à la plaine. Bientôt tout devient escarpé, sourcilleux ; non loin de nous le chemin de fer embranche sa ligne vers la Mure, ligne d'une audace effrayante, où le moindre déraillement précipiterait les voyageurs de 400 mètres de hauteur.

A Vif, la ligne de Marseille se replie trois fois sur elle-même, en s'élevant toujours ; tunnels, remblais, corniches soutenues par des arches du plus pittoresque effet, viaduc qui passe sur notre route avec dix-huit arcades, rien n'y manque. Nous aussi, nous nous élevons d'autant. Souvent même il faut maintenant mettre pied à terre. Nous avons quitté le Drac, et le torrent qui ronge le pied du versant où nous rampons s'appelle la Gresse. Le mur de rochers qui nous fait face est couvert de forêts, où le sapin domine. De place en place, on aperçoit, comme de lilliputiens joujoux, les bâtiments d'une usine à ciment, qui blanchit autour d'elle un petit rond de terrain. Chacun sait que l'industrie du ciment et celle des gants sont la fortune de Grenoble et de ses environs.

La contrée devient de plus en plus sauvage, de plus en plus déserte. La voie ferrée continue à nous tenir compagnie. On lui a frayé un passage à coups de mine, dans le schiste noirâtre, et nous pouvons suivre à loisir l'inclinaison des strates ardoisées de la montagne. De petits torrents, affluents de la Gresse, se sont taillé d'énormes couloirs d'érosion, que les pins ont envahis, et qu'il nous faut enjamber sur des ponts d'une hardiesse magnifique.

A droite, la montagne change d'aspect. C'est maintenant le rocheux massif de la Moucherotte. Au-dessus des pentes boisées ou pelées, d'immenses murailles de rochers se dressent, ainsi que les murs redoutables d'une forteresse de géants. Sous le soleil éclatant qui les chauffe, ils prennent des tons rouges et hautains.

Par endroits, ils forment un demi-cercle autour d'un cirque naturel : on croirait voir un conseil de gigantesques vieillards silencieux dans leur majestueuse éternité.

※

A Monestier-de-Clermont, gros bourg aisé situé en face de ces grands rochers, nous déjeunons. On nous y sert de l'eau minérale du pays, gazeuse et fraîche. Nous ne savons pas trop quelles maladies elle guérit, mais nous buvons de confiance. Nous trouverons maintenant dans toutes les localités une eau minérale différente. Nous suivons de la sorte un traitement préventif pour nos maux à venir.

Rien de charmant comme les heures de repos que l'on s'accorde dans les bois qui dominent Monestier-de-Clermont. Des tapis de mousse émaillés de la fleur du *Melampyrum nemorosum* dont la grappe, jaune d'or au bas, devient d'un lilas tendre dans le haut, invitent à s'étendre mollement. Des montagnes originales amusent l'œil de leurs lignes heurtées, de leurs teintes singulières ; et, à gauche, au fond, se dresse, isolé, bizarre, détaché de tout le reste, le relief du mont Aiguille. Heures charmantes, moments délicieux, d'autant plus que nous apprenons seulement en descendant que nous avons choisi pour nos rêveries juste l'endroit du pays où il y a le plus de vipères.

Un rémouleur a installé sur la petite place son

Le Plan des Roses, au-dessous du col de la Croix-Haute (page 168).

usine ambulante. Je lui confie mon couteau, ayant pour principe qu'il est patriotique d'encourager l'industrie et le commerce. Le brave patriarche, — car c'en est un, sa barbe le trahit, — prend mon ustensile, repasse la grande lame, le canif, le crochet, aiguise le tire-bouchon, refait la pointe du poinçon. Après quoi, ayant travaillé une bonne demi-heure, il me demande un sou.

C'est pour rien, et, ma foi, ne voulant plus d'autre repasseur, j'allais lui demander son adresse, quand je réfléchis à temps qu'il n'en avait pas.

Ah! l'homme heureux, le fortuné mortel! Avez-vous jamais pensé à ce que contiennent de bonheur, de liberté, de jouissances pures, ces simples mots : n'avoir pas d'adresse? Ainsi voilà un homme qui, n'habitant nulle part ou plutôt habitant partout, ignore le propriétaire, le loyer à payer, la chambre où l'on rentre, toujours la même, chaque soir, comme le bétail rentre à l'étable; un homme qui, n'ayant pas de domicile, n'a rien à voir avec le percepteur, n'est ni électeur ni éligible, se moque en conséquence de la politique et de la forme du gouvernement, sachant bien que sous tous les régimes il y aura des couteaux à repasser, méprisant fort les députés et leurs couteaux à papier; un homme qui toute sa vie voit du pays, qui porte avec lui tout son bien! Ah! tout peut bien s'effondrer, la Banque de

France, et le Crédit Foncier, et la Caisse des Dépôts et Consignations ; la Rente peut bien tomber à cent sous et les Fonds portugais à rien, ça lui sera bien égal :

Impavidum ferient ruinæ.

Sa nourriture ne lui coûte guère, son coucher pas grand'chose ; le paysan est hospitalier pour qui n'est pas vagabond, pour qui *a un métier*. Avec quinze sous, la journée est bonne ; avec vingt sous, elle est excellente. Il est honnête, il a son vieux livret militaire, son acte de naissance, ses papiers bien en règle, — en quoi il est plus heureux que moi à Chambéry, — il n'a rien à craindre de messieurs les gendarmes, qui souvent même lui offrent la goutte. « Ma foi, monsieur, qu'est-ce que je pourrais désirer de mieux ? »

C'était si vrai que, lorsque je lui tendis une pièce blanche pour le remercier de la leçon de philosophie qu'il venait de me donner, il la refusa poliment, en me priant de la garder pour plus malheureux que lui...

A 1 kilomètre de Monestier-de-Clermont, on arrive au col de Fau. Sans transition, des gorges resserrées où nous étions, la vue s'élance vers un panorama immense. C'est ce bassin appelé le Trièves, qui s'étend en bas, ravagé, raviné par d'effroyables torrents, qui ont creusé dans son sol rouge brun des fossés, des abîmes enchevêtrés, d'un aspect infernal et diabolique ; autour s'étagent les monts de Lus, et, tout loin, les glaciers et les pyramides blanches et bleues du Pelvoux, de l'Obiou et des Alpes italiennes. Tout près, le mont Aiguille jaillit d'un seul jet, à pic de toutes parts, à 2097 mètres.

Le mont Aiguille comptait aussi parmi les sept merveilles. Son ascension, d'où nous sommes, paraît impossible. Elle s'est faite plusieurs fois cependant en partant de Clelles. Des crampons de fer scellés dans les parois, des cordes en fil de fer longeant les précipices, entretenus par le Club Alpin, permettent à qui n'a pas la tête faible d'arriver au sommet. Là se trouve un étroit plateau couvert de bruyères et d'herbe drue. Aucune montagne n'a une forme aussi étrange. De certains côtés, oubliant ses proportions, on jurerait une forteresse faite de main d'homme.

Depuis le col de Fau, notre bonheur est complet. La route descend toujours d'une pente excellente, et sans cesser d'être essentiellement véloçable. Une foule de gorges sauvages, toutes plus pittoresques les unes que les autres, nous font faire des détours qui renouvellent à chaque instant les points de vue. Nous sommes dans un état d'enthousiasme, de surexcitation extraordinaire.

« Comment ce pays, ne cesse de dire mon compagnon, n'est-il pas plus connu, plus fréquenté, plus célèbre? Comment n'y vient-on pas par troupes, par bandes, par caravanes, et comment les Anglais ne l'ont-ils pas encore découvert? Rentré à Paris, je le ferai connaître, je serai son héraut, j'en dirai partout les inoubliables beautés, j'y enverrai tous mes amis, je forcerai les gens à y aller. »

Puis, faisant sur lui-même un retour bien humain :

« Non, ajoutait-il, non, je ne dirai rien ; je me garderai bien de parler. Mieux vaut conserver à ces montagnes leur solitude et leur sauvagerie. Non, jouissons-en en amants jaloux, n'y amenons pas la foule badaude et imbécile, les misses à voile vert, les ladies à grands pieds et à nez rouge, les charcutiers retirés, les quincailliers en retraite et les épiciers honoraires. Cette nature n'est pas faite pour eux ! »

Tout en exprimant modestement cette prétention de garder les Alpes pour nous tout seuls, nous dominions toujours le Trièves. Dans des recoins de ces bouleversements bruns, pareils au désordre d'une fourmilière qu'un coup de pied de géant aurait ravagée, quelques villages gîtaient timidement. Au fond, les montagnes du Pelvoux, de la Meije, des Écrins, se déplaçaient sans relâche pour laisser voir d'autres montagnes, d'autres glaciers encore. Le soleil se couchait tragique derrière les déchiquetures du mont Aiguille, et ses derniers rayons empourpraient les monts de l'Oisans et du Dévoluy. Tout passa du rouge au rose, du rose au lilas, du lilas au violet, et les premières étoiles brillaient au ciel quand nous arrivâmes au village de Saint-Maurice-en-Trièves.

✸

Pauvre village, pauvre auberge, mais propre du moins, et où le dîner se compose de trois plats de porc salé, mal déguisé sous trois sauces différentes. Les chambres sont de vastes galetas, meublés principalement de sacs de pommes de terre. Nos paillasses sont le théâtre de révolutions terribles. Bourrées de feuilles sèches ramassées sans doute dans les bois le jour même, elles renferment encore toute une population qui ne laisse pas que de nous inquiéter quelque peu. On y ouït des grattements, des grignotements, des sauve-qui-peut, des glissements de reptiles, des grincements d'insectes, des bousculades subites. Nous dormons mal et nous rêvons vipères.

CHAPITRE XIV

LA CROIX-HAUTE — SISTERON

Le col de la Croix-Haute. — Le Buech et Lus-la-Croix-Haute. — Pris dans les neiges. — Serres. — La vie en plein air. — Un boulanger mal à l'aise. — Des animaux considérés dans leurs rapports avec la bicyclette. — Sisteron. — Un Parisien égaré.

Une cloche lente et grave qui sonne l'angélus nous réveille à cinq heures. Nous sommes en retard, nos paillasses en sont cause. Nous prenons vite le café et nous voilà en route pour le col de la Croix-Haute. Près de 300 mètres encore à monter. Nous les montons sagement à pied, et, au moment d'arriver au col, nous nous retournons pour envoyer un adieu aux monts de Trièves et à ceux qui entourent Grenoble.

Les cols sont presque toujours tristes. Celui-ci est lugubre. C'est un maigre plateau avec de misérables prairies où les bergers ont ramassé en petits tas les innombrables cailloux dont il est parsemé, pour que les moutons puissent brouter sans s'user le nez comme ceux de la Crau. Ces tas de pierres, semblables à des tombes, ne contribuent pas à donner de la gaîté à ce paysage, où l'on sent que les vents glacés doivent souffler avec rage presque toute l'année.

Malgré la tristesse de l'endroit, nous sommes joyeux, en pensant que nous allons rouler en descendant aujourd'hui toute la journée. Nous commençons dès maintenant, et nous arrivons au village de Lus-la-Croix-Haute. Nous faisons ici connaissance avec le Buech, torrent malfaisant et dangereux. Nous sommes dans un petit cirque appelé le Plan des Roses. Un bien joli nom, mais peu justifié. Je n'y ai jamais vu de rosiers ; en revanche, on m'a raconté à Lus que les hivers y sont d'une exceptionnelle rigueur, et les neiges plus redoutables que partout ailleurs. Les tempêtes de neige y font souvent des victimes et, il y a quelques années, un homme du pays allant du village à la gare — il n'y a pas un kilomètre — fut surpris par une tourmente, perdit son chemin, aveuglé et meurtri, et fut retrouvé deux jours après, gelé sous quatre pieds de neige. Quand on lit dans les journaux que les trains de la ligne de Gap ont été arrêtés par les neiges, c'est presque toujours dans ces parages. Si les chasse-neige

Bords du Buech (page 168).

dont les locomotives sont pourvues ne suffisent pas à démolir la muraille qui s'oppose à la marche du train, on appelle tous les gens des villages voisins, et c'est une véritable armée de travailleurs qui attaque l'obstacle. Bonne aubaine pour tout ce monde inactif pendant l'hiver. Pourtant la médaille a son revers. « Au bout d'une demi-heure, me disait l'un d'eux, on a la figure toute noire ; c'est le froid, la neige qui fait ça ; d'aucuns, faut les emporter ; ils tomberaient. »

⊗

Nous longeons maintenant le Buech, dont le lit de galets a une largeur extraordinaire ; lui, s'étale à son aise, peu profond, mais rapide et plein de vagues. On sent une sourde colère dans ces eaux tumultueuses. La voie ferrée nous accompagne toujours, et nous ne faisons que de la traverser et retraverser. A Saint-Julien-en-Beauchêne on bat le blé au milieu de la route, avec des mulets qui piétinent le grain, et nous passons à travers l'aire.

C'est que nous voici arrivés en Provence. Nous changeons subitement de pays. Aux sévères montagnes, d'aspects graves, vont succéder d'éclatants tableaux ; la gaîté et l'exubérance de l'homme et du paysage. Déjà les bords du Buech sont plutôt jolis, amusants. Des rochers curieux bordent la route, pas très hauts, mais prenant mille formes plus bizarres les unes que les autres. Il y a des aiguilles, des obélisques, des découpures imprévues, de soudaines apparitions de calcaires et de grès au milieu des bois. Il doit y avoir des grottes dans tout cela ; comme je propose à mon compagnon de nous en assurer, il refuse avec énergie. Notre aventure de Hautecour l'a guéri des grottes pour longtemps.

En approchant de la Faurie, les gorges rocheuses sont de plus en plus singulières, étroites et tourmentées. Même, en un endroit, une muraille de rocs barre absolument le val et ferme le passage. Là dedans le Buech s'est ouvert violemment une coupée si nette qu'on la croirait faite par l'homme, si l'homme pouvait exécuter de pareils ouvrages. De l'autre côté, un château fort s'était cramponné à ce mur abrupt, et ses ruines sont perchées comme en un décor sur les crêtes effritées.

Les montagnes continuent à s'abaisser et nous à descendre fort agréablement. Le Buech coule maintenant dans une plaine bosselée d'étranges monticules de 100 à 200 mètres de hauteur, étranges par leurs flancs plissés et comme gaufrés de gorges profondes et par leur couleur d'un brun rougeâtre. Nulle végétation sur ces hauteurs comparables à d'immenses tas de chocolat en poudre. Quelques villages, Aspres, Aspremont, et les ruines imposantes d'un château fort couronnent parfois ces mamelons dont toute la plaine est encombrée.

Voici des escarpements plus imposants, mais plus dénudés. Il y a quelques années, avant le phylloxera, ils étaient couverts de vignobles renommés. Le phylloxera ! Ah ! nous allons en entendre parler dans tout ce Midi.

Un peu avant Serres, nous sommes rejoints par un bicycliste arrivant, lui aussi, de Paris. Il vient voir sa famille qui habite Serres, et il a fait le trajet en trois jours. A la bonne heure ! Plus de 200 kilomètres par jour ! Nous le regardons avec une admiration un peu sceptique, mais exempte d'envie.

※

La ravissante petite ville que Serres ! Comme nous voilà bien en Provence, où toutes les villes, tous les villages sont pittoresquement campés, jamais bêtes ou quelconques. Ici les maisons sont étagées à la base et sur les deux flancs d'un mince éperon de rocher qui les surplombe de 600 mètres. C'est le mont Jardanne, dont la hauteur réelle est de 1363 mètres. Au pied passe le Buech, toujours ; il s'est pratiqué, là aussi, une brèche formidable entre cette montagne et une autre, le mont d'Arambre, qui dresse ses étages pierreux et bleuâtres en face de la ville.

Les rues étroites, sombres, fraîches, donnent l'impression d'une ville espagnole, d'une petite cité des pays chauds. Nous ne sommes plus en France ; partout des orangers, des citronniers,

Serres et le mont Jardanne (page 172).

des amandiers ; partout des jardins gaiment agrafés sur les pentes rocheuses, rôtissant au grand, brûlant et joyeux soleil du Midi ; partout des fontaines d'où coulent des eaux cristallines et glacées. Puis la vieille église à l'aspect de forteresse, aux murs épais de 2 mètres, aux rares fenêtres, à l'intérieur d'un noir et d'une odeur de cave, à la tour carrée surmontée d'une cage de fer forgé en volutes, arabesques de métal, au milieu desquelles les cloches verdissent en plein air. Des portes basses, sculptées dans des chambranles de pierres surmontées d'écussons au milieu d'arcs circonflexes, attestent une ancienne splendeur et des temps nobles. Devant les maisons, assises sur les marches des allées ou des huis entr'ouverts, sont toutes les femmes, tricotant, cousant, jacassant dans une langue inconnue, chantante et redondante. Des yeux noirs largement ouverts, étincelants et provocants, des cheveux, noirs aussi, tordus en lourdes nattes, un teint mat coloré par moments de furtives roseurs, des lèvres rouges, des dents éclatantes de blancheur dans les rires que fait naître le passage des deux drôles de corps que nous sommes. Non, nous ne sommes plus en France, nous sommes en Italie, en Espagne, où vous voudrez, mais pas dans la froide patrie des Bretons taciturnes, des Picards lourds et des Normands rusés.

Devant l'hôtel Fifi, où nous sommes reçus à merveille par M. Fifi lui-même, une treille délicieuse forme sur le trottoir une oasis d'ombre ; nous y attendons le déjeuner en regardant grésiller sous le soleil ardent les blancheurs des maisons d'en face.

De là, la vue s'étend sur une plaine lumineuse qui s'enfuit à perte de vue dans l'horizon, à travers les vapeurs transparentes du sol chauffé à blanc. Des oliviers piquent de leurs touffes glauques le gris poudreux du sol, et l'on devine, à des plaques étincelantes, les deux torrents, le Buech et la Blême, qui se réunissent dans ce vaste espace.

Les notables de la ville sont là, prenant l'apéritif, sous la treille, gais, causeurs, expansifs, racontant toutes leurs affaires privées, dans cet accent méridional si savoureux et si pimpant. Rien de caché pour personne. Dans le Midi, tout le monde vit au grand jour. Il y a là le greffier du juge de paix, le juge de paix aussi, un vieux commandant jovial, — serait-ce, ô Daudet, le brave commandant Bravida, ancien capitaine d'habillement ? — le percepteur, que sais-je ? Tout ce monde bavarde à qui mieux mieux et ne demanderait qu'à lier avec nous une inaltérable amitié, si, ahuris de ces mœurs nouvelles, éblouis par un soleil inconnu, nous n'étions muets comme des poissons qu'on aurait installés dans un four à gaufres. Une fillette remplit ses cruches à la fontaine.

« Eh! lui crie-t-on, eh, la mignonne! Tu es toujours belle, tu sais! A toi la palme! »

Passe un gendarme.

« Hé, gendarme! Par ici! Venez donc prendre quelque chose! »

Pandore s'assied respectueusement sur le bord d'une chaise.

« Qu'est-ce que vous prenez, gendarme?

— Ce que mon commandant voudra..., quelque chose de doux, par exemple. »

Et il se fait servir modestement un grand verre de rhum.

Pendant ce temps, le déjeuner se prépare. Bientôt, servis par la gentille Mlle Fifi en personne, nous faisons un excellent repas dans une salle ombreuse et arrosée de frais. C'est encore le Midi, ce déjeuner : des tomates, de ces délicieux melons, ou plutôt *miélouns*, dont la chair blanche fond comme un sorbet dans la bouche, de l'ail partout, une vraie débauche de couleur locale. Ravis, nous nous promettons de nous faire méridionaux, provençaux pour tout de bon, et d'apprendre la langue, car c'est ainsi qu'ils nomment leur patois. En attendant, nous continuerons à parler français, mais en y mettant beaucoup d'*assent*.

Vue générale de Sisteron (page 181).

De Serres à Sisteron, 37 kilomètres dans la plaine accidentée où roule la Blême. Les montagnes de chocolat reparaissent, et les ombres de leurs replis ont des teintes d'un bleu foncé tout à fait tranchantes au milieu du brun environnant. La route descend toujours, mais elle est devenue fort mauvaise. Des cailloux très méchants la parsèment comme à la Fête-Dieu les fleurs jonchent les rues. C'est affreux ; nos machines subissent des secousses à tout casser. Pour comble de malheur, voilà qu'un mulet monté par un jeune garçon prend peur en voyant mon ami le dépasser, fait feu des quatre fers, étale son cavalier sur la route, moelleuse comme je l'ai dit, et part à fond de train, menaçant d'écraser Hippocrate jeune, qui n'échappe à la chose que par un coup de guidon instinctif. Dans sa course insensée, un grand sac de toile pendu aux côtés de la bête emportée crève, et voilà le chemin qui se couvre d'objets grisâtres que je prends de loin pour des poteries ! Ciel ! serions-nous la cause involontaire de la mort d'un marchand de faïence et de la ruine de ses héritiers !

Cris, forte émotion, tous les accessoires obligés d'une catastrophe. Nous courons à l'homme, nous le ramassons ; il hurle à tue-tête qu'il est mort, ce qui nous rassure un peu.

Hippocrate jeune l'ausculte, le palpe, lui trouve plus de peur que de mal, et lui conseille de se faire frictionner par sa femme. Puis nous courons ramasser les faïences, qui sont des pains, car le faïencier est un garçon boulanger. Les pains non plus n'ont pas trop de mal et n'en seront que meilleurs, étant recouverts maintenant d'une belle poussière blanche qui en a fait ce que les Parisiens appellent des *pains farinés*. Le mulet, parti si glorieusement et qui annonçait devoir filer de la sorte jusqu'à Marseille, s'est arrêté à vingt pas de là, en bon méridional qu'il est. On l'équipe à nouveau, et nous nous remettons en route, mal remis de cette chaude alerte.

En foi de quoi nous conseillons au bicycliste voyageant dans les pays à mulets de faire grande attention et de se bien tenir sur ses gardes dès qu'il aperçoit l'oreille d'une de ces bêtes ombrageuses. Maintes et maintes fois depuis cette aventure nous en avons trouvé sur notre route; attelées ou non, à peine nous voyaient-elles qu'elles se livraient à des danses excentriques et dangereuses, à des gambades du plus mauvais goût. N'ayez pas honte; descendez de bicyclette et passez à pied plutôt que d'être l'auteur de malheurs irréparables.

Le cheval est beaucoup moins peureux; toutefois, se méfier des écarts subits qui peuvent en prendre certains à notre vue.

L'âne est une bête admirable. Jamais de danger avec lui; calme et philosophe, pas un seul ne nous a jamais daigné honorer d'un regard. Deux drôles de bêtes sur de drôles de roues, ce n'est pas lui qui s'emballerait pour si peu.

J'ai déjà dit ce qu'il faut penser des oies. Puisque je suis sur le chapitre des bêtes, un mot des chiens.

Le chien est l'ami de l'homme, comme le lézard : c'est connu. Mais il est l'ennemi de l'homme monté sur bicycle ou bicyclette. La bicyclette a le don de le faire aboyer, se réunir en bandes, et se suspendre aux talons du malheureux qui pédale. Sauf aux environs des grandes villes, où les chiens se tiennent au courant des progrès de la civilisation, dans tous les villages que nous traversions, ils manifestaient à haute et intelligible voix l'intention de nous dévorer tout crus. Nous en avions ainsi des douzaines souvent derrière nous. Ces meutes nous désespéraient, transformant en entrée triomphale l'incognito modeste que nous tenions à garder. Souvent quelques bonnes paroles, quelques essais de conciliation réussissent à avoir raison de ces acharnés. Certains touristes ont une cravache avec laquelle ils opèrent de savants moulinets ; mais, la meute étant toujours derrière, la cravache est bien inefficace. D'autres sautent à terre dès qu'ils aperçoivent un caniche accourant à toute vitesse se précipiter sur eux et font le simple geste de ramasser une pierre ; ce procédé est infaillible. Les roquets les plus rageurs, les molosses les plus braves tournent bride immédiatement et s'en vont plus vite qu'ils n'arrivaient.

Enfin la dernière ressource contre la gent canine, la ressource héroïque, c'est de porter de fortes guêtres en cuir, protégeant bien le pied et le mollet.

En approchant de Sisteron, on aperçoit, à gauche, les Alpes de Barcelonnette, toutes couvertes de neiges et de glaciers. Au soleil couchant, elles resplendissent de tons roses métalliques, cuivrés. Du même côté, arrive, sur son lit de cailloux, la Durance, qui, à deux pas de Sisteron, s'empare du Buech. Droit devant nous, au bout de cette route où nous pédalons en maugréant parmi les pierres et les trous, des montagnes violettes projettent sur le ciel d'étranges découpures ; le soleil couchant les grandit et leur donne des proportions énormes ; on dirait de ces entassements que Martynns amoncelait dans ses Jugements derniers et ses Destructions de Babylone.

Au fait, c'est Sisteron dont les forts redoutables escaladent les rocs et taillent dans le bleu du firmament ces silhouettes heurtées. Nous y entrons à la nuit tombante, par une porte fortifiée et menaçante. Toutes proportions gardées, cette entrée m'a rappelé celle de Tolède, barrée par la *Puerta del Sol* aux arches sarrasines.

Sisteron n'a qu'une rue, étroite et contournée : mais elle possède une infinité de ruelles, de passages voûtés et noirs où s'enfoncent des escaliers pour aller à d'autres ruelles ; une foule de petites places bien gaies et bien amusantes, ayant toutes une ou plusieurs fontaines qui chantent nuit et jour. Elle a une vieille cathédrale du onzième siècle, tout à fait le type des anciennes basiliques. Elle a la Durance, qui là, resserrée entre les deux piles d'un pont de pierre beau d'audace, roule avec fracas et prend des airs de grand fleuve. Mais Sisteron a surtout, et c'est de quoi elle est orgueilleuse, son rocher feuilleté, immense série de strates dressées verticalement et séparées par de profonds intervalles. L'ensemble représente comme les feuillets de quelque éventail géant. Ce sont des grès d'un gris bleu, sans aucune végétation, et ce caprice de la nature est véritablement curieux. Ce phénomène géologique est insolite et le rocher de Sisteron en est l'unique et célèbre exemple.

Du pied de ce rocher, les maisons blanches de la ville, qui se baignent dans la Durance et grimpent, pressées les unes contre les autres, le long des pentes ; le haut *rocher du Turc*, qu'escaladent fièrement les zigzags de l'ancien fort ; le fort lui-même qui couronne le tout, ancien cou-

Le rocher feuilleté de Sisteron (page 182).

vent qui a conservé encore sa tour carrée et ses mille arcades, tout cela forme un tableau d'un pittoresque achevé.

Le garçon qui nous sert a un accent bellevillois des plus prononcés. Il est, en effet, Parisien et nous déclare s'ennuyer prodigieusement dans ce sale pays. Comment est-il venu y échouer? Toujours est-il qu'il nous parle avec enthousiasme du Palais-Royal et de l'Élysée-Montmartre, qu'il espère bien revoir avant longtemps.

Tant mieux, car il détonne fortement dans cette Provence.

CHAPITRE XV

LA VALLÉE DE LA DURANCE
DIGNE

Un voyageur du dix-septième siècle. — L'olive et l'olivier. — La Durance. — Une mauvaise route. — Une procession de pénitents. — Digne. — La sieste. — Des torrents au travers de la route. — Puimoisson.

« ... J'avais commencé dès Lyon à ne plus guère entendre le langage du pays et à n'être plus intelligible moi-même. Ce malheur s'accrut à Valence et Dieu voulut qu'ayant demandé à une servante un pot de chambre, elle apporta un réchaud sous mon lit. Vous pouvez vous imaginer les suites de cette maudite aventure, et ce qui peut arriver à un homme endormi, qui se sert d'un réchaud dans ses nécessités de nuit.

« Mais c'est encore bien pis dans ce pays ; je

vous jure que j'ai autant besoin d'un interprète qu'un Moscovite en aurait besoin dans Paris... Il arrive souvent que je perds toutes mes mesures comme il arriva hier, qu'ayant besoin de petits clous à broquettes pour ajuster ma chambre, j'envoyai le valet de mon oncle en ville, et lui dis de m'acheter deux ou trois cents de broquettes ; il m'apporta incontinent trois boîtes d'allumettes : jugez s'il y a sujet d'enrager avec de semblables malentendus ! »

Le voyageur qui raconte aussi plaisamment ses déconvenues n'est autre que le grand Racine, le futur auteur de *Phèdre* et d'*Athalie*, qui faisait, en 1661, un tour dans le Midi. Ses naïvetés sont assez amusantes ; il est vrai qu'il n'avait pas vingt et un ans à cette époque. Il parcourt des campagnes « toutes couvertes d'oliviers qui portent les plus belles olives du monde, mais bien trompeuses pourtant, car j'y ai été attrapé moi-même. Je voulus en cueillir quelques-unes au premier olivier que je rencontrai, et je les mis dans ma bouche avec le plus grand appétit qu'on puisse avoir ; mais Dieu me préserve de sentir jamais une pareille amertume à celle que je sentis. J'en eus la bouche toute perdue plus de quatre heures durant, et l'on m'a appris depuis qu'il fallait bien des lessives et des cérémonies pour rendre les olives douces comme on les mange. »

Plus loin, Racine trouve que le Midi serait

une vraie Cythère, *s'il n'y avait pas tant de rochers !*

※

Plus avisés que Racine, nous ne goûtons pas aux fruits des oliviers qui bordent notre route après Sisteron. Les olives sont pourtant bien jolies en cette saison, et leurs petites billes vertes relèvent fort à propos le gris terne des feuilles pointues de l'arbre. L'olivier n'est pas beau, vu de loin ; son feuillage glauque semble toujours poussiéreux et il ponctue le paysage de ses touffes régulièrement alignées, avec une symétrie qui finit à la longue par devenir agaçante. C'est ce qui rend une partie de l'Espagne si fastidieuse, l'Andalousie, notamment, dont plus de la moitié est couverte de ces implacables rangées de boules grisâtres.

De près, l'olivier est moins laid. Son tronc noueux, divisé en plusieurs branches très près du sol, lui donne un aspect robuste que l'événement ne justifie pas toujours. Il suffit de quelques nuits de fortes gelées qui, bien que rarement, éprouvent parfois la Provence, pour tuer les oliviers de tout un canton. Les très vieux, les centenaires, résistent mieux, et deviennent des ancêtres comparables aux plus beaux chênes de Fontainebleau. De ceux-là, on n'en trouve guère que sur la côte, vers Menton ou Nice.

Les olives ne mûrissent qu'en automne et ce n'est qu'en décembre qu'on en fait la cueillette, en les gaulant. Dans la plupart des villages est un moulin banal, où chacun, s'étant fait inscrire à l'avance, apporte sa récolte. Grande émulation en Provence que cette question du moulin. C'est à qui passera dans les premiers, alors que les meules sont encore fraîches et pures de tout contact avec la récolte du voisin. Car il y a pour l'huile autant de crus que pour le vin, et les vrais amateurs se montrent fort difficiles. Pensez que l'huile est la base de la cuisine dans ce pays. Fritures, soupes, ragoûts, tout se fait à l'huile, cette huile délicieuse qui a le parfum du fruit. Vous savez qu'on écrase, pour la fabriquer, la pulpe et les noyaux.

A Paris on ne consomme pas d'huile d'olive. Ce que les épiciers vendent sous ce nom, c'est de l'huile d'œillette presque toujours, de noix parfois, mais jamais d'olive, jamais, sachez-le bien.

℅

> Mistral, Parlement et Durance,
> Les trois fléaux de la Provence,

dit un vieux proverbe.

Nous la longeons maintenant, cette terrible Durance. Pour le moment, elle n'a pas l'air méchante. Elle coule raisonnablement et ne couvre pas la sixième partie de l'immense grève de galets qui occupe presque tout le fond de la vallée. C'est un lit énorme, une véritable plage qui fait songer aux cailloux blancs d'Étretat et du Tréport. Très rares sont les ponts sur cette grève, qui atteint par moments plusieurs kilomètres. On se demande à quoi bon tant de terrain perdu, et cette vaste plaine blanche de galets.

Ne vous y fiez pas cependant. Qu'une crue survienne, et voilà la Durance qui passe subitement d'un débit de 40 mètres cubes par seconde à 10 000. Le lit de galets est couvert en un instant de vagues tumultueuses qui roulent avec une rapidité vertigineuse. Il est trop étroit, ce gigantesque lit, et le torrent déborde de toutes parts, emportant routes et terres, enlevant les oliviers comme pailles, et les piles des ponts comme fétus. Le mal fait, la dévastation accomplie, le torrent diminue rapidement et redevient l'honnête rivière que nous côtoyons, de loin.

De nos jours on a cherché, non sans succès, à utiliser ces torrents et à rendre leurs crues moins nuisibles. On s'en sert pour alimenter les canaux d'irrigation qui sauvent nos vignes de cet affreux fléau, le phylloxera. De nombreuses saignées sont ouvertes sur leurs flancs, formant de petits bras artificiels, et l'homme a appliqué une fois de plus la maxime : *Diviser pour régner*.

Il n'est pas jusqu'aux galets du lit des torrents

qui ne servent à quelque chose. Avec eux on bâtit les maisons, on fait les clôtures, on pave les rues, et, hélas! on empierre les routes.

✽

Nous pouvons dire : Hélas !

Jamais, en effet, la route ne fut plus mauvaise qu'après Sisteron. C'est en vain que les coteaux rougeâtres de la Durance, avec leurs villages couleur de pain brûlé, pittoresquement perchés sur les hauteurs, comme Peipin, Volonne, Château-Arnoux, sollicitent nos regards. Ils sont sollicités de façon plus pressante encore par les trous et les semis de cailloux dont notre chemin est agrémenté comme par autant de chausse-trapes. Hippocrate jeune est dans une colère bleue ; il fulmine contre les Ponts et Chaussées, les ingénieurs, les conducteurs, les piqueurs, les cantonniers. Il proclame qu'il écrira au Ministre des Travaux publics, aux journaux, qu'il saisira l'Opinion. Il s'attendrit sur le sort de sa bicyclette, qui, affirme-t-il, ne résistera jamais à de pareilles secousses. Il maudit la Provence, où toutes les routes, déclare-t-il, seront impraticables.

Il oublie que nous ne faisons qu'y entrer, en Provence. Et d'ailleurs, l'événement se charge de lui donner tort. Nous quittons bientôt cette route détestable, et, traversant la Durance sur un pont suspendu, nous prenons congé d'elle pour entrer dans la vallée d'un de ses affluents, la Bléonne.

✢

Encore un terrible fléau dévastateur que cette Bléonne. Alimentée par la multitude de petits torrents qui se précipitent sur les flancs pelés des montagnes qui bordent son cours, elle a des crues effroyables. Toute la plaine est pour ainsi dire abandonnée à ses champs de galets.

La route est maintenant très bonne, et la colère de mon ami se calme peu à peu, d'autant plus que nous sommes absorbés par la contemplation des étranges rochers des Mées. Sur les flancs d'une montagne couverte de buissons et de maquis d'un vert foncé, monte silencieusement une longue procession de pénitents, drapés dans les plis de solennelles robes grises. Leur file se prolonge au loin, tranchant sur le fond sombre de la montagne. Ces pénitents ne sont autre chose que des rochers en forme d'obélisques de calcaire siliceux détachés de la montagne, où ils ne tiennent que par leur base. Ils sont extrêmement hauts, 150 mètres et plus, et produisent un effet fantastique. Je les ai vus autrefois, un soir, au clair de lune, et je n'ai jamais contemplé quelque chose de plus saisissant que ce défilé muet et éternel d'une immobile procession. Ce serait certainement une des curiosités les plus renommées de notre France, si notre France était connue.

Du joli village de Malijaï — quel nom poétique et charmant! — jusqu'à Digne, la route, ai-je dit, est bonne. Mais toute médaille a son revers. Elle monte constamment; il faut s'élever de 200 mètres à peu près. Il est vrai que c'est dans un parcours de 22 kilomètres. Ce trajet rentre dans la catégorie des corvées fatigantes, où il faut pédaler sans relâche; et, ma foi, gâtés par la journée d'hier, nous en avions presque perdu l'habitude. De plus, le soleil se montre très provençal et, malgré l'heure matinale, nous rôtit tout vifs. Aussi saluons-nous avec joie les premières maisons de Digne, qu'on aperçoit au pied de hautes montagnes boisées.

Digne offre à nos yeux charmés, à nos fronts en sueur, une avenue de vieux platanes, large, ombreuse, seigneuriale, fraîche, bordée de boutiques et de cafés. L'hôtel Rémusat accueille avec cordialité nos majestés fort compromises par deux heures de cuisson en plein soleil.

Je préviens charitablement les bicyclistes que les routes de Provence ne sont nulle part bordées d'arbres et qu'y chercher de l'ombre serait inutile. Il faut y griller consciencieusement. En revanche il n'est guère de ville ou de bourg qui n'ait une ou plusieurs rues plantées de platanes; le platane est la bénédiction du Midi. Ses larges

Sisteron (page 182).

feuilles, épaisses et sombres, donnent une ombre d'une fraîcheur délicieuse.

Un somptueux repas nous rend nos forces et notre gaîté un instant évaporées. Nous prenons le nom de cet hôtel comme un de ceux où l'on retournerait volontiers, et, par une chaleur à cuire durs les œufs et à tarir la Bléonne, nous parcourons la ville. C'est l'heure où, comme disent les Arabes, on ne voit dans les rues que des chiens ou des Français. Encore les chiens sont-ils en ce pays trop sages pour affronter pareille fournaise. Nous nous aventurons dans un dédale de petites rues extrêmement tortueuses et où par places le soleil plaque des découpures blanches éblouissantes.

La cathédrale est moderne et d'un style moyen âge quelconque.

Hormis un Gassendi en bronze, une jolie fontaine dans un faubourg et une chapelle Saint-Vincent collée d'une façon invraisemblable sur le flanc d'une montagne à pic, il n'y a pas de grandes curiosités. Mais Digne est un excellent point de départ pour des excursions dans des montagnes fort belles qui forment le groupe appelé les *Alpes de Digne* et qui se rattachent, à l'est, aux Alpes de Barcelonnette et aux Alpes-Maritimes.

✤

La chaleur est telle que nous ne pouvons nous

mettre en route qu'à quatre heures. Il s'agit de monter, monter encore, et cette fois non pas doucement comme ce matin, mais par de rudes côtes où la marche à pied s'impose et qui vont durer des six kilomètres à la fois. Ceci se passe dans un pays ravagé, raviné, au milieu de gorges d'une couleur étrange. Pas de végétation, peu de rochers, mais partout des terrains rougeâtres, d'un roux sale, terreux, triste et maussade. De temps en temps une vallée plus large s'entr'ouvre, une descente rapide nous précipite au fond, où se trouve souvent quelque vieux pont romain ou ogival qui traverse un torrent ; puis il faut remonter le versant opposé. De petits plateaux plantés d'oliviers et de vignes, où des chapelles isolées se rencontrent, au bord de la route, accompagnées de deux ou trois cyprès ; — un gros bourg, Mézel, plein de gaîté, d'exubérance, de rires, plein surtout de *miélouns* vernissés comme des faïences, qui encombrent la place et roulent de toutes parts, bourg tout espagnol d'aspect, avec des balcons ventrus en fer forgé aux fenêtres des maisons, avec de belles filles coiffées de fichus rouges ou jaune vif. Et nous voilà forcés de passer par une épreuve nouvelle.

Notre route suit le cours de l'Asse, encore un torrent semblable à la Durance, où il va se jeter. Lit d'une largeur fabuleuse, galets, rien n'y manque. Il n'y manque même pas une foule de petits torrenticules qui, pour le moment à sec, ont néanmoins leur lit tout tracé et se précipitent à qui mieux mieux vers le torrent en chef. Le malheur veut que tous ces petits torrents coupent notre route. Pour une raison ou pour une autre, on ne s'est pas donné la peine de faire des ponts; ils les auraient sans doute emportés. Il était bien plus simple de laisser passer ces enragés sur la route même. C'est ce qu'on a fait. D'où il suit qu'un de ces épouvantables orages, véritables trombes d'eau comme on n'en voit que dans ces régions, ayant éclaté avant-hier, la route est, pour l'heure, dans le plus triste état. Elle représente exactement les montagnes russes, mais plus brusques et avec moins de ménagements. Quand le torrent a respecté la partie de route pavée qui lui sert de lit intermittent, cela va encore; mais, quand le pavé est parti, la route avec, et qu'il reste comme souvenir du fleuve éphémère un lac qu'il faut passer à gué, la situation est plus délicate. Nous avons compté quarante de ces mauvais pas dans moins de deux lieues.

Pendant ce temps, le soleil se couchait dans un ciel embrasé, colorant la vallée de toutes les nuances les plus chaudes du violet et du carmin; au milieu de cette orgie de couleurs ardentes, l'Asse se mit à resplendir, clair, et ses mille bras semblaient les fils d'argent d'un écheveau de fée posé sur des coussins de velours. C'était un paysage idéal, quelque chose d'oriental et d'asiatique, et, si la voix du muezzin se fût élevée de la tour d'Estoublon, jetant dans le silence du soir ses notes blanches, nous n'en aurions pas été autrement surpris.

※

Une montée des plus raides, que nous faisons lentement à pied, nous amène à un vaste plateau au moment où la nuit tombe subitement, presque sans crépuscule. Et c'est à l'obscure clarté qui tombe des étoiles, accompagnés par l'assourdissant tapage des grillons et les cris flûtés de la chouette, que nous arrivons au petit village de Puimoisson. A Puimoisson nous coucherons donc, car de là à Riez il y a 7 kilomètres, peu engageants à faire de nuit.

Heureux d'être enfin au gîte, nous mettons pied à terre devant l'auberge du pays. Elle est propre, et de bonne mine. Allons, nous serons bien.

Une vieille est sur la porte, et notre arrivée n'a pas l'air de lui faire grande impression, ni surtout favorable impression. Elle nous nasille bien tranquillement qu'elle n'a pas de place. Nous insistons ; nous demandons qu'on nous loge chez des voisins, n'importe où ; peine perdue. La vieille a de la méfiance, elle ne veut pas décidément avoir affaire à nous.

Et nous allions coucher dans la rue, si de braves gens qu'on nous enseigna ne nous avaient recueillis, nourris, hébergés dans la perfection. Il paraît qu'ils tiennent aussi une auberge qui s'appelle l'hôtel Galicy. Pourquoi n'ont-ils pas d'enseigne? Toujours est-il que nous avons trouvé chez eux la vraie et franche hospitalité provençale dont l'accueil de la duègne nous avait fait un instant douter.

La nuit était fort avancée que nous regardions encore, accoudés à notre fenêtre, les étoiles d'or scintiller dans le ciel noir, bercés par la symphonie vibrante des grillons et des cigales.

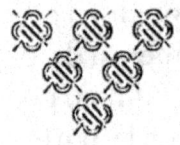

CHAPITRE XVI

DE PUIMOISSON A CALISSANNE

Riez et ses ruines romaines. — La descente dans la vallée de Quinson. — Qu'est-ce qu'une vache? — Le Verdon. — Montmeyan et les souvenirs des Maures. — Fox-Amphoux. — Mistral et sirocco. — Le mûrier. — Calissanne.

Bien avant le jour, nous quittons Puimoisson, obéissant à la force qui nous entraîne vers le Midi. Une descente très agréable dans les gorges du torrent l'Auvestre nous conduit d'abord à Riez, grosse bourgade où nous arrivons devant que les habitants soient éveillés et que les coqs aient chanté.

Riez est rempli de vestiges de l'époque romaine. Il y avait là autrefois une ville importante. Quatre belles colonnes corinthiennes en granit, surmontées d'un entablement en marbre, indiquent l'emplacement d'un temple. Une étrange construction, apparemment un baptistère, date des premiers temps de l'ère chrétienne et est faite avec des débris romains. On l'appelle dans le pays le *Panthéon*. Des colonnes antiques en granit et en marbre se retrouvent partout dans cette curieuse petite ville, qui, bien déchue de son ancienne splendeur, n'a plus que 2300 habitants.

En sortant de Riez, nous montons sur les pentes, toutes couvertes d'oliviers étagés, du ravin de Valvachères. Puis nous roulons sur un plateau, au milieu de bois de petits chênes. Par échappées, comme nous suivons le bord du plateau, nous apercevons en bas la vallée âpre, sauvage, montagneuse, où coule le Verdon, un des plus pittoresques torrents de France. Nous allons du reste nous en rapprocher, car voici que nous entamons une descente rapide, qui va nous mener au fond d'un vallon bizarre.

Qu'on se figure une baignoire dont les côtés seraient des rocs à pic, tantôt roussâtres, tantôt gris bleu ; au fond de cette cuve allongée, une rivière ; l'un des petits côtés occupé par les escarpements que nous sommes en train de dévaler ; l'autre par des hauteurs de forme inusitée, des pains de sucre à large base, isolés, et surmontés chacun, à leur extrême pointe, d'un tas

Le pont de la Durance, à Sisteron (page 182).

de maisons et de ruines. Le tout se découpant nettement dans une atmosphère d'une incomparable pureté, et déroulant à nos yeux toute la gamme des bleus, depuis les bleus de Prusse intenses qui font aux premiers plans des ombres transparentes, jusqu'aux fins cobalts des montagnes les plus éloignées, où nous reconnaissons, à sa forme nettement découpée en escalier, le massif de la Sainte-Baume.

Cette descente dans la vallée du Verdon est une des plus dangereuses qu'on puisse jamais rencontrer. Non seulement la route, taillée dans le roc vif, a une pente peu commune, mais elle tourne sans cesse sur elle-même en coudes brusques, à angles aigus. C'est là qu'il importe d'être prudent et de savoir gouverner son guidon en virtuose ; chacun de ces tournants impérieux est une invite à trois alternatives : vous aplatir contre la paroi rocheuse, ou piquer une tête dans la vallée, 250 mètres plus bas, ou enfin prendre le mors aux dents jusqu'à ce qu'un obstacle ou un nouveau tournant vous fasse faire une effroyable chute. Aussi, cambrés en arrière, la main au frein, avons-nous descendu très lentement ce passage perfide. Et bien fîmes-nous. Car, à l'un des coudes les plus brusques, nous nous trouvâmes nez à nez avec un char traîné de deux mules, qui montait, à peu près du train dont nous descendions. Grâce à notre sagesse, nous

pûmes manœuvrer à temps pour passer à côté.
Lancés imprudemment, mules, char, bicyclettes
et touristes auraient fait un saut mémorable et
fourni aux ennemis du vélocipède un argument
de plus contre leur bête noire.

Arrivés sans encombre au fond de ce val singulier,
nous nous dirigeons tout de suite vers Quinson,
dont les vieilles murailles rousses flanquées de
tours carrées crénelées nous séduisent. Le village
est à peine éveillé encore, bien que le soleil ait
déjà commencé à le chauffer ferme. Nous demandons à une femme qui balaye le devant d'une
espèce de café une consommation qui prouve
bien que nous ne sommes pas du pays : du café
au lait ! On nous fait répéter, ne pouvant croire à
une demande aussi saugrenue. Mais, voyant que
nous sommes très sérieux et que nous n'avons
nullement l'air de gens qui font une charge, notre
hôtesse s'en va aux provisions. Elle revient bientôt, nous apportant dans une toute petite tasse
un peu de lait de chèvre. Nous avions oublié
qu'en ce pays le lait est chose rare et précieuse,
et réservée aux seuls malades et aux enfants. Du
lait de vache, point y en a, par l'excellente raison
qu'il n'y a pas de vaches en Provence. J'avais, il
y a quelques années, envoyé de Paris à un petit
Barjolais de ma connaissance une belle arche de

Noé, avec une paire, comme chacun sait, de chaque animal de la création. Le petit bonhomme — il avait six ans — partagea les bêtes en « *les bêtes qui sont vraies et celles qui sont pas vraies,* » et dans *les bêtes qui sont pas vraies*, à côté de l'éléphant et du chameau, il y avait le bœuf et la vache.

Le seul lait qu'on boive en Provence est de chèvre ou de brebis.

De notre lait de chèvre, d'ailleurs, nous nous accommodâmes fort bien, si bien même que, sans la moindre vergogne, nous nous en fîmes apporter une seconde ration. Une troisième aurait épuisé le pays.

※

Peu après Quinson, on passe sur le Verdon. C'est un bien remarquable torrent que celui-là, et il en est peu dont le cours soit aussi merveilleusement pittoresque. Né dans les Alpes de Barcelonnette, il a 175 kilomètres de longueur, il passe à Castellane, la ville au grand roc blanc, il voisine avec Moustiers, la cité montagneuse où les cimes des rochers sont reliées entre elles par une chaîne de fer inexplicable et inexpliquée, d'un effet étonnant ; il traverse le couloir aride de Quinson et s'enfonce aussitôt dans des gorges de toute beauté : 20 kilomètres de précipices où les masses rocheuses suspendent leurs menaces éternelles au-dessus de l'eau verte et claire qui bouillonne furieusement, 20 kilomètres de paysages d'une grandeur sauvage et saisissante.

En sortant de là, le Verdon va se jeter dans la Durance au-dessus de Mirabeau.

⁂

Après Quinson, on continue à suivre le fond de la vallée bordée à droite et à gauche de falaises à pic. Quelques vignes, des oliviers, des forêts surtout, couvrent les montagnes. On se dirige vers la cime isolée où se dressent les murailles ruinées et les maisons rougeâtres de Montmeyan. Nous traversons le village, et nous sommes frappés de son caractère oriental, arabe. Ceci nous rappelle que les Maures ont très longtemps occupé ces contrées et qu'ils y ont laissé des traces profondes, dans le style des constructions, dans les systèmes de culture et d'arrosage, — car les Arabes furent des agriculteurs, des jardiniers, j'allais presque dire des irrigateurs de génie, comme le prouvent les *Huertas* de Murcie et de Grenade, — et jusque dans le profil pur et les yeux noirs des femmes, témoins éloquents d'une possession de plusieurs siècles et de la ténacité du type mauresque. Montmeyan est renommé pour ses truffes, et on nous y montra le chêne particulier au pied duquel se récolte le précieux tubercule. On y fabrique aussi une énorme quantité de balais de bouleau et de genêt, et nous vîmes toutes les femmes, sur le pas des portes, livrées à cette occupation.

Une série de petites rampes nous amène à un autre pain de sucre, plus aigu encore, au sommet duquel est juché le village de Fox-Amphoux, la patrie de Barras. Fox est le pays des rhumatismes et des fluxions de poitrine. Sa situation élevée et exposée de tous côtés au vent en rend le séjour fort désagréable en tout temps, insupportable lorsque souffle le mistral.

⁂

Le mistral, terreur de la Provence, qui, avec l'exagération naturelle au caractère méridional, en a fait un fléau plus terrible qu'il ne l'est réellement. Cette mauvaise réputation, il l'avait déjà du temps de Strabon, qui l'appelle *Mélamborée, Borée noir*. Les plaines basses de l'embouchure du Rhône, chauffées par un soleil implacable, voient leurs couches d'air se dilater et former, en s'élevant, une poche immense où s'engouffre, balayant la vallée du Rhône et la Provence, l'air froid des Alpes et des Cévennes.

Je ne chercherai pas à l'innocenter ; il a causé parfois de véritables désastres. Pourtant c'est à lui que la Provence doit son incomparable salubrité : quels microbes résisteraient à une force qui enlève des charrettes?

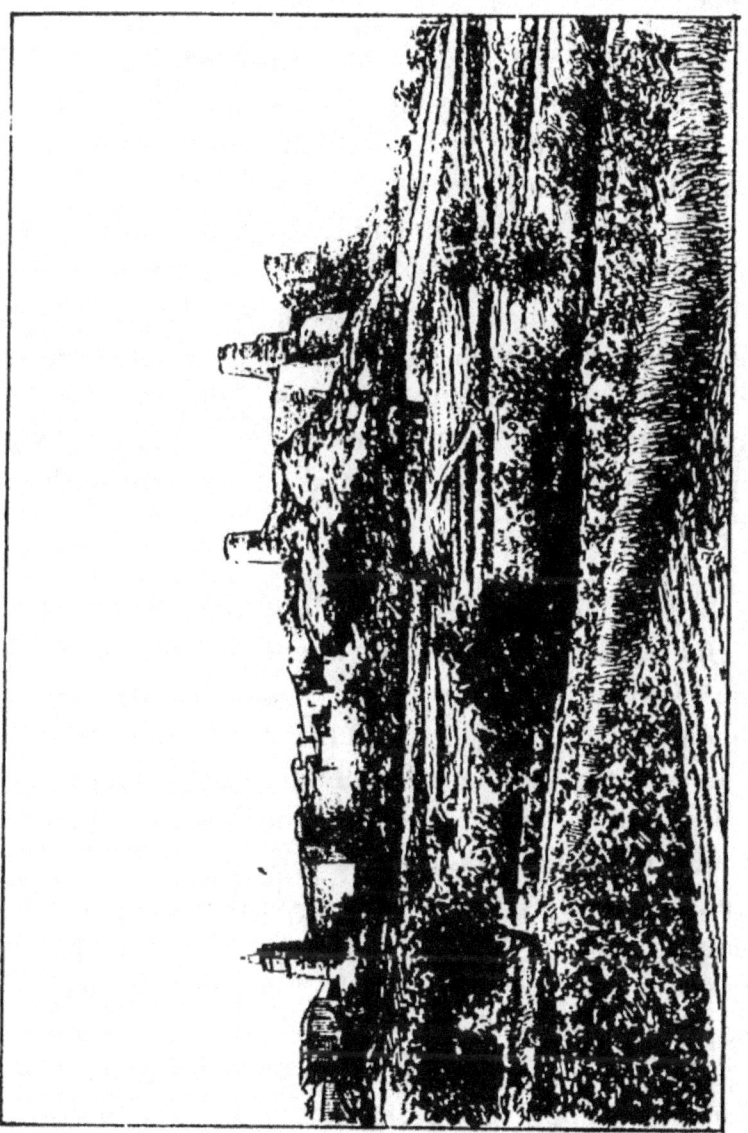

Pontevès (page 211).

Le mistral est le vent du nord-ouest. Il ne faut pas le confondre avec le sirocco, qui n'est autre que le simoun du Sahara, adouci en passant sur la Méditerranée.

Beaucoup de Provençaux déclarent se porter à merveille quand souffle le mistral. Il n'en est pas de même pour le vent du sud, le sirocco. Ces bouffées chaudes ont la propriété de les énerver, de les abattre. Paysans, ouvriers, bourgeois semblent, tant qu'il souffle, des âmes en peine. On n'entend partout que ces mots : « Sale veïnt ! Sale veïnt ! »

※

Aujourd'hui précisément, il souffle, le « sale veïnt », avec une certaine violence. Dans la vallée de Quinson, nous ne nous en apercevions pas ; mais ici, sur le plateau, mal garantis que nous sommes par des bois de chênes verts rabougris, il s'en donne à cœur joie et nous jette au visage toutes les ardeurs de l'Afrique. Nous avons vent debout, et c'est une bataille sérieuse qu'il faut engager contre l'invisible ennemi. Nous disparaissons dans les nuages de poussière blanche impalpable dont il nous entoure ainsi que d'une épaisse fumée. Autour de nous les chênes verts s'inclinent éperdus sous les chaudes rafales ; notre marche devient plus difficile, et nous sommes vingt fois sur le point de céder à l'ouragan et de mettre pied à terre.

Les Besseillons, vus de Calissanne (page 210)

Cette humiliation nous est épargnée. Après avoir tenu tête au « sale veïnt », notre constance est récompensée. Une descente se présente, dans des bois plus élevés et plus touffus ; nous sommes à l'abri. Bientôt nous voici arrivés dans une autre vallée, moins accentuée, mais plus poudreuse et plus solitaire que celle de Quinson. Trois sommets la dominent : le Gros-Besseillon, grande masse arrondie et couverte de bois du côté du nord, abrupte et rocheuse vers le midi, et les pointes jumelles des Petits-Besseillons, silhouettées comme deux Vésuves accouplés. Partout l'œil n'aperçoit sur les hauteurs que la verdure grise et basse des chênes verts, mélangés aux grès abrupts qui se montrent partout, comme si en ce pays les os de la terre lui perçaient la peau ; plus bas, des oliviers ; au-dessous, des vignes et enfin des mûriers, la seule vraie verdure des environs.

Le mûrier a un double avantage. Il donne de l'ombre et l'on vend ses feuilles aux entrepreneurs qui en font la récolte en été. Un mûrier rapporte 1 ou 2 francs par an. A ce moment, l'arbre, dépouillé de sa frondaison, est affreux ; ses branches nues le transforment en balai, et il ressemble à ces caniches qu'on jette à l'eau, frisés et triomphants, et qui en sortent maigres et misérables.

La feuille repousse assez vite ; elle est alors trop dure pour être offerte aux vers à soie, qui sont de difficiles gourmets et des mâchoires délicates. On la donne en nourriture aux animaux domestiques ; les chèvres surtout en sont très friandes.

C'est dans ce val sévère, fermé par les Besseillons et les tours démantelées de l'antique château de Pontevès, que nous allons trouver pendant quatre jours une hospitalité très cordiale. Le château, — tout est château dans ces solitudes, — le château de Calissanne à deux lieues de Barjols, propriété de M. Gustave Dugat, arabisant distingué, mon ancien maître à l'École des Langues orientales, nous ouvre toutes grandes ses portes. Nous en profiterons pour explorer un peu le pays environnant et pénétrer plus intimement dans la vie méridionale. Nul centre d'excursions et d'observations ne saurait être mieux choisi. Jamais visitée par aucun touriste, attendu qu'elle ne se trouve sur aucune grande ligne de chemin de fer, cette contrée est restée elle-même, elle a gardé toute sa saveur et comme son *goût de fruit*. Nulle part on n'est plus provençal. Racine aurait été plus dépaysé encore ici qu'aux environs d'Uzès. On y comprend un peu le français, mais on ne le parle pas. Marseille, c'est le Midi ; Calissanne, c'est le Midi et demi.

CHAPITRE XVII

DANS LE VAR
BARJOLS ET SES ENVIRONS

Le Var inconnu. — Une petite ligne. — Comment on vit dans un « château ». — Barjols, ses beautés et ses fumiers. — Ascension des Besseillons. — *Conservatours et répoublicans.* — Le Vallon Sourd. — Sillans. — De Barjols à Meyrargues. — Orage.

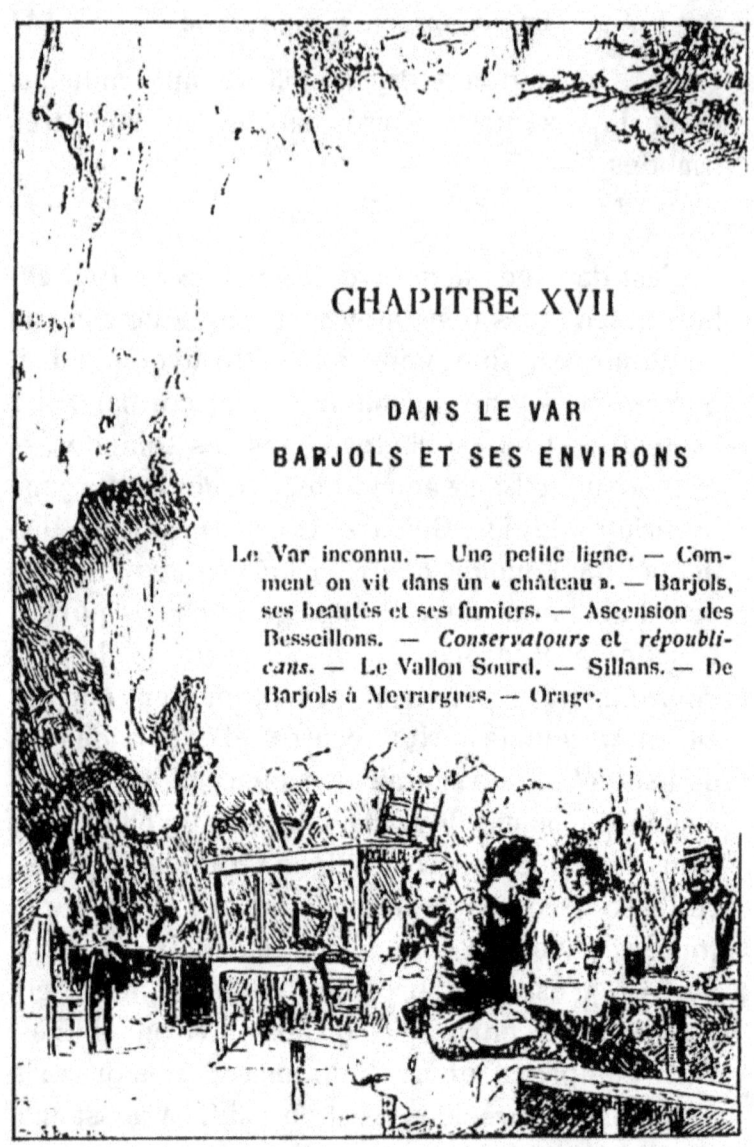

Rien de plus connu que les côtes du Var. On a célébré sur tous les tons, on ne célébrera jamais trop ces paradis de la rive d'azur, qui s'appellent Saint-Raphaël, Sainte-Maxime, Hyères, Saint-Nazaire, Bandol ; on a décrit maintes fois et l'on visite toujours Toulon et la Seyne. Mais l'intérieur du département est infiniment moins favorisé des promeneurs, et c'est bien rarement qu'on pense à s'y enfoncer. Pourtant il est digne de sortir de cet abandon et ne mérite point une telle indifférence. Que de choses à y voir ! Villes charmantes comme Barjols, Brignoles, Aups, Cotignac et bien d'autres ; rivières gracieuses comme l'Argens, ou redoutables comme le Jabron et le Verdon ; montagnes sacrées comme la Sainte-Victoire ou la Sainte-Baume, aux pèlerinages légendaires, montagnes âpres et sauvages, comme les Maures, dont le massif est tout entier dans le Var ; mais plus que tout cela, aspect profondément provençal du pays et des habitants, voilà de quoi inviter le touriste à quitter de temps en temps la côte pour l'intérieur. Il y a quelques années le chemin de fer du littoral était le seul dont on pût disposer. Mais maintenant d'autres routes se dirigent vers le cœur du département. Une petite ligne à voie étroite part des Arcs, près de Draguignan, et va rejoindre à Meyrargues la grande voie de Grenoble à Marseille. Elle n'est pas bien brillante, cette petite ligne ; les trains ne s'y piquent pas d'une bien grande exactitude et trois ou quatre heures de retard n'y sont pas crime pendable ; il y a pour le service deux mignonnes locomotives, une mauvaise et une bonne. Tombez-vous sur la bonne : alors, va bien ! vous arriverez presque à l'heure. Est-ce la mauvaise qui vous est échue : vous pouvez vous attendre à tout. Celle-ci procède par à-coups, par heurts bizarres et irréguliers qui secouent les rares voyageurs, sans merci, comme salade en panier ; elle a des éternuements brusques, des enrouements maladifs et des crachements inquiétants ; très asthmatique d'ailleurs et rétive aux rampes. Souvent elle y reste en panne, s'entête à ne plus bouger, et attend en ronchonnant que l'on envoie l'autre, la bonne, chercher sa petite sœur, malade. Alors les deux partent de compagnie et, joyeuses comme de petites folles, dévalent les pentes avec une rapidité vertigineuse.

Une autre ligne passe à Brignoles et à Saint-Maximin.

☉

Inutile de dire qu'à ces chemins de fer fantasques nous préférions nos bonnes bicyclettes, qui, elles, ne nous laissèrent jamais en détresse. Filer de Calissanne à Barjols, 7 kilomètres à peine, n'était qu'un jeu pour nous. Bien que Barjols soit une bien modeste ville de 2500 habitants, c'est le grand centre où villages et « châteaux » avoisinants viennent s'approvisionner.

Barjois, vu du château de la Reine-Blanche (page 218).

Bien souvent nous sommes-nous faits les pourvoyeurs de la maison, et revînmes-nous de la ville avec un gigot d'agneau proprement ficelé sur le guidon, ou un énorme *miéloun* ballottant à chaque poignée. Les routes en cette région sont très acceptables pour la bicyclette, et la plupart des rampes peuvent se faire sans mettre pied à terre.

Nos services d'approvisionnement n'étaient pas à dédaigner. On vit très frugalement dans le Var. La seule viande qu'on y consomme pendant neuf mois de l'année, en dehors des bêtes de la basse-cour, c'est du mouton ou de l'agneau. Pot-au-feu de mouton, gigot, côtelettes, et les délicieuses *tripettes* ou tripes d'agneau, guère connues à Paris, on ne sort pas de là. Quand un boucher se décide à tuer un veau, on le fait annoncer à son de trompe dans tout le voisinage. Brûlée du soleil, cette terre ne produit pas de légumes. Dans les « châteaux » isolés, le repas se compose le plus souvent d'omelettes aux *pommes d'amour* et d'*herbes*. On réunit sous ce nom générique tout ce qui ressemble de près ou de loin à des légumes : *herbes* les feuilles de betterave dont on fait des contrefaçons d'épinards ; *herbe* la chicorée ; *herbe* la menthe dont on fait de la soupe, copieusement additionnée d'huile ; *herbe* la sauge qui sert à confectionner la *soupe à l'eau bouillie*.

Il est des jours où les provisions sont épuisées.

On n'a pas toujours des vélocipédistes sous la main, et un usage auquel on ne déroge jamais exige qu'on n'aille à la ville que le dimanche matin. Ces jours-là, quelqu'un prend son fusil et va battre les fourrés de chênes verts et les collines semées de labyrinthes de grès. Il est rare qu'on ne revienne pas avec quelques perdrix, quelque lièvre ou mieux encore une brochette de ces délicieux culs-blancs qui sont la joie des fins gourmets. Ces maquis sont très giboyeux; on y rencontre parfois quelques sangliers. Mais ce qu'on y rencontre surtout, ce sont des braconniers.

Si la chasse a été mauvaise et qu'on revienne bredouille, il y a bien dans la *réserve* quelque vieille morue, attendant l'heure de la brandade. Et puis l'aïoli est toujours là, qu'on ne fait nulle part si bien que dans le Var, l'aïoli, friandise si exquise que, lorsqu'on en a mangé le matin, le souvenir vous en poursuit tout le jour.

Plus heureux sont les gens de Barjols. Le marché est fourni en légumes, grâce aux eaux abondantes qui arrosent ses faubourgs; on y trouve aussi un bizarre fromage que les vieilles marchandes brassent sans cesse en de vastes terrines, formé de grumeaux, et que nous prîmes d'abord pour du couscoussou; on vous le sert à pleines mains, sans cérémonie ; cela s'appelle du *couyïn*. On y rencontre même un petit serrurier fort intelligent, qui loue des tricycles, — la bicyclette est encore peu prisée en Provence, le Provençal étant, comme Tartarin, courageux mais prudent, et s'estimant plus en sûreté sur trois roues que sur deux. Ledit petit serrurier fit subir à nos vélos un nettoyage sérieux, dont après 1000 kilomètres parcourus ils avaient quelque besoin.

Barjols est une des plus ravissantes villes de l'intérieur de la Provence. Bâtie sur le versant et au bas d'une colline qui regarde la vallée de la rivière des Écrevisses et du ruisseau de Varages, elle est, fait rare et merveilleux dans le Midi roussi, enfouie dans une corbeille de verdure. De toutes parts des sources jaillissent, coulant jour et nuit des fontaines, courant dans les ruisseaux, se précipitant en cascatelles au milieu de rochers moussus et de mignonnes prairies vertes, apportant partout la fraîcheur et la vie. Aussi a-t-on pu surnommer Barjols le Tivoli de la Provence. Quelles bonnes heures nous avons passées, soit à contempler ses gaies maisons, entourées de feuillages comme un bouquet de blanches fleurs, soit à parcourir les rues, en compagnie d'exubérants Barjolais ou d'aimables Barjolaises ! Tantôt on nous menait visiter le *ravin des Carmes*, une gorge envahie de centenaires frondaisons

Vue générale de Barjols (page 218).

tantôt les *Carmes* eux-mêmes, un ancien couvent devenu moulin, qui a conservé des jardins ombreux, des pièces d'eaux vertes et entourées de balustrades émiettées par le temps, et des grottes à stalactites dont les moines avaient fait leur église; tantôt l'église même de Barjols, massive et peu intéressante comme la plupart de celles de Provence, mais où l'on vous montre, d'un air malin, à une porte Renaissance, un petit médaillon représentant Adam et Ève; tantôt le tunnel de la route de Correns, taillé dans le roc vif; tantôt le vieux château dit de la Reine Jeanne; enfin toutes les curiosités grandes ou petites.

La plus étonnante, et qu'on n'eut pas besoin de nous montrer, c'est la saleté des rues ou plutôt des escaliers qui en tiennent lieu. Un jour nous passions dans une de ces ruelles sordides et admirables.

« Passarès! » cria une voix qui venait du ciel.

Surpris, nous nous arrêtâmes net.

Bien nous en prit.

La voix n'avait pas fini, que quelque chose arriva d'en haut et s'étala à deux pas, avec un bruit mou. Nous n'avions pas monté dix marches que :

« Passarès! » dit une petite voix invisible.

Instruits par l'expérience, nous donnâmes aussitôt signe de vie en proférant des cris inarticulés qui n'avaient rien d'humain ni de provençal.

Le ravin des Carmes, à Barjols (page 218).

Moyennant quoi une jolie paire d'yeux noirs se montra à une fenêtre, parut fort confuse et s'éclipsa.

Nous apprîmes ensuite que Barjols, ville naïve et primitive, ignore ce raffinement qui consiste à prévoir, lorsqu'on bâtit une maison, certaines sujétions de la nature humaine, et que vous n'y trouverez pas, — mon Dieu, comment dirai-je ? — le contraire de la cuisine. On déverse tout simplement par la fenêtre dans la rue ce qu'on ne saurait décemment garder chez soi. Mais, comme on est poli, on crie généralement avant, pendant ou après cette petite manœuvre le *Passarès!* qui nous avait intrigués et qui veut dire : « Passez vite ! » Chacun dispose, du reste, devant sa maison, une couche de paille qui devient bientôt un très confortable fumier, destiné à amender la campagne que tout Barjolais possède.

※

« Oui, messieurs. Le vétérinaire de Barjols, M. Remy Blanc, est mort le cœur mangé par les vers. Tout le monde le sait, qué !

— Pas possible ! Le cœur mangé par les vers ? Je n'avais jamais entendu parler de cette maladie-là. Et, dites-moi, garde, comment ça lui est-il arrivé ?

— Ah vaï ! est-ce qu'on sait ? On dit que c'est en soignant les poules à la Marseillaise, la bastide que vous voyez là-bas. Il a mis sans le vouloir la main à sa bouche, cet homme, et c'est comme ça que ça lui est venu. »

Sur cette triomphante assertion, le garde nous regarda, évidemment satisfait de son explication.

Nous montions ensemble, ce matin-là, les pentes du Besseillon, dont nous avions entrepris l'ascension. Ascension facile, hâtons-nous de le dire pour ne pas avoir l'air d'accomplir un des travaux d'Hercule. Ascension à la portée des dames et des demoiselles, à la condition qu'elles aient des jarrets solides et des jupons qui ne craignent pas les accrocs des taillis : le Gros-Besseillon, le plus haut des trois, a 814 mètres de hauteur.

Maille, le garde champêtre de Pontevès, un gros personnage, s'il vous plaît, et qui avait failli être maire de la commune, nous servait de guide ; un brave homme de six pieds de haut, la terreur des braconniers et l'ami de tous les honnêtes gens du pays. Une petite plaine plantée de pins, puis commencent les pentes, assez douces d'abord, ensuite plus raides ; des embroussaillements de buissons cachent le sentier, où le garde seul peut se retrouver ; arrivés à une bergerie solitairement posée sur un des paliers de la montagne, nous perdons tout à fait le chemin. Il s'agit de se frayer une route à travers les enchevêtrements de chênes verts, d'arbousiers, de petits sapins, de lentisques et de ces grands chardons à capitules lilas clair qui sont comme une remembrance de l'Espagne. A mesure qu'on approche du sommet, tout devient plus sévère, plus silencieux encore.

« Est-ce qu'il n'y a jamais de malfaiteurs qui viennent se réfugier dans ces solitudes? demandons-nous au garde. On doit y être bien à l'abri de la gendarmerie.

— Oh que oui, messieurs! Il y a quelque temps un homme de Brignoles, qu'on poursuivait pour vol, est venu se cacher dans le Besseillon, et l'on a été plus d'un an sans pouvoir le trouver.

— Et comment vivait-il?

— De sa chasse le plus souvent. De temps en temps il descendait devers Correns, ou Barjols, ou Tavernes, et il achetait ou il volait ce dont il avait besoin. Nous ne pouvions pas mettre la main dessus. Ce qui l'a fait prendre, c'est la soif. Voilà qu'un jour le garde champêtre de Correns, qu'il ne connaissait pas, le trouve assis auprès d'une source, tout près d'ici. Le garde se dit : « Voilà mon homme! » Mais il n'avait que sa canne, et l'autre avait auprès de lui son fusil, un fusil superbe, ma foi, qu'il avait volé comme le reste. Il engage donc la conversation.

— Hé, camarade! Ça va-t-il, la chasse?

— Pas trop, que dit l'autre.

« Et les voilà qui causent, bons amis, de choses et d'autres.

Route de Correns. Le Vallon Sourd (page 228).

— Vous avez là un beau fusil, dit le garde.

— Il n'est pas mal, que fait l'autre.

— Si vous vouliez le vendre, je vous l'achèterais bien.

— Il n'est pas à vendre ; je ne l'ai pas acheté pour le recéder, mais pour m'en servir.

— C'est égal ; si l'on vous en donnait un bon prix ?

« Et tout en causant il maniait l'objet, comme pour l'examiner. Et alors, tout d'un coup :

— Au nom de la loi, qu'il dit, je vous arrête.

« Qui est-ce qui fut penaud ? C'est l'homme de Brignoles. C'était à son tour d'être désarmé. Le garde l'a emmené sans résistance, et il en a pour ses trois ans de prison. »

Tout en devisant de la sorte, nous escaladions le dernier échelon de la montagne, et nous restions muets devant le spectacle qui nous entourait.

La mer, la mer bleue, formait à l'horizon comme une idéale ceinture, sur laquelle se découpait en zigzags étranges, en incohérentes lignes, tout un chaos de montagnes, tout le massif des Maures et sa bousculade de pics hétéroclites, puis plus loin les montagnes de Toulon et d'Ollioules, et un pic isolé qui nous cachait Marseille ; la Sainte-Baume, longue muraille brusquement arrêtée, la montagne carrée de Brignoles ; tout cela brun rouge, mais tranché d'ombres d'un bleu véhément et net, d'une netteté de lame, d'une netteté d'acier, jusqu'aux derniers plans et à l'extrême lointain. Du côté opposé, autres monts, autres rocs, gris et décharnés, piqués d'oliviers comme l'est de vermine le manteau brun d'un pauvre homme; les déchirures violentes de la vallée de Quinson, du Vallon Sourd, et, tout au loin, des Alpes neigeuses et d'innombrables glaciers; enfin, tout à nos pieds, Fox sur son mamelon aplati ainsi qu'une brioche sur laquelle on s'est assis, Tavernes, Barjols, Salernes, Aups, autant de petits tas de choses indéfinissables, qui sont des maisons. Le sommet du Besseillon est un belvédère incomparable.

En descendant, nous traversâmes Pontevès, pauvre village aujourd'hui, grosse ville autrefois, et berceau de tous les Pontevès actuellement en cours. Du château, qui s'élevait sur une terrasse de rocs commandant toute la vallée, il ne reste que quelques tours, sans aucun intérêt, mais qui meublent bien le paysage et y font ce qu'on appelait au siècle dernier « une jolie fabrique ».

« Tous les *répoublicans*, je vous dis, sont des canailles!

— Et vous autres, sales *conservatours*, vous n'êtes qu'un tas de rien du tout!

— Oui, *conservatour* je suis! Je suis le défenseur du Grand Saint Marcel, je le défendrai toute ma vie ! Vous autres, *républicans*, c'est tous des fripouilles, oui, des fripouilles ! »

C'est dans ces termes amènes que s'interpellaient à pleine voix un notable de Barjols et le cocher de la voiture qui nous menait en excursion au Vallon Sourd.

Il faut dire que le Var est une chaudière où les passions politiques bouillonnent sans cesse et qu'elles menacent sans relâche de faire éclater. Mais la chaudière n'éclate jamais. Grâce à cet excellent esprit méridional qui fait que l'on vit familièrement les uns à côté des autres, au grand soleil, grâce à cette fraternité à la fois touchante et comique qui fait que personne ne s'étonne de voir un notaire s'en aller bras dessus bras dessous avec un portefaix, toutes ces grandes disputes n'ont pas d'autre effet que de fournir un échappement à ce besoin de pérorer, de crier, de se griser de paroles, qu'éprouve tout Provençal. Dans le Midi, personne n'est modéré. On est ou clérical forcené, ou radical féroce. A Barjols ceci se complique de la question du Grand Saint Marcel, le patron de la ville, une affreuse statue qu'on promène en grande pompe les jours de grande fête. Saint Marcel est un fétiche, un palladium, auquel les *conservatours* défendent que l'on touche. Comme le disait notre cocher : « Qu'on dise tout ce qu'on voudra de mon père, de ma mère, de ma femme et de moi ; mais qu'on ne touche pas au

Bords de l'Argens, dans le Vallon Sourd (page 230).

Grand Saint Marcel. » Naturellement les *répoublicans*, connaissant l'endroit sensible, ne se font pas faute d'accabler le Grand Saint Marcel d'impitoyables brocards. La guerre n'est pas près de finir.

Le plus heureux de tout cela, c'est qu'après un trajet enchanteur dans un val resserré entre des rochers de grès aux formes imprévues et extraordinaires, nous nous trouvions, le notable *répoublican*, le cocher *conservatour*, et nous, qui en fait de politique sommes principalement bicyclettistes, en train de faire une épique partie de boules au bord de la plus gracieuse rivière qui soit, l'Argens, gracieuse par son nom et par les rochers et les frissonnantes verdures qui bordent son cours.

Cependant que nous éblouissions les autochtones par notre habileté dans leur jeu national, sous un pan de rocher un déjeuner succulent s'improvisait. La bonne Mme Roumey, la dryade de ces bois, découpait des *pommes d'amour* pour l'inévitable omelette, plumait des poulets, pêchait une bouillabaisse dans son vivier, et bientôt après notre troupe joyeuse faisait sur un banc rustique un festin qui aujourd'hui encore me met l'eau à la bouche.

La bouillabaisse adoucit les mœurs. Après ce rustique repas, *conservatour*, *répoublican* et nous-mêmes, nous entonnâmes à qui mieux mieux

Falaises du Vallon Sourd (page 230).

l'hymne au *Grand Sant Macèou, patroun dé Barjoou :*

> Grand Sant Maçéou, ô patroun vénérablé,
> Deis Barjourens qu'ounourouns lou pays,
> Van l'imploura qu'an va grounda l'oouragé
> Ou qu'un malaou ès à l'in-extremis.
>
> L'envoucation es ben facilo à faïrè :
> Laïssoun parla leïs couars qué l'aïmoun tant
> Et leïs souffrants soun soulagea, pécaïré !
> Sé an l'amour et la fès oou grand Sant.
>
> Deïs Barjourens lou millour interprèto
> Oouprès dé Diou, es lou Sant rénouma ;
> Ooussi chascun, quand approcho sa festo,
> Tout plen d'ardour es hérous de canta (1)
>
> > Lou béou grand Sant Maçéou,
> > Leïs tripétos, leïs tripétos,
> > Lou béou grand Sant Maçéou
> > Leïs tripétos vendran leou.
>
> > Et raou plaou, plaou
> > Raou plaou, plaino (*bis*),
> > Raou plaou, plaou
> > Raou plaou, plaino,
> > Raou plaou, plaou ; plaou plaou.

Du Vallon Sourd, une fort belle route, ensoleillée à outrance, mène à Correns. De là, on voit

---

(1) Ces trois strophes sont de M. C. Gabriel de Barjols. Les deux derniers couplets de cette chanson naïve, qui donne une parfaite idée de l'idiome de Barjols, se chantent à l'église le jour de la fête de saint Marcel, au milieu de l'enthousiasme délirant de la population.

Une rue à Correns (page 234).

à merveille les escarpements du Gros-Besseillon. Correns est une bourgade qui nous parut très grillée du soleil, mais où l'eau coule en rivières au beau milieu des rues, et où les maisons, hautes et nues, sentent encore la conquête arabe.

Au retour, nous passâmes par Châteauvert, tout petit village au pied de grands rochers qui disparaissent sous les taillis touffus. Tout en haut sont les ruines d'un château fort, véritable nid d'aigle où il ne devait pas faire bon quand le vent soufflait.

※

Une autre fois, nous allâmes visiter la cascade de Sillans.

Trouver dans une Arabie pétrée comme celle que nous fréquentions une oasis de verdure, un charmant lac en miniature où tombe en pluie de perles une cascade de plus de 50 mètres de haut, n'est pas chose à dédaigner. C'est le torrent la Bresque qui vient se jeter ainsi par deux belles chutes, minces et longues, et flottantes comme un voile de mariée, dans un abîme de feuillages.

Une autre de nos courses fut d'aller jusqu'à Meyrargues, une quarantaine de kilomètres. Ce n'est, de Barjols à Meyrargues, qu'une succession de petits tableaux charmants. Là il ne faut pas s'attendre à trouver beaucoup de verdure. Tout est sec, blanc, poudreux, mais tout est si bien arrangé pour attirer l'attention et la retenir qu'on est enchanté de son voyage. C'est d'abord Varages, sur un rocher bleuâtre coupé à pic, percé de cavités naturelles, troué comme une monstrueuse éponge ; c'est Rians, sur sa hauteur pelée, dont l'église a un cachet très espagnol ; c'est Jouques, un village préhistorique célèbre dans l'histoire des races celtiques ; les artistes y aimeront surtout à voir les ruines du château des Évêques, des terrasses, des successions grandioses d'escaliers extérieurs, des balustrades en pierre très moisies, des vases portés par des pilastres branlants, toute une splendeur et toute une décadence ; enfin c'est Meyrargues, ouvrant l'immense plaine rissolée où l'on devine Aix et au bout de laquelle est Marseille.

Nous eûmes même, pour comble de bonheur, la satisfaction d'assister à un de ces formidables orages comme on n'en voit que dans le Midi. Tonnerres incessants, cataractes célestes ouvertes à inépuisables éclusées, c'était à se demander si cela finirait jamais. Notre joie de dilettante était toutefois un peu troublée par l'idée que le départ était fixé au lendemain.

Amiel, le garçon de ferme, ne put réprimer un sourire quand nous lui intimâmes l'ordre d'avoir à nous réveiller à quatre heures du matin.

CHAPITRE XVIII

COTIGNAC — LA GARDE-FREINET

Pluie et beau temps. — Cotignac et son rocher. — Le Luc. — Histoire d'un gobelet de cuir. — Les monts des Maures. — La Garde-Freinet. — Un Cochinchinois de Dunkerque. — Le vent.

« Moussu Bertot ! Moussu Bertot ! »

C'est la voix d'Amiel, qui, fidèle à la consigne, crie la diane sous mes fenêtres dès le petit jour.

A peine ai-je ouvert mes volets que je suis aveuglé par des torrents d'eau. Les silhouettes familières des Besseillons, que je salue chaque matin, les tours de Pontevès, les mûriers, les vignes, les oliviers, tout disparaît dans la trombe.

« Bou Diou ! Moussu Bertot ! Vous ne comptez pas partir d'un temps pareil ? »

Cela paraît difficile, en effet. Je vais tenir conseil avec Hippocrate jeune. Conseil fort court, d'ailleurs, car à peine lui ai-je décliné le bulletin météorologique du jour que ce sybarite s'enfonce sous ses couvertures et ne répond plus à mes questions que par d'éloquents ronflements.

Ce premier point ainsi réglé, je descends voir un peu ce que promet le baromètre. Il est au beau fixe !

Amiel m'explique que dans ce bienheureux pays rien ne se passe comme ailleurs. Les éléments, comme les tempéraments, y sont extrêmes et exagérés. Les petites pluies y sont inconnues, et le soleil y a des ardeurs nonpareilles ; mais les changements y sont brusques et rapides, — et vienne à souffler le vent de mer, Moussu, toute cette eau va s'en aller. Couquin de sort ! ce ne serait pas long, et le baromètre n'a peut-être pas tort.

En effet, de larges déchirures se produisent dans les nuées blanches, et le ciel, ce ciel bleu, profond, divin, de la Provence, apparaît par ces échappées. Le vent de mer poursuit son œuvre bienfaisante. Les nuages lourds replient leurs humides draperies, dont il arrache et éparpille des lambeaux qui s'envolent vers la Sainte-Baume. Je commence à croire que nous partirons aujourd'hui. Voilà que le dieu Soleil, délivré de cet

épais manteau, envoie resplendissant ses rayons
sur les campagnes noyées. Tout fume, tout sèche,
les feuilles partout se redressent au contact de ces
ardents baisers. Allons, les routes seront bonnes !

Pendant le dîner, — on dîne à midi, — la terre
achève de s'égoutter, le ciel a repris son éclat
merveilleux. Il n'y a pas de temps à perdre ; bou-
clons notre bagage, faisons de rapides adieux, et
en route pour la Méditerranée !

※

La route de Barjols à Cotignac traverse, à partir de Rognette, une contrée d'une solitude et
d'une désolation extraordinaires, déchirée de ravins sans eau et de brusques collines sans arbres.
Aucune verdure, aucune maisonnette ne vient
rompre l'impitoyable sévérité de cette scène.
Deux tours carrées, isolées, sarrasines, se
dressent sur le ciel, et tout à coup le sol finit
sous les pieds, on arrive à la grande descente de
Cotignac, dominée par une muraille noire de
rochers, suspendus en stalactites géantes au-
dessus de la petite ville. Ce mur à pic, de
80 mètres de hauteur, est percé d'une multitude
de trous, de grottes, de couloirs. Très longtemps
il a servi d'habitation en même temps que de
forteresse aux Arabes maîtres du pays. Nous
grimpons dans ce dédale, découvrant par moments, encadrées dans quelque irrégulière fenêtre,

Châteauvert, dans le Vallon Sourd (page 234).

d'immenses étendues de pays. A force d'errer de salle en salle, d'escalier en escalier, on arrive au sommet du plateau et l'on s'aperçoit que par ce labyrinthe la base du rocher communiquait avec la forteresse construite au sommet, et dont il reste encore les deux grosses tours carrées que nous avons vues. Des éboulements ont obstrué des passages, des escaliers ont disparu, des voûtes de tuf se sont fendues, et l'exploration de cette cité bizarre, vraie fourmilière humaine, ne va pas sans quelque gymnastique et beaucoup de poussière. Mais elle est fort intéressante. Les Arabes ont toujours attribué à l'eau une importance considérable : aussi trouve-t-on, dans les replis les plus cachés de ces grottes, des citernes ingénieusement disposées pour emmagasiner les infiltrations du rocher.

Grottes à Arcy, grottes à Hautecour, grottes à Sassenage, à Cotignac! Hippocrate jeune prétend que nous sommes engagés dans une voie caverneuse et que nous faisons un voyage *grottesque*, et, pour se consoler, ayant appris que l'industrie de Cotignac est la fabrication des chapeaux de feutre, se fait indiquer la fabrique et va s'en commander un, tout ce qui se fait de mieux.

Cette fantaisie ne devait pas avoir pour lui un bien grand succès. Lorsqu'il reçut plus tard, à Paris, le chapeau commandé, il se trouva qu'il était si large de bords, si triomphant de forme, si brigand d'aspect, si provençal en un mot, qu'il n'a jamais osé le mettre. Et le pire, c'est que le feutre en est excellent, inusable, luxueux. Et voilà mon pauvre ami condamné à se travestir perpétuellement, lorsqu'il ira au bal masqué, en bandit corse ou en Calabrais.

☉

Cotignac est très espagnol, pittoresquement parlant. De l'époque mauresque, les gens ont gardé les beaux platanes qui ombragent de larges avenues; ils ont gardé les petites rues étroites, sombres, raides, pavées, comme à Cordoue, de galets ronds, bordées de maisons à rares fenêtres grillagées, comme si le harem était derrière ; les *azulejos*, carreaux de faïence où le bleu domine, et dont s'ornent les façades des magasins; et des eaux, des eaux claires, limpides, courant partout.

Mais combien plus pittoresque il devait être, il y a cinq ou six siècles seulement, avec sa population musulmane, logée dans le sinistre roc noir aux mille trous; lorsque la forteresse dressait tout en haut les créneaux de ses murailles et ses tours où scintillait le croissant et flottait l'étendard du Prophète; lorsque les femmes, drapées dans leurs haïks et leurs féredjés, descendaient les longs escaliers des terrasses ou prenaient l'air, accoudées à quelqu'une des fenêtres naturelles!

C'était le beau temps. Le nôtre est tout aux chapeaux de feutre.

※

En quittant Cotignac, on prend une très jolie route, fort agréable pour vélocer, qui conduit à Carcès, un gros bourg accroché aux flancs d'une colline rocheuse, et qui fait un merveilleux effet, avec ses toits plats en tuiles rousses, ses vieilles maisons couleur croûte de pain et ses ruines sarrasines. Un petit torrent coule à ses pieds et s'étale en cascades blanches au milieu des pierrailles. Sous les platanes, toute la population mord à belles dents à même les tranches de *miélouns*, ces fruits sans rivaux avec lesquels, dit le proverbe, on fait trois choses utiles en même temps : on boit, on mange et on se lave la figure!

Carcès dépassé, nous voici dans le magnifique vallon où la rivière l'Issole coule dans des défilés de rochers rouges comme du sang. O peintres du gris et des brumes, artistes décolorés et anémiques, Carrière, Raffaëlli, et vous, surtout, grand Puvis, arrivez, oyez l'éclatante fanfare que sonne ici la nature, voyez ces débauches de couleurs, ces orgies de rouge, ces profusions d'ombres bleues plus claires que le reste, ces crudités de langage; ici pas de vos finesses de convention, de vos tons distingués et faux ; c'est violent, tranché, heurté, brutal, contraire à la saine phi-

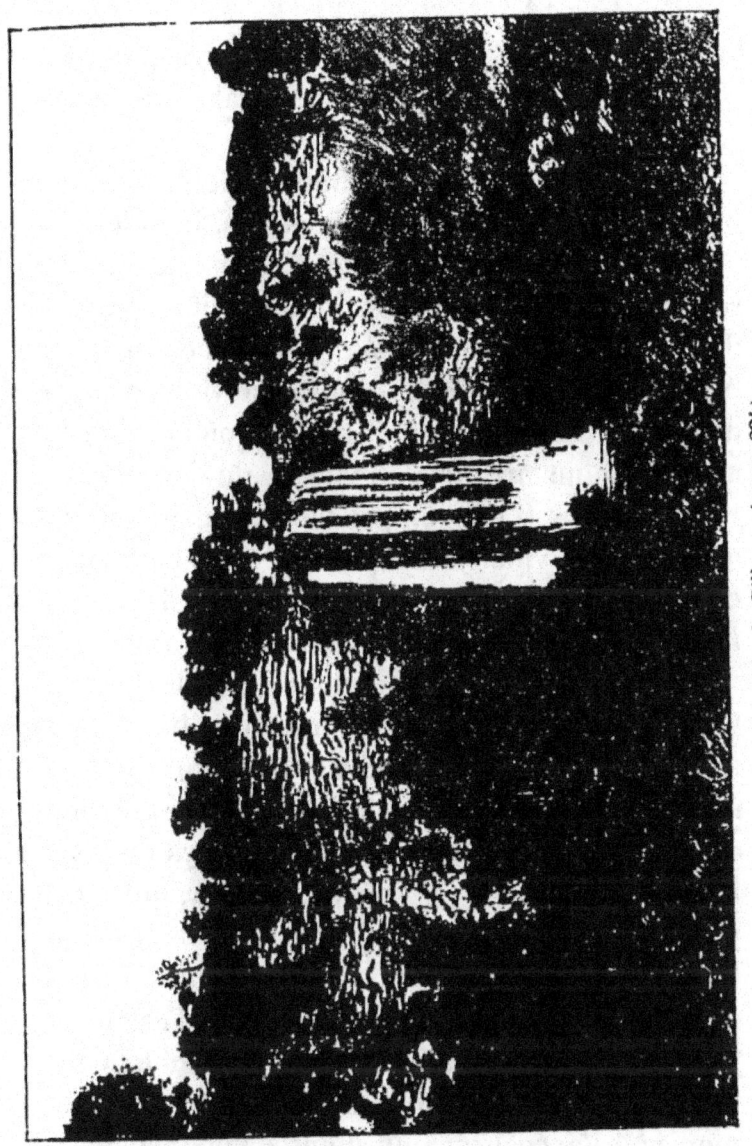

Cascade de Sillans (page 234).

losophie de l'art, et pourtant c'est harmonieux, c'est beau, et cela s'imprime ineffaçablement dans l'âme.

Quoi qu'il en soit de la philosophie de l'art, au pied de ces escarpements sanglants, le soleil n'a pas pu encore effacer toutes traces de l'orage récent. Un lac artificiel s'est fait son lit en travers de la route, et ce n'est pas sans peine que nous traversons cet obstacle, bientôt suivi d'un autre de même nature. Enfin, tantôt roulant, tantôt nageant, nous arrivons au village de Cabasse, et, 10 kilomètres plus loin, à la charmante et coquette petite ville du Luc. Nous retrouvons là la civilisation sous la forme du chemin de fer de Fréjus, la grande ligne de Marseille en Italie.

Nous y trouvons aussi de bien séduisantes fontaines, dont les potables diamants, bien supérieurs à l'or potable des alchimistes, nous tentent surabondamment. C'est alors que l'idée me vient de m'enquérir si quelqu'un dans le pays ne pourrait pas me vendre un gobelet de cuir, qui serait pour nous d'une inestimable valeur en ces contrées de soleil et de sources. Après d'infructueuses recherches chez le bourrelier, chez l'armurier, je trouve mon gobelet, le seul du pays, chez l'horloger. L'horloger d'ailleurs est absent. De quoi mon ami l'excuse en affirmant qu'un artiste de cette profession sans cesse sort et ressort, et qu'on ne peut le saisir, étant à échappement.

Entre le Luc et les monts des Maures s'étend une vaste plaine toute couverte d'oliviers et de pins, et sillonnée d'une foule de petits torrents, qu'on passe sur des ponts en dos d'âne. Les Maures alignent devant nous leurs cimes et leurs pentes couvertes de forêts, remparts infranchissables au milieu desquels l'œil cherche en vain où peut bien se trouver le passage. Nous croisons deux ou trois bicyclistes que, polis, nous saluons de la voix et du geste, et qui, impolis, filent sans nous répondre. Assurément ils sont étrangers à ce pays, et Anglais probablement.

Cependant notre route s'insinue entre deux ondulations de la plaine et ne tarde pas à se glisser au milieu des montagnes. Voici une belle montée qui s'annonce. De 100 mètres, au niveau de la plaine du Luc, nous allons nous élever à plus de 500. Aussi mettons-nous bientôt pied à terre. De nouveau nous devenons montagnards. Mais ces montagnes-ci diffèrent beaucoup de celles que nous avons déjà parcourues. Du schiste, du granit, des gneiss, des basaltes remplacent les calcaires que nous venons de quitter à Varages, à Cotignac, au Vallon Sourd. Par une conséquence toute naturelle, nous sommes maintenant au milieu d'une végétation sensiblement autre. Ce sont des châtaigniers aux puissantes racines, des pins d'Alep aux sombres parasols, et, dans les défilés, les chênes-liège, dont les

14.

branches dépouillées tendent des bras saignants au milieu des fourrés. Les lauriers roses descendent vers les torrents et le fond des ravins; les myrtes, les lentisques envahissent tout, et, cramponnés aux rochers tout rouges, des aloès, des agavés épanouissent leurs panoplies de sabres et de scies bleuâtres, d'un bleu d'acier. Par moments, un palmier dresse son élégante aigrette.

Où sommes-nous? En Afrique? Non, en Syrie plutôt, en Arabie, en Palestine, au Liban, et involontairement nous cherchons des cèdres. Comme notre route passe, suspendue en corniche sur les pentes d'une gorge escarpée, au loin, dans les horizons nets et lilas, le soleil descend, entouré de longues bandes de nuages cuivrés brodés d'un or étincelant; tout s'incendie de reflets de pourpre, tout s'ensanglante, rocs, chênes et nous-mêmes, et il semble qu'une solennelle horreur plane sur cette silencieuse splendeur.

Notre programme porte que nous coucherons ce soir à Grimaud. Mais les programmes des touristes, comme ceux des hommes politiques, sont faits pour être violés. Aussi, comme la nuit vient, que la route est infiniment moins bonne pour la bicyclette que tout à l'heure, dans les rares endroits où la pente est assez modeste pour permettre de pédaler, nous nous arrêterons à la Garde-Freinet, que voici à notre droite, amas rouge de maisons jetées comme par caprice sur une terrasse gigantesque en apparence inaccessible. Aussi bien la Garde-Freinet est-elle un point remarquable dans ce remarquable pays. Au neuvième siècle les Maures s'emparèrent de cette position formidable, qui commande le seul passage traversant le massif des Maures, qui le barre même, pour ainsi dire. Aussitôt, tous les châtelains des environs abandonnèrent au plus vite leurs forteresses, tant le nom seul des Sarrasins inspirait de terreur. Les infidèles s'y établirent à leur place et devinrent maîtres incontestés de toutes les montagnes. C'est de là qu'ils s'élançaient pour des expéditions maritimes qui rendirent longtemps si dangereuses les côtes de la Méditerranée. La Garde-Fraxinet, comme on disait alors, était un si célèbre et si redouté repaire que partout où les Maures élevaient une forteresse, on l'appelait la Garde : la Garde-Adhémar, la Gardette, etc.

Il fallut des siècles pour chasser les mécréants de leurs tanières. La Garde-Freinet résista longtemps, et, comme elle était le nœud de la situation, c'est seulement lorsqu'elle tomba que les Maures furent sérieusement réduits à l'impuissance. On prétend, et la chose n'est pas invraisemblable, qu'une petite colonie tint bon, dans les forêts presque inaccessibles derrière la Garde-Freinet, et que sous Louis XIII il y en avait encore.

Les filles de ce village ont une réputation de beauté proverbiale dans la Provence, où pourtant il y en a tant de jolies. Et le fait est que celles qui venaient en bandes joyeuses remplir leurs cruches à la fontaine de la place étaient vraiment d'admirables Mauresques et les filles, certes, des hardis pirates qui écumèrent jadis la vaste mer.

Nous feignîmes, naturellement, une soif inextinguible, afin de contempler plus longtemps ces ravissantes créatures. Si elles étaient pour nous un spectacle dont nous ne pouvions nous lasser, nous en étions aussi un fort curieux pour elles, et apparemment fort comique, à en juger par les rires et les babils qui s'échangeaient à notre sujet. Malheureusement nous n'en comprenions pas un mot, et la réplique n'était pas possible. C'est à regret que nous quittâmes la fontaine, et nous avons vraiment bu quelques coups de trop ce soir-là.

☙

« Ma foi, messieurs, la première fois que le capitaine me dit : — Sergent, prenez douze hommes avec vous, emmenez-moi ces six gaillards-là

Au bas de la cascade de Sillans (page 284).

et faites-les fusiller derrière les paillottes, là-bas, — je vous assure que ça me donna un rude coup. C'étaient des malheureux malingres, tout jaunes de peau, avec des petits yeux bridés, pas méchants. Des détachements faisaient toute la semaine des tournées dans le pays, un satané pays fièrement humide, tout plein de petits canaux, qu'ils appellent des *arroyos*. On arrêtait par-ci par-là tout ce qu'on rencontrait. On amenait ça au quartier ; l'interprète — c'était une vieille brute de Chinois qui ne savait pas un mot de cochinchinois et encore moins de français — faisait semblant de les interroger ; et puis on les fusillait. Tous les samedis, c'était réglé. »

C'était notre hôte de la Garde-Freinet, le meilleur homme et le plus digne aubergiste du monde, avec qui nous causions, les coudes sur la table. La bonne Mme Sola venait de nous improviser un dîner avec des œufs, des côtelettes et des pommes d'amour, car il ne passe personne à la Garde-Freinet, c'est un lieu bien peu fréquenté, et deux voyageurs à la fois y font événement. Or il arrivait qu'en ce pays perdu nous trouvions dans le père Sola un ancien sergent d'infanterie de marine, ayant en cette qualité « longtemps parcouru le monde », comme on dit à l'Opéra-Comique, et dont la conversation, pittoresque et suggestive, nous intéressait vivement. Les petits sentent tout autant que les plus instruits et les

Cotignac (page 23)

plus prétentieux, ils pensent souvent aussi juste, parfois plus, ils sont plus humains, plus vrais, et, partant, racontent mieux. Notre ancien sergent était le type de ces modestes, dont l'ambition se borne à faire bien la besogne, à n'avoir pas de punitions et à devenir, une fois le service fini, d'honnêtes et bons citoyens. Ce qui ne l'empêchait pas, ayant beaucoup vu, d'avoir beaucoup retenu.

« Et vous les fîtes fusiller tout de même, vos six prisonniers?

— Ah vaï! ceux-là, non. Arrivé près des paillottes, je dis au caporal : — Je ne suis pas bien, garçon; j'ai quelque chose dans le corps qui me travaille, — c'était vrai, qué! — il faut que je reste un instant là derrière. Tu commanderas le feu. — Compris, qu'il me dit, sergent; rien qu'à votre mine, je vois ce que vous avez; ça m'a fait ça, à moi aussi, les premiers temps. Ça va être fait dans cinq minutes. — Ah! elles me parurent longues, messieurs, les cinq minutes! Cinq siècles. Je me disais : Mais qu'est-ce qu'ils ont donc qu'ils ne tirent pas? Enfin j'entends le feu : Pan, pan, pan, pan, pan! Allons, que je me dis, ça y est. Je revins à mes hommes. En effet, ça y était.

— Drôle de façon de coloniser!

— Coloniser! Ah, bou Diou! Il faut avoir vu les choses de près comme nous autres pour voir comme nous **nous** y entendons. Un jour, je vois

Une rue de Cotignac (page 240).

des hommes de ma compagnie qui se préparaient à administrer à une femme du pays une raclée de vingt-cinq coups de bambou ; ordre du lieutenant, je crois. Je vais trouver, dans sa tente, le capitaine, qui avait beaucoup d'amitié pour moi, et je lui raconte la chose, un peu vivement, je suppose : — Mon capitaine, est-ce que vous permettrez à des soldats français de battre une femme ? Je ne sais pas ce qu'elle a fait ; mais, vrai, ça serait moins lâche de la fusiller ! — Le capitaine, qui était étendu dans son hamac, me répond : — Sola, mon ami, mêlez-vous de ce qui vous regarde, si vous ne voulez pas que je vous f...iche au bloc ! »

Et le brave père Sola, à ce souvenir, et à bien d'autres que nous lui fîmes raconter, avait les larmes aux yeux.

Tout cela gagnait encore à être dit dans cet expressif idiome provençal, si nerveux à la fois et si doux, avec cet accent méridional si abondant en notes riches et en exclamations naïves. Rarement nous avions entendu un aussi bel accent. Comme nous en faisions entre nous la remarque, notre hôte nous apprit qu'il était de Dunkerque ! Mon ami lui dit que lui était du Calvados. Alors, joie extrême ! Vé, un compatriote, presque un voisin ! Vite, fille, femme, amis, tout le village, d'être appelés pour être témoins du fait, et se réjouir de compagnie !

Sola avait rencontré un homme du Nord comme lui, un voisin !

Tout est relatif en ce monde.

Nos chambres sont d'une propreté hollandaise, d'une propreté que le patron a dû importer de Dunkerque. Mais voilà qu'à peine sommes-nous couchés, un vent s'élève, d'une violence inouïe. Il souffle avec une rage insensée contre la maison, qu'il semble près de déraciner du sol, il furibonde contre les tuiles, secoue les persiennes, siffle, hurle, gronde, menace en trombe, frappe en bélier, passe en rafales d'ouragan. Dans nos lits il nous semble être couchés en la cabine d'un paquebot sur une mer furieuse. Des rêves étranges où se mêlent les récits exotiques du soir et les ululements du vent nous réveillent plusieurs fois en sursaut.

Nous apprimes le lendemain que la Garde-Freinet est en proie toutes les nuits à ces tempêtes, vu sa position au milieu du couloir qui mène de la mer à la plaine. Il paraît même que cette nuit ce n'était rien du tout et que rarement on n'avait dormi si tranquilles au village.

CHAPITRE XIX

LA MER — HYÈRES — TOULON

Géologie et bicyclette. — La région de Cogolin. — Les chênes-liège. — Hyères. — Toulon. — Les quais de Toulon. — Les rues et l'arsenal. — Les cafés. — Docteur en droit ou bandagiste?

En quittant la Garde-Freinet, nous apercevons la mer au delà des montagnes. Elle n'est pas bleue, ainsi que mon ami s'attendait à la voir, ne connaissant la Méditerranée que par ouï-dire; mais, à cette heure où le soleil n'est pas encore levé, elle est d'un gris très fin, un peu doré, comme on la voit souvent dans les toiles de Claude Lorrain.

Nous la perdons de vue bientôt pour entamer, au milieu des défilés boisés, une descente d'importance. Nous descendons le versant opposé à celui que nous montâmes hier, et nous le descendons par des pentes très raides et très pittoresques, au milieu d'une végétation somptueuse. L'état seul de la route apporte une restriction à notre parfait contentement. Bonne pour les piétons, passable pour les voitures, elle est franchement mauvaise pour la bicyclette. Cela tient d'abord à un entretien par trop sommaire, ensuite et surtout à la nature des matériaux employés à cet entretien. Dans les pays calcaires, comme la Bourgogne, l'empierrement des routes est excellent, les éléments en sont cohérents, élastiques ; — dans les régions à silex c'est déjà moins bon ; on obtient, par l'écrasement, de la poussière ou de la boue, selon le temps, rarement de belles surfaces planes ; — et dans les pays de grès, de schistes, de granit, de toutes roches éruptives et très dures, on n'obtient rien du tout que des cailloux qui refusent de s'écraser, de rester en place, qui sautent de leurs alvéoles et s'éparpillent sur le chemin. Le piéton peut passer, le cheval aussi, mais la bicyclette en gémit.

Voilà ce qu'on pourrait appeler de la géologie considérée dans ses rapports avec la vélocipédie.

Comme nous approchons de Grimaud, le soleil se lève et nous envoie ses flèches d'or à travers les crevasses d'un château fort en ruine, d'une fière allure, campé sur une découpure de roc.

Nous traversons le bourg,

Où tout dort, et *Grimaud*, et les vents, et Neptune,

non sans remarquer de vieilles maisons d'architecture sarrasine, d'autres du moyen âge ou de style italien; toutes sont tournées vers la mer et, de la colline qu'elles recouvrent, jouissent de la vue charmante du golfe tranquille de Saint-Tropez et des montagnes de la Corniche.

De là, nous descendons dans la fertile plaine de Cogolin, qui semble continuer dans les terres le golfe. Élie de Beaumont, parlant de cette région, a dit : « Le bassin de Cogolin est, pour ainsi dire, à lui seul un pays complet, ayant ses montagnes primitives, ses masses plutoniques de serpentine, ses buttes volcaniques, son fleuve, — la rivière de Grimaud, — sa plaine d'alluvions. Séparé du reste de la Provence par les Maures, le bassin jouit d'un climat privilégié. C'est pour ainsi dire la Provence de la Provence, et les Arabes, qui, dans les dixième et onzième siècles, ont occupé ce canton, ont pu s'y croire en Afrique. »

Élie de Beaumont aurait pu même dire que, jusqu'en 1470, Saint-Tropez fut sans cesse disputé entre les Maures et les chrétiens. Ce n'est qu'à cette date que des Génois construisirent les tours

Défilé dans les Maures (page 245).
(D'après une photographie de M. H. Ferrand.)

qui protègent encore le port. Ainsi on jouait *Polyeucte* et *le Bourgeois gentilhomme*, que les Arabes étaient encore établis en France!

⊕

L'orage d'hier nous a retardés d'une demi-journée. Il faut donc nous borner à dire à Saint-Tropez, une des plus délicieuses villes et des moins fréquentées de ces côtes, un rapide bonjour, et, revenant à Cogolin, traverser une autre partie des Maures pour gagner Hyères. Disons tout de suite que jusqu'à Hyères nous roulerons sur une route toujours aussi mauvaise et caillouteuse, mais cependant accessible au vélo. Elle monte doucement en suivant la vallée de la Molle. Par ici, plus de ces paysages violents et éclatants que nous avions hier. Mais un joli bassin de prairies arrosées par une rivière riante et accorte; des montagnes gracieuses, couvertes de forêts de pins; et un véritable jardin au milieu duquel passe notre chemin, ombragé de pins maritimes, de grands chênes verts, bordé parfois de roseaux géants. Une véritable allée de parc. Des chênes-liège en quantité. Les écorceurs sont à l'œuvre. Ils découpent de longs carrés d'écorce qu'ils empilent régulièrement; on dirait des tuiles rangées les unes sur les autres. L'arbre alors montre des tronçons de branches d'un rouge vif qui brunit bientôt au contact de l'air. Cela fait peine de voir ces malheureux, qui semblent souffrir et saigner de cette opération barbare. La plaie, du reste, se cicatrise et l'épiderme repousse. Au bout de huit à dix ans, on recommence, et certains de ces arbres donnent dix, douze récoltes et plus. Le *Quercus suber* a la vie dure.

Cette traversée des montagnes, entre Cogolin et Hyères, est absolument déserte. Pendant près de dix lieues on ne rencontre pas un village, pas une maison, sauf deux ou trois cabanes d'écorceurs. Arrivée presque à la source de la Molle, la route prend une pente des plus accentuées. On monte à pied au milieu de beaux rochers aux couleurs ardentes, et tout à coup un décor radieux apparaît. C'est la mer, bleue maintenant, de ce bleu invraisemblable qui est presque noir, et, posées dessus comme des bijoux d'or sur un écrin, les îles d'Hyères, longues et minces, étincelantes au soleil : voici l'île du Levant, la petite île Bagneau, et, la touchant presque, derrière, l'île de Port-Cros, et la grande île de Porquerolles, et la presqu'île de Giens, et de petits îlots encore. La côte forme à ce fond un premier plan de verdure sombre, de ce vert brun particulier à la Provence. C'est bien cela, les aspects italiens de cette Méditerranée, et mon ami est servi à souhait ; il voit enfin la mer de Provence telle qu'il l'avait rêvée.

Descente de toute beauté à partir de là, qui

nous fait arriver à la vaste plaine des Salins. Hyères, au fond, s'étage pittoresquement sur une colline rousse. A gauche, dans la rade, de gros cuirassés sont mouillés, immobiles et majestueux. Le soleil verse sur nous des cascades de lumière et des chaleurs de fournaise ardente. Aussi n'est-ce pas sans surprise que nous apercevons des tas de neige soigneusement alignés. Quès aco? De la neige au mois d'août, sous un soleil pareil! Eh non, c'est du sel, et voici les vastes étangs tout blancs où on le fabrique. Ils n'ont rien d'artistique et leur plate étendue dépoétise et embourgeoise cet endroit-là.

✸

Hyères! Ville à jamais mémorable pour nous, par un déjeuner royal qu'on nous y sert à l'hôtel de Paris. Ville d'ailleurs sans grand intérêt, comme toutes celles que l'élément étranger envahit. Trop d'hôtels, trop de villas, trop de coiffeurs, de modistes et de loueurs de voitures ; trop d'enseignes en anglais. Heureusement la *season* n'est pas commencée. Les hôtels sont vides, les villas inhabitées, les modistes sont à Paris, et les loueurs font repeindre leurs voitures. Il n'y a que les coiffeurs qui coifferaient volontiers. La moitié des boutiques sont fermées, et nous sommes les seuls nobles étrangers actuellement en villégiature à Hyères. La gazette locale n'enregistrera pas notre arrivée, je le crains.

Pourtant il y a à Hyères, même pendant la saison, moins de solennité qu'à Aix, plus de laisser-aller, plus de gaité. Mais, si l'on veut trouver des coins intéressants, des scènes pittoresques, il faut monter dans la vieille ville qui, elle, a gardé toute sa saveur provençale. De branlantes habitations gothiques, une ancienne église transformée en ruche humaine où logent une foule de familles, l'antique église Saint-Paul, sorte de forteresse noire et redoutable, hérissée de contreforts et percée de meurtrières, des passages voûtés, des escaliers obscurs et contournés, réjouiront l'artiste. C'est toute une mine à explorer. Surtout l'esplanade qui forme terrasse devant l'église et un belvédère d'où la vue s'étend sur tous les environs, la mer, les îles, les montagnes et la plaine des Salins toute plantée d'oliviers, de figuiers et de pêchers.

※

Mais nous avons fort à faire aujourd'hui. Désireux d'arriver de bonne heure à Toulon, nous supprimons la halte réglementaire de l'après-midi. Passant devant les villas aux jardins remplis de dattiers superbes, nous nous dirigeons vers la mer. Nous traversons des vergers pleins de rosiers en fleur, des champs d'hortensias, des prairies d'œillets et de géraniums, qui ne sont pas là uniquement pour le plaisir des yeux.

La route suit la mer de tout près, et les belles vagues bleues viennent presque lécher nos pieds, ou plutôt nos roues. Nous trouvons que nos bicyclettes vont trop vite et nous arrachent avec trop de rapidité aux spectacles charmants dont nos yeux s'enivrent. Tantôt le chemin s'écarte de la côte pour passer entre des coteaux gracieux, tout remplis de villas aux grilles dorées, aux jardins embaumés, tantôt il se rapproche de la mer, dont nous voyons le bleu à travers les feuillages sombres, puis il s'éloigne encore. De hauts rochers apparaissent en face de nous, le Faron, le Coudon, portant des forts sur toutes leurs pointes, sur tous leurs plateaux, et formant une ceinture sévère et formidable à une ville qu'on ne voit pas encore, mais qu'on devine : Toulon.

Sitôt passés sous la poterne, nous courons au port. Il est vraiment magnifique, et le quai qui le longe, bordé de hautes maisons et de cafés des plus confortables, est une des plus belles promenades qui existent.

De là, on voit dans la rade que forme la presqu'île de Saint-Mandrier, les gros navires de guerre, on assiste à l'embarquement des escouades qui rentrent à bord, au débarquement des officiers qui viennent à terre, à la sortie des milliers d'ouvriers et de marins des arsenaux ; ce sont des bandes de matelots qui passent, bras dessus, bras dessous, l'air naïf et fort ; ce sont de graves commissaires à multiples galons qui confèrent, de gros registres sous le bras ; ce sont de petites bouquetières fort jolies, ma foi, qui circulent au milieu de la foule, offrant des fleurs, des allumettes, des oranges et des sourires. Et surtout des marins, des marins à foison. Toulon appartient aux marins ; c'est leur ville à eux ; l'armée de terre n'y compte guère, les civils n'y comptent pas du tout. Dans les petites rues droites et grouillantes de la ville, tout est pour le marin : merceries où il trouve à acheter tout un fourniment hétéroclite, depuis un couteau jusqu'à du papier à lettre, depuis des miroirs jusqu'à des livres de chansons ; cafés abominables, vrais trous infects où il s'entassera avec les camarades à boire et à chanter toute une nuit et dont il sortira ivre et sans argent ; restaurants où il pourra dîner princièrement pour quinze sous ; chapeliers qui ne mettent en montre que chapeaux cirés, bonnets de laine, galons et aiguillettes dorées ; marchands de tabac où la carotte règne en souveraine ; tout cela est pour lui. Il est le maître ici, et cette prédominance de la marine de guerre et des *marsouins* donne à la ville un cachet particulier.

Ce cachet, il ne faudrait pas le demander à ses monuments. Toulon ne date guère que de Henri IV et sa fortune que de Louis XIV. Il y a donc peu à

visiter à ce point de vue. Seules les cariatides de
Puget à l'Hôtel de Ville sont dignes de l'attention
de l'artiste. Quant aux arsenaux, ici comme ailleurs,
c'est le plus souvent du temps perdu que de les
visiter. Horribles à l'extérieur, leur visite ne peut
réellement intéresser que les gens du métier. A
l'égard des corderies, forges, cales couvertes,
tôleries, magasins, parcs, armureries, limeries,
bassins de radoub, chaudronneries, fonderies,
bassins de carénages, magasins d'artifices, de
subsistances et autres, m'est avis qu'on en sait
aussi long en lisant leurs beautés dans un guide,
au coin de son feu, qu'en les visitant sans y rien
comprendre.

Ajouterai-je que depuis longtemps il n'y a plus
à Toulon ni bagne ni forçats?

⁂

S'il n'y a pas beaucoup de monuments, en
revanche les cafés sont nombreux, grands,
luxueux, largement ouverts sur le trottoir. Le soir
nous parcourons la belle avenue où sont les plus
monumentaux. Ils regorgent de militaires et de
marins, de tous grades. Sur des estrades on ouït
des Italiennes faméliques qui chatouillent des
mandolines ou vinaigrent des violons; ou bien des
Hongroises authentiques, avec des jupes de can-
tinières, des vestes de Carmens et des bonnets
polonais, lesquelles férulent des tympanons ou

scient des violoncelles. On applaudit, fort, d'autant plus fort qu'il est plus tard et que les libations ont été plus nombreuses. Les airs patriotiques, les inepties de café-concert provoquent des enthousiasmes et sont repris en chœur.

Hippocrate jeune gémit. Cette musique, assurément inférieure, le navre. Il demande comme une grâce de rentrer à l'hôtel.

Mais là un autre navrement l'attendait. Il paraît qu'il s'y était fait adresser des lettres, et que la patronne, par erreur, les a renvoyées à un de ses clients habituels, qui porte le même nom et qui est bandagiste. Mon déplorable compagnon se consolerait assez de la perte de ses lettres. Mais ce qui le vexe, c'est qu'on l'ait pris pour un bandagiste, après l'avoir pris pour un docteur en droit.

Où l'amour-propre va-t-il se nicher ?

CHAPITRE XX

LA MER — LA CIOTAT — MARSEILLE

La rade de Toulon. — Saint-Nazaire. — Bandol. — Ce que doit boire un bicycliste. — Un joli ménage. — La Ciotat. — Séparation. — Cassis. — Marseille. — Promenade en mer. — Un bain s. v. p.

Il n'est pas facile de sortir de Toulon, pour aller à la Seyne. Longtemps on tourne dans un labyrinthe de murs rébarbatifs, qui sont ceux de l'arsenal, percés de meurtrières, hérissés de canons, gazonnés en arrière pour arrêter les obus. Tout cela est fort bien combiné sans doute; redans, fossés, banquettes, bermes, contrescarpes, bastions, avec *places d'armes rentrantes* et *places d'armes saillantes*, rien n'y manque, et nous pourrions, si le cœur nous en disait, faire un cours complet de fortification. C'est que Toulon est une des villes les plus fortifiées qui existent; ses défenses immédiates sont savamment combinées et multipliées à profusion, et, de plus, des forts détachés la protègent de toutes parts. Voici devant nous l'énorme fort Malbousquet et, sur sa colline isolée, la forteresse de Six-Fours, très pittoresque avec ses mille arcades, ses murs de soutènement et sa fière carrure.

Mais nous négligeons les forts pour regarder surtout la rade. Le jour vient à peine de naître, et sur le miroir calme de ce grand lac d'argent s'élèvent silencieuses de fines brumes d'un gris transparent. Le grand coloriste, l'impitoyable illuminateur, le soleil, n'est pas encore levé, et la nature prépare la symphonie triomphale qu'elle va sonner, par un prélude d'une douceur infinie. Tout se fond dans des tons argentés, et Toulon, et les navires en foule, gravement immobiles à l'ancre, et, là-bas, dans les chantiers de la Seyne, les enchevêtrements de charpentes des cuirassés en construction. Tout à l'heure le soleil va paraître derrière ces grillages étranges et nous fera penser au vaisseau-squelette qu'aperçut le vieux marin de la ballade fantastique :

> When that strange shape drove suddenly
>   Betwist us and the sun.
> And straight the sun was flecked with bars,
> As if through a dungeon gate he peered,
>   With broad and burning face.

(Quand cette chose étrange dériva soudain entre nous et le soleil, et que ses barreaux se découpèrent droit devant le soleil, son grand disque brûlant sembla nous regarder comme à travers les grilles d'une prison) (1).

Des coups de canon, sourds, arrivent de la Grande Rade, en glissant sur l'eau. C'est le réveil à bord des bâtiments de l'État.

Nous traversons la Seyne, une ville industrielle pleine de boues noires et de cabarets, et, coupant la presqu'île du cap Sicié au milieu de montagnes couvertes d'oliviers, nous voyons bientôt s'arrondir devant nous la baie délicieuse de Saint-Nazaire. Le soleil matinal éclaire de ses lueurs rosées la jolie petite ville allongée au bord de son golfe, qui a l'air d'un lac, où elle mire ses maisons blanches à terrasses, la flèche de son église et la grosse tour carrée de son vieux château. La pointe Nègre allonge ses rochers bruns que la vague vient lécher doucement, et de petits îlots, les Embiez, le Grand-Rouveau, se détachent en noir sur la mer, devenue d'un bleu intense.

La place publique, à Saint-Nazaire, c'est le petit port où s'amarrent une centaine de barques, peintes de couleurs vives et pavoisées de ces voiles rouges qui font si bien en mer.

✣

---

(1) Coleridge, *The rime of the ancient Mariner*, 1798.

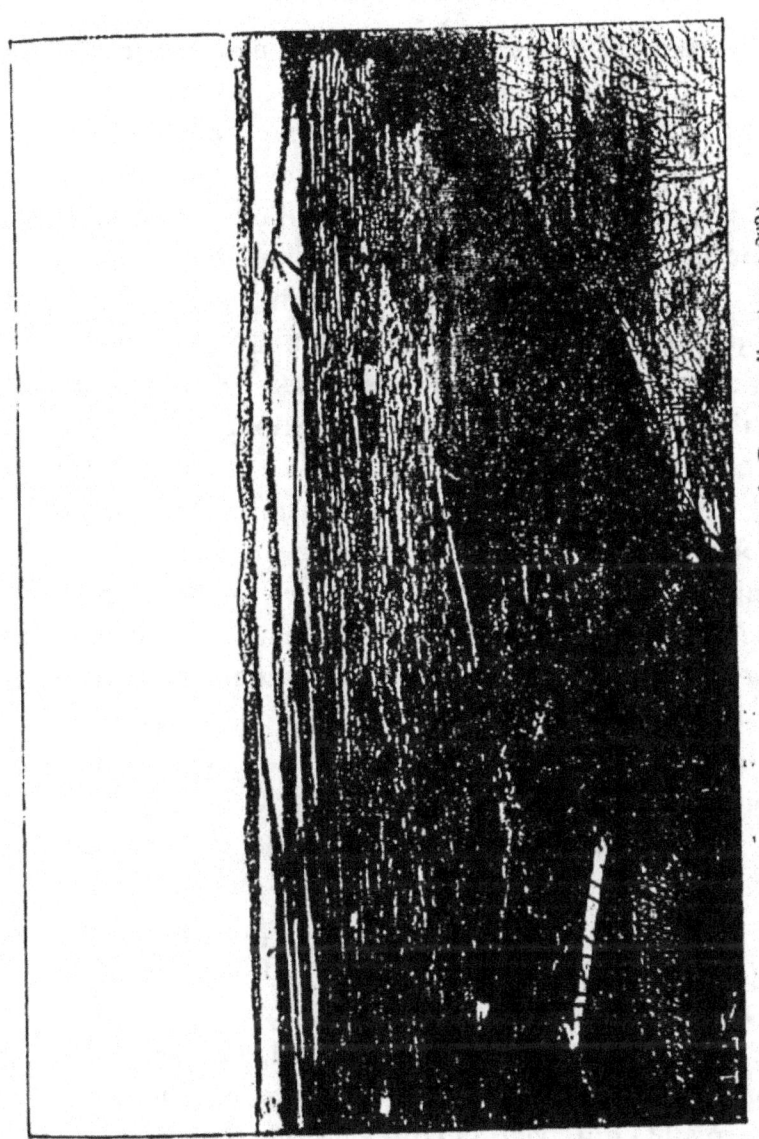

Les vieux salins d'Hyères. Au fond, l'île de Porquerolles (page 263).
(D'après une photographie de M. James Jackson.)

Nous n'avons pas quitté Saint-Nazaire depuis une demi-heure, coupant le promontoire de la Cride, que nous apercevons une nouvelle baie, aussi gracieusement arrondie, celle de Bandol. Dans celle-ci, le village, au lieu d'être étendu au fond du golfe, s'est étagé sur une des pointes rocheuses. Le pittoresque y gagne, et, si Saint-Nazaire nous avait séduits, Bandol nous séduit plus encore. Il semble que c'est là, après les misères de la vie, après les petitesses, les trahisons, les chagrins dont est faite l'existence, c'est là qu'on aimerait à venir passer ses derniers jours en intime communion avec une nature qui, elle au moins, ne sera pas bête et méchante, qui sera douce au pauvre vieux meurtri des cahots de la route ; il semble qu'en descendant le dernier versant de la vie, c'est ce spectacle calme et consolateur qu'on aimerait à caresser de ses derniers regards.

Hélas ! Juifs errants de la pédale, il ne s'agit pas pour nous de rester à Bandol. Qui sait même si nous accepterions ce destin tranquille et serein? Nous sommes à l'âge où l'on n'a pas épuisé la coupe des épreuves.

Une déjà qui nous attend, c'est, au sortir des palmiers et des fontaines de Bandol, un soleil effroyable qui grille la côte où nous montons lentement, rôtit les rocs environnants, fait flamber la route blanche et nous réverbère de tous côtés des bouffées de brasier. Nous fondons littéralement, nous nous évaporons, et, partis blancs de Toulon, nous arriverons nègres à Marseille. Hippocrate jeune exulte et échafaude toute une théorie, d'où il résulte que nos pores auront acquis en ce voyage une élasticité inconnue jusqu'ici. Il affirme que l'homme a tort de ne pas se livrer davantage à l'éducation des pores…

Je ne l'écoute pas, uniquement occupé à regarder, par d'admirables échappées, la ligne bleue de la mer à travers les rocs et les pins ; autant de tableaux tout composés, où nul détail n'est à changer ou à inventer, et qui se renouvellent à chaque instant, toujours différents, toujours ravissants. Nous contournons un énorme rocher, très bien nommé la Frégate, car il a toute la silhouette d'un navire monstre dont l'éperon entrerait fièrement dans les terres. A droite dévalent des champs de safran et d'immortelles, d'où monte une odeur nauséabonde : on les engraisse avec des algues, et le soleil, en les décomposant, nous envoie à la face des effluves qui ne rappellent en rien la bouillabaisse, fin dernière des safrans.

Le système des compensations est surtout applicable à la bicyclette. Cette rude montée nous présageait une belle descente. La voici, dans la magnifique baie de la Ciotat, où nous nous jetons avec enthousiasme.

Et la route? Ah, la route, n'en parlons pas; on peut y rouler, c'est le principal. Vous ne voudriez pas, en face de paysages royaux comme ceux-ci, avoir aussi les pistes idéales' des environs d'Auxerre.

Nous passons d'abord au village de Saint-Cyr. Sur la place est installé, à l'ombre de beaux vieux arbres et à une petite table de café, un couple composé d'un assez vilain homme et d'une grosse femme rubiconde, qui sirotent des absinthes réitérées, entourés d'un régiment de fioles diversicolores, étiquetées Amer, Apéritif, Byrrh, Curaçao, Vermout. La vue de ces flacons nous suggère immédiatement l'idée de limonade. Il faut vous dire que la limonade est la seule boisson que nous nous permettions en cours de route. Le café excite et est suivi de réaction déprimante; l'alcool coupe les jambes, même à dose infinitésimale, on ne saurait trop le répéter; le vin tape à la tête et ne désaltère point; la bière est le plus souvent un horrible mélange d'alcool et de salol, à jeter dans la fange. La limonade rafraîchit sans nuire aucunement à la marche.

Trompés par l'étalage de cet arc-en-ciel de bouteilles, nous croyons que ces deux dignes époux sont les patrons du débit, en train de déguster leur fonds, et nous leur demandons de nous faire apporter de la limonade. A une demande aussi incongrue l'homme nous dévisage d'un air féroce, et la femme, d'indignation, se verse un demi-verre d'absinthe pure qu'elle ingurgite incontinent. Ces gens apparemment n'aiment pas la limonade. Ils ne sont d'ailleurs que clients de l'établissement, et même de fameux clients. Un petit bonhomme arrive enfin, que nous stupéfions beaucoup en lui commandant, avec la limonade, deux grands pains. Ils viennent pourtant, chauds, excellents, sortant du four, excellent apéritif pour le déjeuner que nous ferons tout à l'heure à la Ciotat, et bien préférables à toutes les absinthes du monde.

De Saint-Cyr à la Ciotat, 10 kilomètres en longeant la mer. Partout de beaux rochers bruns en strates horizontales, des bouquets de pins. C'est là que les Massaliotes avaient bâti la grande ville de Tauroentum, que détruisit César, — Tauroentum avait pris le parti de Pompée, — et dont les ruines sont enfouies dans le sable. A côté de la Ciotat, nous apercevons les rochers grandioses que domine le pic recourbé du Bec de l'Aigle. Tous les navires qui font route le long de cette côte ne manquent jamais de venir reconnaître ce point de repère caractéristique. Ces rocs sont des calcaires néocomiens (on donne ce nom au premier des étages crétacés), dont les formes sont toujours escarpées et tourmentées ; le jurassique, qui constitue la région dont nous sortons et précède le crétacé, est de formes plus adoucies et moins brusques.

Nous arrivons ruisselants à la Ciotat, et, pendant que mon ami va demander aux baisers d'Amphitrite de la fraîcheur et des forces, je visite cette ville, notable non pas tant par sa population, qui n'est que de dix mille âmes environ, que par les ateliers de construction de navires et de réparation que la Compagnie des Forges et Chantiers y a installés. Sans qu'il soit besoin de les visiter, on peut se rendre compte de leur importance par les coques immenses qu'on voit rangées dans leurs parcs, par les transatlantiques qui encombrent le port de leurs lourdes masses. La ville elle-même, qui entoure le bassin, est gaie, pleine de vie et de couleur. Dans les petites rues grouille, à la sortie des ateliers, une foule exubérante et babillarde, très animée et très drôle. Aux fenêtres, aux devantures, flottent des rideaux à larges raies rouges ou bleues. Nous déjeunons sur le port, et nous jouissons délicieusement, en goûtant l'excellent vin blanc de Cassis, de cette vie lumineuse.

✵

Encore une fois le règlement est violé. Dans notre impatience de voir Marseille, nous partons aussitôt après le déjeuner. Nous entrons dans de magnifiques gorges boisées, bordées de hauts rochers et où règne une complète solitude. De place en place des chaumières désertes et ruinées se montrent dans les fourrés. On dirait que quelque fléau a désolé la contrée et chassé les habitants. Après 5 ou 6 kilomètres dans ces défilés, nous voici à l'intersection de deux routes menant également à Marseille, l'une par Cassis, l'autre par Aubagne. Chacune d'elles se recommande à nous par des mérites différents. L'itinéraire par Aubagne traverse des pays de montagnes à charmants paysages et, à partir du village, descend jusqu'à Marseille en suivant le cours du torrent l'Huveaune ; c'est la route universellement suivie ; elle est excellente et très bien entretenue. Ce dernier argument décide mon compagnon, toujours plein d'égards pour sa bicyclette.

L'autre, à partir de Cassis, est une route déshéritée, que personne ne prend jamais et sur laquelle aucun charretier ne peut nous donner de renseignements. Elle est inconnue. Je la prendrai donc, et nous nous retrouverons à Marseille.

Telle est la décision qui portera dans l'histoire le nom de Traité de Cassis, traité conclu sur la mousse, à l'ombre d'un grès arrondi, et en présence de la haute borne triangulaire qui sert, en Provence, de poteau indicateur.

Bientôt Hippocrate jeune tire à droite. Je suis,

à gauche, une descente raide, et j'arrive au joli petit port de Cassis, étroitement encaissé entre les grands escarpements écarlates du cap Canaille et ceux du Portalet, au fond de son étroite baie, refuge précieux pour les jours de tempête : aussi les marins appellent-ils la baie de Cassis *Port-Miou*, c'est-à-dire Port-Mignon. Les ruines imposantes d'un château féodal couronnent un des rochers où s'appuie la petite ville. Une placette plantée de ces beaux et ombreux platanes qui sauvent le Midi des ardeurs du soleil, un petit port où, pour le moment, deux ou trois bateaux à voiles chargent des *couffes* ou corbeilles à fruits en sparterie qu'on fabrique ici, et des pains de craie ; des fontaines dans tous les coins ; voilà Cassis, qu'on a nommée l'oasis de ces côtes.

※

Laissant Cassis à mes pieds, je monte par mille détours sur un plateau de 300 mètres d'altitude, et j'entre alors dans l'Arabie la plus pétrée qu'on puisse s'imaginer. Ma route s'étend à perte de vue en longs replis sur les flancs de ce que je n'ose appeler une vallée, car il n'y existe pas trace de ruisseau ou de torrent, mais d'un ravin immense, brûlé, blanc et sans ombre de végétation ou d'habitation. De hauts sommets s'élèvent, aux pentes dénudées, aux cimes arides. A droite, c'est la montagne de Carpianne, le mont de la

Port-Miou, baie de Cassis (page 278).
(D'après une photographie de M. H. Ferrand.)

Gineste ; à gauche, du côté de la mer, le signal du cap Gros s'élance à 548 mètres, aussi pierreux, aussi décharné que le reste. Et toujours la route déroule ses longs anneaux serpentins dans ce couloir désolé, vrai vestibule d'enfer, mais d'une beauté âpre et d'une grandeur sauvage. On monte doucement, sans trop d'effort, et Marseille apparaît subitement, tout en bas, la mer, les îles éparses qui font comme une cour à la reine de la Méditerranée, la plaine rousse et ses îlots de verdure, et, tout au fond, la côte bordée de montagnes nues. Les mille fumées de la grande cité, dorées par le soleil qui décline, enveloppent tout cela d'une auréole féerique ; c'est ainsi qu'il faudrait l'apercevoir pour la première fois, l'incomparable ville, et au bicycliste artiste, assez énergique pour affronter les 10 kilomètres de montée dans le couloir infernal, assez prudent pour se méfier de la très forte descente qui lui succède, et où la route est abominable, je conseille de toutes mes forces de ne pas manquer d'arriver par là à Marseille.

La banlieue des très grandes villes est laide et fastidieuse. Celle de Marseille ne déroge point à la règle. Il faut faire 3 kilomètres dans une plaine semée d'usines, de couvents, de bastides, de cafés populaires, de terrains vagues et de champs de manœuvre, avant d'enfiler le Prado, la poudreuse et interminable avenue dont les

Marseillais sont assez fiers. Mais, enfin, la rue de Rome lui succède, et sur une forêt de mâts s'ouvre la CANNEBIÈRE !

La plus belle ville du monde, c'est Marseille, au dire des Marseillais.

Les Marseillais n'ont pas tort.

Il n'y a pas de ville, au moins, plus captivante, plus attirante, pas de ville qu'on désire plus revoir quand une fois on l'a vue, pas de ville qui, lorsque vous y avez mis le pied, vous entraîne davantage dans son tourbillon et vous fasse plus vivre de sa vie. D'autres sont plus propres, moins brûlées du soleil, plus intimement mêlées au mouvement commercial du port. Nulle part on ne trouve cette gaîté communicative des rues grouillant de foule, ce peuple bavard, criard, mais riant de la misère et philosophe sous ses haillons, travailleur au fond, mais à sa façon, grandiloquent et blagueur, Marseillais avant d'être Français ; nulle part ces kiosques où les clovisses et les huîtres sont débitées par d'accortes marchandes ; nulle part plus de fleurs, plus d'yeux noirs provocants et hardis ; nulle part un Vieux Port plus pittoresquement encombré de bateaux cosmopolites ; nulle part, surtout, troun de l'air ! la bouillabaisse !

Naples, me direz-vous ? Oui, Naples est gai, mais pas de la même gaîté que Marseille. C'est une gaîté plus brutale, presque épileptique, que l'on regarde curieusement sans être, comme à Marseille, tenté de la partager. Aucune ville cependant ne ressemble plus à Marseille que Naples : même ciel, même mer, même soleil. — Mais, dites, Moussu, il y a trop d'Anglais, et pas assez de bouillabaisse !

Nous passâmes un jour à Marseille. On n'attend pas de moi, je pense, une description de cette indescriptible ville. Marseille est une ville à voir et non à apprendre dans les livres. Mon ami, qui s'y trouvait pour la première fois, en partit enthousiasmé, ahuri, ébloui, assourdi. Habitués aux expéditions rapides, nous vîmes tout ce qui peut se voir :

— Le Vieux Port, avec sa forêt de mâts, son fort Saint-Jean dont la forme fait penser aux marines de Joseph Vernet, et, comme magnifique rideau de fond, la montagnette pelée où se dresse Notre-Dame de la Garde ;

— Notre-Dame de la Garde elle-même, sanctuaire si admirablement placé, panorama inoubliable d'où l'on embrasse l'immense étendue de la ville, rousse et brûlée, avec sa ceinture de montagnes tantôt noires de forêts, tantôt blanches de rocs ; et la mer avec ces îles charmantes de loin, célèbres toutes, qui s'appellent Ratonneau, Pomègue, le château d'If, le Planier ;

— Le Château-Borély, et surtout son parc,

délicieux dans ce pays de bruit et de poussière ; charmants ombrages, fraîches verdures, et des tapis d'herbe gazonnée comme nous n'en avions pas vu depuis longtemps ; au bout de chacune des ombreuses avenues, un paysage différent et toujours ravissant vient s'encadrer à l'improviste dans les feuillages ;

— Le palais de Longchamp, un joli décor que notre Trocadéro a lourdement imité. Celui de Marseille est léger, svelte, ce qui ne l'empêche pas de renfermer un musée de tableaux où il y a de bonnes choses, surtout des artistes modernes, et une remarquable collection d'histoire naturelle, riche en oiseaux aux plumages invraisemblables ;

— La cathédrale, moderne, jamais terminée, bien qu'en 1852 on en ait posé la première pierre. C'est encore un des orgueils des gens de Marseille. Ne troublons pas leur bonheur en leur disant que ce qui nous plaît le plus dans ce gros gâteau byzantin, c'est sa position au bord de la mer, en vue et tout près du port. L'ancienne, la *Major*, comme on l'appelait, nous charme bien davantage, et nous préférons son vieux chœur roman, ses campaniles lézardés et ses murs en ruine aux lourdes coupoles dorées de sa trop riche sœur ;

— La vieille ville, derrière le port, toute provençale, toute pleine de fontaines et d'une population sordide et joyeuse ; quartier où, le soir, on fait d'équivoques rencontres, très fréquenté des marins et inconnu de la plupart des étrangers;

— La ville nouvelle, aux larges et monumentales rues, tranquilles et solennelles;

— Le Prado, le cours Belzunce, la Cannebière et ses cafés, ses bazars, ses riches magasins.

Nous couronnâmes le tout par une promenade en mer, à la nuit noire, sur un bateau à aubes, qui, partant du Vieux Port, aboutit aux bains du Prado, faisant passer près de la masse sombre du château d'If. Un orchestre assez bon, placé sur la dunette, jouait des polkas, des valses, des marches, qui, dans cette obscurité, dans le bercement doux des vagues, devant les milliers de lumières qui piquetaient la côte et se confondaient avec les étoiles du firmament, faisaient un très agréable effet.

Sur notre bateau, il y avait nombreuse société. Toutes les nuances de l'accent marseillais s'y donnaient carrière. Tout le monde chantait, riait, s'amusait de bon cœur, sans raison apparente.

« Ce petit, disait une belle jeune femme à sa voisine, en faisant sauter son bébé, ce pitchoun, té! Il est plus beau que l'enfant Amour! L'Amour, on dit qu'il est aveugle, et celui-là, il a ses deux yeux! »

Le lendemain, nous fîmes le même trajet, mais par terre, et en suivant la merveilleuse route de la *Corniche*, cette promenade qui est le plus bel attrait de Marseille. Qui ne la connaît, qui n'a entendu louer à l'envi cette route que la mer baigne d'un côté, de ses flots d'azur, et que dominent, de l'autre, des entassements de verdure, des villas, des jardins, la colline d'Endoume et le val d'Oriol, et le val des Bergers ?

A Marseille nous prîmes un bain.

Dans une des petites villes où nous venons de passer, chez le Figaro de l'endroit, nous nous informions de la rue où se trouvait l'établissement des bains :

« Ma foi, messieurs, nous répondit le digne homme, d'un air surpris, voilà trente ans que je suis dans le pays, et je n'ai jamais entendu dire qu'il y ait un établissement de ce genre ! »

Du reste, dans une ville voisine, nous avions lu au-dessus d'une espèce de hangar hermétiquement fermé :

BAINS DE NOVEMBRE A FÉVRIER.

C'était déjà un progrès.

CHAPITRE XXI

MARSEILLE — SALON — ORGON

Départ de Marseille. — Les faubourgs. — L'étang de Berre et son inutilité. — Lançon et son vieux château. — Salon. — Une consigne intelligente. — Orgon.

Nous passons, pour sortir de Marseille sous l'arc de triomphe de la place d'Aix, pour prendre ce qu'on appelle le *grand chemin d'Aix*. Attristés déjà à la pensée que nous quittons la belle cité gaie et brillante, et que nous allons tourner le dos à la mer, ce faubourg n'est pas pour nous réjouir. Pendant des kilomètres et des kilomètres encore, nous passons entre deux rangées de misérables gargotes, d'hôtels borgnes, d'usines malpropres, de fabriques malodorantes, de murs noirs et lépreux ; c'est l'industrie, dans toute sa laideur, dans son manque absolu de coquetterie et de toute autre préoccupation que de gagner de l'argent et de produire, toujours et quand même.

Les maisons s'espacent ; les terrains vagues deviennent plus fréquents. La rue se change en route, sans cesser d'être noire et pavée. De plus, elle monte maintenant, ne nous laissant apercevoir que par échappées un peu de mer à gauche, avec le château des Tours se découpant dans la brume, le viaduc à arches ogivales du chemin de fer, et à droite une vallée toute semée de bastides dans des taillis de pins, et le village des Aygalades.

Ce n'est qu'au bout de 6 kilomètres que nous arrivons au sommet de la côte de la Viste (le point de vue), d'où effectivement on doit fort bien voir Marseille lorsque les vapeurs du matin ne la voilent pas comme en ce moment. A partir de la Viste, la route devient macadamisée et fort bonne. Elle pénètre dans des montagnettes poudreuses, qui sont les derniers contreforts du massif de l'Estaque. Dans une gorge déserte, en face d'un carrefour qui porte le nom rassurant de l'Assassin, se dresse une longue et haute muraille de rochers arides. Sur la crête et à l'extrémité de cette barrière étroite se tassent les maisons du petit village de Pennes, cramponné bizarrement comme sur une lame de rasoir. Son église carrée, juste au bout de ce rempart naturel, domine le pays de toutes parts.

Traversant par un tunnel la paroi rocheuse, nous découvrons brusquement, de l'autre côté, l'immense plaine que le lac de Berre baigne de ses flots aussi bleus que ceux de la Méditerranée, plaine qui s'enfonce à l'infini dans le désert de la Crau.

Nous descendons bellement, et bientôt nous longeons le rivage de l'étang.

C'est une charmante mer intérieure que cet étang de Berre, plaisante à l'œil, aimable à contempler, avec les petits villages blancs qu'on aperçoit sur ses bords, Istres et ses salines, les Martigues et leurs usines, et leurs fabriques de *poutargue*, caviar renommé dans le Midi, et Berre sur son long promontoire, et la flèche élancée de son clocher. N'est-il pas déplorable de la voir inutilisée ainsi qu'elle l'est ? Quelques barques de pêcheurs la sillonnent à peine, aucun des villages de la côte n'offre un port où puissent aborder des navires sérieux. Or l'étang de Berre, profond partout de 5 à 10 mètres, a sept fois l'étendue de la rade de Toulon. Il est protégé, du côté de la mer, par une chaîne de hautes montagnes, l'Estaque, qui l'abrite à la fois contre les vents et contre les coups de l'ennemi en temps de guerre. Il suffirait d'approfondir et d'élargir le canal de Caronte, qui réunit le lac à la mer, et d'y amariner des ports. C'est là que devraient être nos grands arsenaux, nos grands approvisionnements, et, puisque le port de commerce est à Marseille, notre grand port de guerre.

« On ne peut plus maintenant méconnaître le danger qui menace nos villes maritimes de la Méditerranée, a écrit l'auteur anonyme d'une remarquable étude publiée sur ce sujet en 1892. Avec les canons à longue portée et à explosifs puissants, elles peuvent être détruites en quelques heures, si elles commettent la faute de ne pas envoyer leur flotte dans quelque havre intérieur ; les navires réunis dans leurs bassins peuvent être incendiés, malgré les forts qui les protègent. Cette n'a que des défenses sans valeur; Marseille, cependant si fortement défendue par ses îles et ses batteries de côtes, ne saurait échapper au danger. Enfin, Toulon, s'il ne peut être enlevé par un corps de siège et les canons des escadres ennemies, n'est pas assez éloigné de la haute mer pour que les projectiles ne puissent atteindre les navires mouillés au fond de la rade.

« Il faut donc trouver dans la Méditerranée un port de refuge à l'abri de toute insulte, assez bien défendu par la nature pour que, même en supposant nos escadres anéanties, la flotte de commerce de Marseille et de Cette puisse échapper au bombardement.

« Il n'y a dans toute la côte qu'un point remplissant ces conditions : c'est l'étang de Berre.

« .... Un grand géographe a dit que la non-utilisation de l'étang de Berre était un scandale économique ; il a raison, car aucun port de commerce ne serait mieux situé que sur cette immense rade ; mais combien est plus grand encore le scandale au point de vue de la défense nationale ! Il y a là une inertie absolument inexplicable. »

C'est une honte pour notre pays que de voir non seulement négligés, mais totalement ignorés, d'aussi graves intérêts.

⊕

Toujours est-il qu'une course au bord de ce lac si improprement appelé étang est chose fort agréable. Les campagnes environnantes sont plantées d'oliviers, de citronniers, d'amandiers ; à 1 kilomètre à droite, Vitrolles dresse son roc rouge isolé, couronné des ruines terribles de son château fort, si rouge lui aussi qu'il se confond avec les roches. Plus loin, c'est Rognac avec ses maisons cuites au soleil. Et, à gauche, le lac, clair et grandiose, calme dans sa majesté comme un souverain méconnu. Nous le quittons à regret, car cette belle nappe bleue est séduisante et captivante ; mais une voix nous suit toujours, qui nous crie : « Marche, marche ! Tourne le dos à cette eau bleue que tu aimes, monte cette côte et

Port de Cassis (page 278).
(D'après une photographie de M. H. Ferrand.)

dévale ensuite dans la plaine brûlée du soleil, que l'Arc arrose. l'Arc d'Aix, que tu ne dois pas confondre avec l'Arc de Modane en Savoie ; devant toi maintenant une ligne de montagnes blanches et ardentes s'allonge ; escalade-les sur les routes en lacets, tracées par d'impitoyables ingénieurs. Tu as chaud, sue, ne te gêne pas ; la montée est ridiculement raide, descends de ta machine, appuie-toi sur elle, elle t'aidera à grimper cette route bien provençale ! »

La voix parle et nous obéissons. En nous élevant sur ces lacets escarpés, nous embrassons du regard une immense étendue, les redans curieux de la chaîne que nous franchissons, sur l'un desquels se trouvent les ruines de l'ancienne ville de Constantine ; le hameau de Calissanne — pas le Calissanne de Barjols — et ses carrières célèbres qui ouvrent au flanc de la montagne une large plaie sanglante ; la plaine où l'Arc coule en mille méandres, et l'étang de Berre où il va se jeter après maintes tergiversations ; et, tout au loin, dans un tremblement d'atmosphère embrasée, la vaste, la plate Crau, le désert de pierres au seuil duquel Arles est assise ; désert que l'homme est en train de transformer en prairies et en vignobles.

Mais la chaleur est tropicale, l'ascension ardue. Ce sera, paraît-il, notre dernière montagne de tout le voyage. Ce n'est pas celle où nous aurons été le moins rôtis.

Autour de nous, des rocs, rien que des rocs. Quelle végétation oserait croître à une exposition pareille? Une poule y pondrait des œufs durs.

Marche, marche! Monter et descendre, descendre et monter, c'est la destinée de l'homme. Une belle descente nous récompense de notre rocailleuse ascension et nous conduit à une large plaine bordée au loin par les découpures bleues des Alpines.

Marche, marche! dit la voix. Mais cette fois Hippocrate jeune regimbe. Il déclare à la face du ciel et de la terre qu'une pareille chaleur n'a pas le sens commun, que ce soleil faisant des ombres bleues au lieu d'ombres grises qui sont, c'est bien connu, les seules officielles, est ridicule, et qu'enfin il n'ira pas plus loin que le premier village.

☉

En foi de quoi il met pied à terre à une petite auberge du bord de la route, près de Lançon. Une terrasse à l'italienne, où grimpe une vigne à travers laquelle le soleil envoie sur le mur des ronds éclatants, reçoit nos précieuses personnes et nos courageuses bicyclettes. Mais porte close, et personne. En attendant, nous faisons la toilette de nos montures, et l'hôtesse, une grande gaillarde tannée, qu'on est allé quérir, arrive des champs où elle faisait, avec tout le village, la récolte des amandes.

Mon incorrigible ami est d'avis que par une pareille chaleur mieux vaudrait être condamné à la prison qu'à l'*amande*.

Il n'y a pas grandes ressources en de petits villages comme celui-ci. Force nous est de nous contenter de l'omelette aux pommes d'amour et de côtelettes de mouton mort de faim. Pendant que mon compagnon s'en va chercher quelque bon mûrier pour aider par une sieste de deux heures à la digestion de ce festin, je prends mon album et me dirige vers le village.

Il occupe le sommet d'un mamelon de grès, et les murs de son ancienne enceinte féodale lui donnent, de loin, un aspect imposant. Ses rues, escarpées et pittoresques, ont traces d'une splendeur disparue; quelques très belles maisons à façades monumentales de la Renaissance, avec fenêtres garnies de fers forgés, avec de profondes corniches dans le goût florentin, étonnent le visiteur qui ne s'attendait pas à les trouver dans ce village perdu. L'église, massive forteresse, a aussi son cachet. Mais le plus intéressant, c'est le vieux château fort. Sa double enceinte est encore bien conservée. Des voûtes ogivales, des portes avec pont-levis donnent accès à l'esplanade ardue et rocheuse sur laquelle s'élève le donjon, de forme demi-circulaire et de redoutable aspect. Dans mon exploration, je suis guidé par de belles filles aux yeux noirs, aux profils fins, aux rires francs ; et je comprends qu'on soit poète en ce pays où le soleil dore la misère, où chantent les cigales, où toutes les filles sont belles ; sans le vouloir on chante aussi ; ah ! je comprends, oui, je comprends maintenant le roi René, et Roumanille, et Jasmin, et Aubanel, et Mistral, ces poètes d'instinct, ces poètes de la lumière et de la femme !

Nous filons sur Salon.

C'est une jolie petite ville, toute ombragée de platanes, fraîche, ruisselante de fontaines claires. Elle mérite une visite, non parce qu'elle fut le séjour de Nostradamus, l'astrologue auquel un vers malin fait dire :

Nostra damus Cum falsa damus, nam fallere nostrum est ;

Mais parce qu'elle possède un château fort du moyen âge en bon état de conservation ; nous avons ici un avant-goût du style avignonnais d'architecture militaire : de hautes tours carrées, des remparts élevés, murs et tours couronnés de mâchicoulis à consoles ogivales du plus décoratif effet et à larges créneaux. Ce château, réellement fort beau, sert de caserne et de sanatorium pour les turcos. Comme je me permets de franchir le seuil pour mieux voir la grande tour carrée qui sert de donjon, ordre m'est intimé d'avoir à déguerpir au plus vite. L'intérêt supérieur de la défense nationale exige qu'aucun archéologue ne vienne espionner les échauguettes et les meurtrières de ce vieil ouvrage : il n'aurait qu'à en livrer les secrets aux Prussiens !

En partant, nous passons, dans la ville neuve, devant la très remarquable église du quatorzième siècle : une vraie forteresse encore, crénelée, sourcilleuse, à gros murs nus, presque sans ouvertures, mais surmontée d'une flèche très élégante. La porte est hermétiquement fermée comme au temps des guerres de religion. Nous n'insistons pas et tournons bride, il nous a semblé voir le bout d'une arquebuse passer à travers une des meurtrières.

⁂

Belle et bonne route de Salon à Orgon. Nous roulons à faire plaisir, à raison de 16 à 20 kilomètres à l'heure. Encore sommes-nous dépassés par une compagnie de matamores montés sur des bicycles de ma grand'mère, d'une hauteur phénoménale, et qui feraient sensation au Bois de Boulogne. Ces voyageurs-express nous humilient profondément. Ils dévorent l'espace. Mais, dix minutes après, nous les dépassons, assis sur le parapet d'un petit pont, vannés et s'épongeant. Et c'est à leur tour d'être humiliés.

Cette route, d'ailleurs, se prête admirablement

à toutes les courses. Unie et ferme, presque à niveau, elle suit le fond de la plaine, entre de belles collines tantôt couvertes d'épaisses verdures sombres, tantôt déchirées de rochers pourpres. Elle passe bientôt, par le défilé de Lamanon, dans la plaine de la Durance, et la chaîne grandiose du Lubéron se dresse, profilant à perte de vue ses escarpements dorés.

Une véritable avenue, bordée de beaux platanes, nous fait faire, pendant plusieurs lieues, une idéale promenade et réconcilie un peu mon ami avec les routes de Provence. Elle aboutit à Orgon, une petite ville assise au bord de la Durance, et dominée par les ruines d'un vieux château. Ces ruines, perchées sur des rocs découpés par la nature d'une manière fantastique, ont des tons chauds qui font plaisir à voir.

C'est ici que commence la chaîne des Alpines, qui se prolongent presque jusqu'à Tarascon, et les rochers où est accroché le château en sont les premières déchiquetures.

Ici aussi il y a de vieilles maisons sculptées, des fortifications en bien mauvais état. Mais on y dîne de thon gâté et de mouton pourri, et l'on y couche dans d'ineffables galetas. La viande pullule de ptomaïnes et les chambres de moustiques.

Orgon est un de nos mauvais souvenirs.

CHAPITRE XXII

AVIGNON — ORANGE

D'Orgon à Avignon. — Laure et Pétrarque. — Les rues d'Avignon. — Le palais des Papes, son délabrement. — Une triste impression. — Les remparts. — Le pont d'Avignon. — Visite à Villeneuve. — Le Ventoux. — Orange et les Romains.

Avant de quitter Orgon, nous nous gardons bien de demander s'il reste du mouton d'hier. C'est probable. On le servira aux voyageurs qui viendront ce soir.

Nous préférons partir à jeun et nous roulons vers Avignon, à travers une plaine fertilisée par des milliers de petits canaux qu'elle emprunte à la Durance. Dix-sept kilomètres de route, merveilleusement bonne pour vélocer, et nous voici à la Durance, que nous traversons sur un pont en construction, le pont de Bonpas.

De là, la vue est assez belle sur les collines qui sortent çà et là de la plaine ; on aperçoit des villes avec des tours de châteaux forts ; c'est Château-Renard, au pied d'un coteau célèbre par ses vins ; Barbentane et son donjon, et, tout près, un gros bourg bardé de fortifications crénelées, Noves, la patrie de la belle Laure. Tout ce pays est parfumé du souvenir de Mme Hugues de Sade, qui inspira tant d'amour et tant de sonnets à Pétrarque. C'est ici qu'elle naquit ; c'est à Avignon qu'elle vécut avec son mari, échevin de la ville, à qui elle donna, en honnête épouse, onze enfants ; c'est à l'Isle-sur-Sorgues, où nous passerons tout à l'heure, que Pétrarque, le lundi saint de l'an 1327, la vit pour la première fois, et ressentit le coup de foudre. Laure avait alors dix-neuf ans et était mariée depuis deux ans. A dater de ce jour, Pétrarque chanta sur tous les tons l'esprit, la beauté, les vertus de Laure, sans parvenir à attendrir son cœur. Cette cour assidue dura vingt ans. Après quoi Laure mourut de la peste. Son inconsolable amant ne lui survécut que vingt-six ans!

Aussitôt que nous avons franchi la Durance, tout encombrée d'îles qu'on appelle ici des Iscles et des Isclons, la route devient exécrable et défoncée à plaisir. Est-ce le changement de département — nous venons de passer des Bouches-du-Rhône en Vaucluse, — sont-ce les travaux du pont dont les lourds charrois détériorent le sol, toujours est-il que les 12 kilomètres qui séparent le pont de Bonpas d'Avignon nous paraissent longs. Des platanes heureusement ombragent la route. Mais nous n'apercevons la ville par aucun côté. Cachée dans la verdure, elle ne se révèle à nous qu'au moment où nous en franchissons la porte.

Porte de grande allure, passant sous une tour carrée surmontée de larges créneaux ; à droite et à gauche s'enfoncent, en tournant sous de sombres avenue de platanes, des remparts, crénelés aussi, d'une belle couleur fauve ; les créneaux sont en encorbellement, portés par une série de consoles formant mâchicoulis, reliés les uns aux autres par de petites ogives qui constituent une décoration sobre, toute militaire et d'un grand goût.

A peine entrés dans l'enceinte, nous nous sentons bien transportés en plein moyen âge. Il n'est pas jusqu'aux noms de rues qui n'aient conservé, à Avignon, le parfum de l'époque à jamais disparue. Il y a la rue des Ortolans, la rue du Crucifix, la rue Oriflamme, la rue des Amoureux, — celle-là est de tous les temps, — la rue des Trois-Faucons. Celle par où nous entrons, c'est la rue des Clefs ; ensuite nous pénétrons dans une voie étroite et contournée, où de hautes maisons font de l'ombre et de la fraîcheur ; la moitié de la rue est occupée par un canal où tournent lentement de grosses roues noires, pleurant en cascades éclaboussantes les eaux de la rivière qui les fait silencieusement tourner. Voilà deux de ces roues énormes, en voilà cinq, dix, quinze, vingt ; elles se succèdent à l'infini, dans l'ombre et le verdissement de leurs mousses humides. Elles sont là depuis des siècles, peut-être, et l'on dirait de vieilles personnes s'entretenant à voix basse des choses d'antan, et sanglotant les splendeurs disparues.

Cette rue s'appelle rue des Teinturiers. D'autres la suivent et la traversent, étroites aussi et tortueuses à l'avenant. De vieilles façades présentent les ferrures massives, les lourdes boiseries de leurs portes ; les fenêtres sont barrées de fers forgés rébarbatifs. Cela rappelle des époques où la maison de tout noble, de tout riche bourgeois était quelque peu château fort.

Et nous débouchons sur une vaste place, animée, gaie et ensoleillée. En face de nous, s'élèvent le théâtre et l'hôtel de ville, ce dernier surmonté du fier beffroi flamboyant où l'on aperçoit Jacquemart offrant un bouquet à sa femme. Là s'ouvre une large et longue rue, conforme au dernier mot de l'esthétique moderne, bordée de magnifiques maisons à l'instar de Paris, avec balcons, frontons, et au rez-de-chaussée grands cafés, somptueux bazars et riches boutiques. Belle rue de préfecture qui se respecte. On l'a baptisée, naturellement, rue de la République.

Nous lui tournons le dos, et, avisant non loin la masse imposante du château des Papes, nous courons remiser nos bicyclettes à l'hôtel du Louvre. Cet hôtel a ceci de particulier qu'on y mange fort bien, et dans une ancienne chapelle du quatorzième siècle aménagée avec un goût parfait.

✷

La place du Palais, qui fait suite à celle de l'Hôtel-de-Ville, a la solennité et le calme qui conviennent aux merveilles dont elle est entourée. Le château des Papes, avec son écrasante façade aux hautaines ogives, et la cathédrale, assise au sommet de rampes grandioses; le rocher des Doms, môle énorme et abrupt, jadis aride et brûlé du soleil, aujourd'hui couronné d'une épaisse verdure; l'ancien hôtel des Monnaies, et ses robustes rondes-bosses, dessinées, dit-on, par Michel-Ange; le palais gothique des anciens Archevêques, aujourd'hui petit séminaire; quelle magnifique ceinture! Et quelle ville en France pourrait s'enorgueillir d'une pareille place?

Mais le palais des Papes domine tout. Successivement bâti, agrandi, embelli, fortifié par cinq pontifes, qui en taillèrent l'assiette dans la masse même du rocher, c'est plutôt, extérieurement, une forteresse. On y voit la marque de ces temps troublés où les évêques déposaient la mitre pour le casque et la crosse pour l'épée. Aucune décoration inutile. Presque pas de fenêtres, toutes les salles étant éclairées sur les vastes cours. Les mâchicoulis des courtines sont le seul ornement.

Portes, poternes, herses, corps de garde dissimulés dans l'épaisseur des murs, rien n'était épargné pour constituer la plus formidable défense. Sept tours carrées, qui subsistent encore, et dont la plus colossale, la *Trouillas*, se dresse, bien que découronnée, à 80 mètres au-dessus des maisons de la ville, hérissent ce terrifiant château, que Froissard appelait la plus forte et la plus belle maison de France.

« Ce qui m'en plaît surtout, disait mon compagnon, c'est le manque absolu de symétrie; voyez ces avancées, ces retraits, ces parties qui font terrasse au-dessus de la porte, ces tourelles en encorbellement en angle! Et cette carrure! et l'art inouï qui fait que cette masse effroyable n'a pas l'air lourde! — Et tenez, s'écriait-il, en m'entraînant dans la petite rue Pérollerie, tranchée net à même le roc vif, sous le contrefort géant qui étaye les bâtiments du midi, — tenez, regardez ces murs qui montent, d'un jet, à plus de 50 mètres de haut! Est-ce beau! Est-ce grand! Est-ce majestueux! »

La façade postérieure n'est pas moins belle que l'autre. Elle est plus sombre, plus sourcilleuse, mais tout aussi noble et imposante.

Quelle différence avec les banales bâtisses du Vatican!

⊕

... Nous sortons navrés, furieux, indignés, honteux, du palais des Papes.

Il faut vous dire que le palais des Papes est aujourd'hui une simple caserne et, comme telle, entre les mains de l'administration militaire qui est, vous n'en doutez pas, la plus intelligente des administrations.

Il s'ensuit qu'ici comme à Salon, franchir la porte ogivale qui y donne accès serait acte d'espionnage si l'on n'était muni d'un permis émanant de l'autorité militaire.

L'autorité militaire, en l'espèce, est représentée par un sergent qui rondecuire à l'hôtel de ville, en un bureau dont la porte a pour épigraphe :

Bureau du Capitaine

Ce sergent vous remet, sans aucun interrogatoire préalable, un carton qui de farouche espion vous transforme en touriste débonnaire.

Alors, vous retournez au palais, — pardon, au quartier, — et là, avisant un homme de garde, vous vous faites conduire au sergent de service, lequel, sans vous fouiller le moindrement — ce dont il lui faut savoir gré, — vous fait diriger vers la cantine.

« Nous avons eu tort de déjeuner tout à l'heure, me dit Hippocrate jeune; je crois que l'administration militaire va nous offrir un repas, attention délicate et digne des premiers soldats du monde. »

Erreur. C'est simplement que le cantinier est chargé de faire visiter la caserne. Par bonheur il est absent, et c'est sa femme qui le remplacera, avec avantage certainement.

O honte! O lugubre visite! O scandale! Mes lecteurs savent que je n'ai pas l'indignation facile et qu'un doux sourire me semble préférable aux grandes philippiques. Mais il est des limites où le plaisant cesse et où le sourire se fige. Croirait-on que ce merveilleux morceau d'architecture, qui n'a de pendant que le Mont-Saint-Michel, qui est un des joyaux de notre patrimoine national, que le palais de Jean XXII, de Benoît XII, de Clément VI, d'Innocent VI, d'Urbain V, est non seulement laissé au délabrement le plus complet, — il n'y aurait que demi-mal, — mais voué au vandalisme le plus hideux?

Le grand escalier de marbre n'est plus qu'un

sale escalier de bois, graisseux et empuanti par les allées et venues des troupiers.

« Les marches en marbre, messieurs, sont à Paris, au Dépôt des Marbres. »

Oui, oui, nous savons, au quai d'Orsay, cette Morgue où tout ce qui fut beau, noble et riche pourrit misérablement, sans nom et sans espoir.

« La Chapelle Haute, messieurs. »

C'est une affreuse chambrée, où je puis à peine entrer debout. Le long des murs, des rangées de couchettes où bâillent, vautrés, des soldats en pantalon rouge et le torse nu, — il fait si chaud ! Il en est qui astiquent le flingot, d'autres qui vérifient l'état de leurs chaussures. Cela empeste cette affreuse odeur d'écurie humaine, qui prend à la gorge et fait reculer les non-initiés. A travers la fumée des pipes, et au-dessus des rangées de planches à pain où se boucane la *boule de son*, nous devinons des voûtes, des arceaux, des chapiteaux qui touchent le parquet.

« La Chapelle Haute ! dit mon ami. C'est sans doute, madame, une antiphrase ?

— Non, monsieur. C'est une chambrée. La chapelle est coupée en trois étages par deux planchers. Désirez-vous voir les autres ? Elles sont pareilles.

— Oh non ! c'est assez. »

Nous redescendons.

« La *Chapelle Basse*, messieurs! Celle-là n'est coupée qu'en deux étages. »

Allons, tant mieux! Du reste, mêmes couchettes, mêmes culottes rouges, même parfum.

Passons maintenant dans la *galerie du Conclave*, éclairée par de belles fenêtres à meneaux. C'était là que se trouvaient, dit-on, les logements des cardinaux pendant le temps que durait l'élection du souverain-pontife.

Sur les portes de ces logements on lit :

Chambre d'Adjudant.
1 chambre ; 2 sous-officiers.

Au fond, presque à la porte d'une chapelle où sont les plus belles fresques du midi de la France, des têtes délicieuses d'extase et de finesse, je lis :

Urinoir.

Vous savez qu'un règlement prescrit de badigeonner au lait de chaux, une fois par an, l'intérieur des casernes. L'applique-t-on partout? J'en doute. Mais à Avignon il est rigoureusement exécuté. Nervures des voûtes, chapiteaux, fresques aussi, tout disparaît sous l'ignoble empâtement blanc.

Dirai-je les cloisons multipliées qui coupent les salles, brisent les perspectives, interrompent bêtement les colonnades, comme exprès ; les fenêtres odieusement pratiquées, crevant les murs carrément à la place des jolies ouvertures ogivales étroites, qui, autrefois, discrètement les ajouraient; dirai-je la salle d'armes transformée en cuisine et les jardins transformés en gymnase? A quoi bon? Et qu'importe? L'autorité militaire ne lâche point sa proie.

« Mais je croyais, s'écriait mon compagnon, que le palais des Papes était occupé par les Archives du département.

— Ah oui, les Archives! fit la cantinière d'un petit air dédaigneux; oui, elles sont là-bas, dans la tour de la Campane, celle où l'on sonnait la cloche d'argent à l'élection du pape.

— Madame, dit mon ami, en mettant dans la main de notre guide ahurie une pièce de cinquante centimes, je rougis d'être Français! »

✦

Il ne fallait rien moins pour nous calmer qu'une promenade au ravissant jardin public qu'on a, ces dernières années, établi sur le rocher des Doms. C'est un charmant bosquet, rendu plus charmant encore par le contraste avec les campagnes rissolées que du haut de son rocher on aperçoit. Quelles vues on a, des balcons naturels ménagés au bord de l'abime! D'un côté, c'est la ville où poussent comme une florissante végétation de pierres les clochers des nombreuses églises qui restent encore sur les cent soixante-dix qu'on y comptait du temps des Papes. De l'autre, le Rhône, magnifique et rapide, entourant de ses deux bras, qui paraissent deux fleuves, la grande île de la Barthelasse; juste en face, le majestueux château de Villeneuve-lez-Avignon, sur l'autre rive, et la tour carrée de Philippe-le-Bel, sa sentinelle avancée; en bas, tout à pic, les quais du Rhône et le pont Saint-Bénezet, coupé au bout de ses quatre arches qu'interrompt la petite chapelle pittoresquement suspendue à ses côtés. Au loin, les longues chaînes du Ventoux découpent l'horizon; tout là-bas, flottent dans un bleu indécis les dernières ramifications des Alpes et du Dauphiné, plus près les rocs du Lubéron, et la Durance qui court se jeter dans le Rhône.

Par les allées ombreuses, fleuries de géraniums et de rhododendrons, arrosées de cascades fraîchement tintinnabulantes, nous arrivons à la cathédrale bien vieille et bien respectable, faite de débris de temples antiques.

Mais je ferai grâce au lecteur de toutes les églises que nous visitâmes. Il y en a beaucoup, et toutes se recommandent par quelque chose d'intéressant. Mais à côté du palais des Papes et des remparts elles font petite figure.

Ces remparts sont, dans leur genre, aussi merveilleux que le palais. Étonnamment bien conservés, ils entourent la ville d'une complète ceinture crénelée, et il n'en est pas en France, sauf peut-être à Carcassonne, d'aussi admirables. Les papes les avaient fait construire pour mettre leurs trésors, leur ville et eux-mêmes à l'abri des *Grandes Compagnies* qui battaient le pays à la ronde et qui, parfois conduites par le vaillant Du Guesclin, — un héros surfait, — les rançonnèrent souvent. Ils ont 480 mètres de pourtour. L'absence de leurs fossés, aujourd'hui comblés, les fait paraître un peu bas. Mais qu'ils sont encore superbes, avec leurs échauguettes, leurs tours, leurs couronnements de mâchicoulis !

C'est miracle que nous les voyions encore ! En 1793, le Conseil de la commune agita la question de les exploiter comme une carrière au profit de la caisse municipale ! Ils ne doivent peut-être leur salut qu'à cette considération, qu'ils assurent celui de la ville tout entière aux époques des inondations du Rhône. Ils forment alors une digue infranchissable ; on bouche les portes par une ingénieuse combinaison de planches et de terre pilonnée et le flot bat les murs sans entrer dans les rues où il causerait de terribles catastrophes.

A tout homme doué d'une bicyclette et d'un peu de curiosité, une excursion à Villeneuve-lez-Avignon s'impose. Trois ou quatre kilomètres d'une route passablement défoncée, fort poudreuse et aveuglante de clarté.

Nous sortons de la ville par la porte de l'Oulle, une des mieux fortifiées de l'enceinte, et nous traversons le Rhône sur le misérable pont divisé en deux parties, l'une suspendue et l'autre en charpente, qui l'enjambe par-dessus l'île de Barthelasse.

Couverts de poussière, nous entrons dans Villeneuve. Ce fut jadis une belle et riche ville, et célèbre. C'était comme l'antichambre des papes. Il n'était guère d'évêque, de cardinal ou de personnage de la cour pontificale qui n'eût là, à l'entrée des Cévennes, château fort ou fastueux hôtel. L'évêque d'Avignon résidait dans la forteresse qui couronne la colline et qui nous étonne encore par ses restes grandioses. On était ainsi plus indépendant, plus libre. En ces temps bizarres, évêques et cardinaux étaient des potentats très jaloux de leurs prérogatives, les disputant, s'il le fallait, aux voisins et au pape même, les armes à la main. *En Avignon*, le pape était chez lui; à Villeneuve, ils étaient chez eux. Et Dieu sait les fêtes magnifiques qui se donnaient à Villeneuve, et quelles dépenses s'y firent, et quelles galantes compagnies on y trouvait!

Maintenant Villeneuve est presque inhabitée. On dirait une Pompéi récemment exhumée, et dont toute la vie est partie. On n'y rencontre de toutes parts que palais cardinalices, grands hôtels béants aux façades solennelles, aux sculptures souillées et abîmées, cloîtres où la ronce et l'ortie poussent à foison, églises dont le chœur sert d'entrepôt et la nef d'étable à porcs, pompeuses entrées qui s'ouvrent sur le vide ; immenses constructions couvertes d'écussons armoriés, et aussi difficiles à entretenir qu'à utiliser ; chartreuses monumentales où grouille toute une population de pauvres gens ; et partout, dans cette misère, dans cet abandon, des sculptures ravissantes, de charmantes rotondes, des salles voûtées, des puits antiques, partout les souvenirs encore vivaces d'une splendeur à jamais perdue.

Il faut monter sur les rochers escarpés où s'élève le fort Saint-André. Des ruelles rocailleuses, où travaille gaîment sur le pas des portes tout un peuple de femmes fort belles et aux yeux noirs étincelants, débouchent en face des deux énormes tours cylindriques, couronnées de mâchicoulis, qui en forment l'entrée. C'était la seule par où l'on pût pénétrer dans la forteresse. Entre ces deux tours s'ouvre une porte basse, voûtée, munie jadis de ponts-levis, de herses, de toutes les défenses possibles. Cette porte franchie, on est dans une enceinte bien abandonnée, bien triste, où s'élèvent encore des tours, une chapelle, un donjon, et les bâtiments plus modernes mais non moins délabrés d'un couvent qui s'est installé là. Du haut des remparts crénelés, où il faut grimper à la force du poignet, on a sur Avignon et ses innombrables édifices une admirable vue.

Le retour à la ville est charmant ; on ne la perd pas de vue une seule minute, et, dans la poussière dorée qui l'environne, elle semble noyée en une éclatante auréole.

⁂

D'Avignon à Orange, route excellente pour la bicyclette, presque toujours en plaine, et propice aux rapides allures. 30 kilomètres qu'on abat avec entrain, et qui disparaissent sous les roues du vélo. Le paysage est calme et riant. A droite, dans la radieuse atmosphère de la Provence, le Ventoux mord le ciel de sa grande silhouette majestueuse. On dirait le Vésuve, sans le panache de fumée. Dépouillé des forêts de hêtres et de pins à travers lesquelles Pétrarque eut tant de peine à se frayer un chemin pour monter au sommet, il prend, à cette heure où le soleil baisse dans le firmament, des teintes roses et bleues qui font ressortir ses moindres crevasses. Son roc blanc semble avoir conservé la neige qui le couvre pendant dix mois de l'année.

Voici une rivière, souvent chantée par Pétrarque ; c'est la Sorgues, et nous la traversons à Sorgues même, une ville pleine de fabriques, à qui la poétique rivière, prolétarisée, fournit la force motrice.

Au soleil couchant, nous voyons se dessiner, tout au bout d'un long ruban de route rectiligne, une masse noire et carrée. C'est le Théâtre d'Orange, au pied duquel nous ne tardons pas à arriver.

*

Il nous reste encore assez de jour pour parcourir Orange.

Ville toute romaine, et dont les monuments sont si célèbres, si classiques, que c'est assez de les citer.

Nous vîmes donc l'*Arc de triomphe*, qui peut bien avoir été érigé à la gloire de Tibère, en l'an 21. Il est tout à la lisière de la ville et a pour vis-à-vis une lépreuse et noirâtre masure où est écrit le mot : Collège. Les pauvres petits qu'on y enferme s'y doivent terriblement amuser.

Le Théâtre Romain est une œuvre vraiment énorme. On a une crâne idée de ce peuple qui dépensait tant pour ses menus plaisirs, et nos théâtres en carton-pâte et en simili-marbre sont piètres à côté de ce géant dont la façade a 103 mètres de longueur et qu'on a pu au moyen âge transformer en forteresse. C'est écrasant.

Mais quoi? Est-ce le contraste avec Avignon, si vibrant, si animé, si gai? Est-ce la présence de ces bâtisses romaines? Orange nous semble un peu mort. Les Romains n'ont jamais été un peuple folâtre, et leurs monuments ont une gravité qui intimide. Partout où leur trace est restée, il semble que l'ombre de l'oppresseur plane encore et obscurcit même le beau soleil de Provence. Ce peuple d'ingénieurs et de soldats, qu'on nous a tant forcés d'admirer dans notre jeunesse, était-il si admirable?

En tout cas, c'étaient de fameux maçons.

Nous mangeons à Orange notre dernière bouillabaisse. Nous allons maintenant dire adieu à la Provence et la laisser derrière nous. Nous parcourons les rues, le soir, toutes remplies de belles filles, toutes résonnantes de cette langue savoureuse, qu'on ne parle vraiment bien qu'ici. Et nous allons revoir le Théâtre au clair de lune.

Il paraît plus écrasant que jamais, ce vaste tas de pierres, et plus sombre encore que tout à l'heure.

Je ne sais pas quelles pièces on y jouait. Mais il me semble qu'on devait « s'y amuser moult tristement ».

CHAPITRE XXIII

LES CHATEAUX DES BORDS DU RHONE

Guerres civiles. — Piolenc, Mornas, Mondragon, Donzère. — Un pont séduisant. — Viviers. — Le pays blanc. — Une victime des agents voyers. — Le Teil, Rochemaure, Cruas.

Nous avions traversé, du côté de la Garde-Freinet, des contrées toutes pleines du souvenir et des traces des Sarrasins ; à Orange tout nous rappelait la conquête romaine. Nous allons maintenant, en remontant le Rhône, vivre au milieu des restes presque sanglants, presque fumants encore, des atroces guerres de religion du moyen âge.

Partout où un étranglement de la vallée, un

promontoire de rocher, un coude de fleuve permettaient de s'établir, on construisait une forteresse. La plupart étaient formidables et leurs ruines ont conservé quelque chose d'effrayant. C'est d'Avignon à Vienne comme un redoutable chapelet qui témoigne de l'acharnement des luttes d'autrefois. Muets témoins d'affreux crimes, de pillages, de scènes d'horreur et de carnage, de pendaisons, d'exécutions en masse, de raffinées barbaries, où revient sans cesse, comme celui de Barbe-Bleue dans un conte, le nom du baron des Adrets, ils semblent n'avoir survécu à ces siècles rouges que pour orner de leurs murs démantelés cette belle vallée du Rhône, et faire la joie de l'artiste et du voyageur qui passe.

⊕

Au départ d'Orange, commence déjà la série de nos châteaux. Car nous passons, en quittant la ville, sous l'Arc de triomphe, que les princes d'Orange avaient trouvé moyen de changer en forteresse et qu'ils habitèrent. On ne dit pas s'ils s'y trouvaient bien logés.

La route est parfaite, nous roulons délicieusement dans l'air frais du matin. La journée s'annonce magnifique, et nous filons avec la rapidité du vent dans la plaine. A 2 kilomètres d'Orange, nous traversons l'Eygues, un torrent capricieux qui court se jeter dans le Rhône. Des collines rocheuses apparaissent bientôt. Les ruines qui les couronnent sont celles du château de Piolenc. La petite ville, que nous traversons, est toute remplie de fortifications menaçantes, de poternes, de voûtes basses et noires, de créneaux.

Trois kilomètres plus loin, nouveaux rochers, nouveau château fort. Celui-ci est particulièrement tragique d'aspect. Il est campé sur un mur de roc de plus de deux cents pieds de hauteur à pic, et d'une couleur brune sinistre.

Là se passa une scène affreuse. En 1565, Mornas était huguenot. Les catholiques s'en emparent et passent la garnison au fil de l'épée. Quelques jours après, c'était la Fête-Dieu. Les plus fanatiques d'entre les vainqueurs tendirent le devant des maisons avec la peau des cadavres huguenots. Les protestants devaient prendre une belle revanche. Montbrun, un lieutenant du baron des Adrets, alors protestant, reprend la ville et le château. Le baron arrive le lendemain; avisant le précipice, il fait amener au sommet, par escouades, tous les habitants, toute la garnison, et les malheureux sont précipités dans le vide. Les cadavres sont ensuite jetés dans le Rhône; à ceux des chefs on plante des cornes dans la tête, on met des bâtons blancs dans les mains, et on les abandonne, liés sur des planches, au fil de l'eau, avec cette pancarte:

Arc de triomphe d'Orange, face ouest (page 314).
(D'après une photographie de M. H. Ferrand.)

Gens d'Avignon, laissez-nous passer. Nous avons payé le péage à Mornas.

※

Les rochers rouges de Mornas continuent à nous accompagner, tout près de nous, à droite. A gauche, de l'autre côté du Rhône, s'élèvent les contreforts des Cévennes, auxquels sont accrochés des nuages blancs de plus en plus épais. C'est un spectacle curieux que de voir se former peu à peu, à côté de soi, un orage qui tout à l'heure va éclater sur les sommets lointains, les couvrant d'une lourde nappe de noires nuées où les éclairs incessants vont faire d'immenses déchirures.

En attendant, laissant les Cévennes s'inonder de torrents d'eau, nous roulons au beau soleil et bientôt nous atteignons un autre château fort, celui de Mondragon, un beau nom, bien sonore. Sa silhouette fantastique semble tirée d'un conte de fées, de ces contes bleus où il n'était question que d'oubliettes, de caveaux noirs, de cris de hiboux.

Laissant à notre gauche, à 3 ou 4 kilomètres, Pont-Saint-Esprit et son pont, ouvrage des Frères Pontifes, mais qui sert encore, nous véloçons dans une grande plaine; l'orage qui envahit les Cévennes voyage parallèlement à nous.

Les découpures des montagnes prennent des

aspects saisissants au milieu de ce cataclysme. Tour à tour enveloppés dans la tempête ou subitement découverts, les pics et les dentelures nous apparaissent comme d'étranges féeries que les éclairs illuminent à chaque instant. Nous nous félicitons d'échapper à ce déluge et nous allons entonner le *Suave mari magno*, quand notre soleil prend des tons blafards de mauvais augure. Aussi traversons-nous vivement Lapalud et Pierrelatte, villages de plaine, sans grand intérêt.

Notre situation commence à se gâter passablement. Le ciel se couvre de nuages quand nous passons à Donzère, gros bourg très fortifié, dont les remparts, assez bien conservés, aboutissent à une tour qui occupe le sommet de la colline. Les rues de Donzère sont escarpées et d'un pavage plus que rudimentaire. Ses maisons sont des masures. Mais elles portent de vieilles armoiries et il n'est si pauvre étable dont la porte ogivale ne soit délicatement sculptée.

Un chemin atrocement mauvais nous fait descendre au bord du fleuve, où nous allons passer le pont suspendu. Les rochers de Donzère forment là un étroit défilé avec les montagnes de l'Ardèche, en face. Ils sont droits comme un gigantesque mur, et le chemin de fer a dû se frayer une voie avec le pic et la mine pour passer entre eux et le Rhône. C'est fort beau.

Ce qui l'est moins, c'est le pont où nous nous

engageons. Il en est peu d'aussi inquiétants. Les cordes en fil de fer qui le maintinrent jadis éclatent partout, les boulons sont dévorés de rouille, les parapets sont arrivés au dernier degré de la pourriture, le tablier est formé de madriers qui disparaissent de vétusté l'un après l'autre, laissant de grands trous fort commodes pour contempler l'eau qui bouillonne en dessous et coule vertigineusement; on est presque tenté de céder à cette invite et de se laisser gentiment glisser par ces engageantes trouées. Nous passons ce traquenard avec précaution, à pied, car le roulement simultané de deux bicyclettes suffirait à provoquer la dégringolade de tout l'édifice branlant.

C'est égal; nous ne respirons à l'aise que quand nous sommes sur l'autre bord.

Encore une lieue, et les rochers bizarres où Viviers accroche sa cathédrale et ses remparts nous sollicitent de nous arrêter et de déjeuner.

※

A peine sommes-nous à table que l'orage éclate au-dessus de nous. Il fait tellement noir que nous ne pouvons découper nos morceaux qu'à la lueur des éclairs, et que lugubre serait le repas, fait dans une salle basse et déserte, sans la multitude de plats qu'on nous apporte. Nous leur faisons honneur, d'abord par appétit, après par

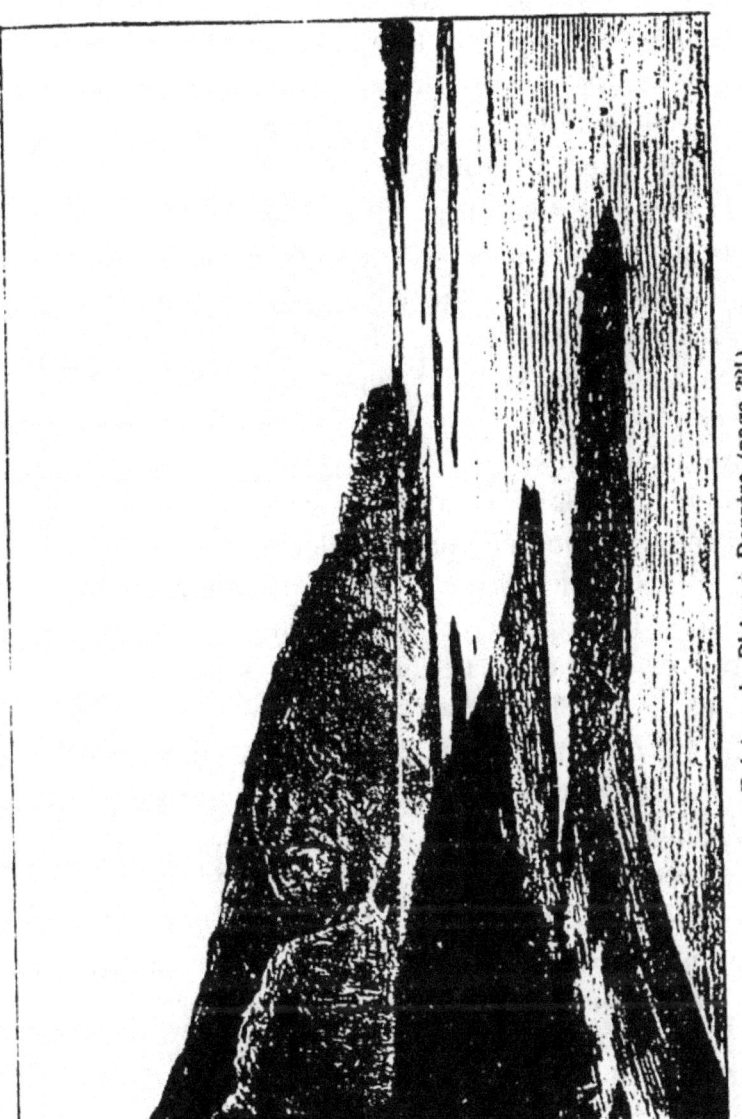

Falaises du Rhône à Donzère (page 321).
(D'après une photographie de M. P. Peyrouze.)

politesse pour notre hôtesse, et plus tard, par manière de passer le temps, n'osant braver le ciel irrité. Nous mangerions encore, je crois, si une éclaircie ne nous invitait à sortir et à faire la visite obligée à la cité inondée.

Viviers est trop peu connu; il mériterait de l'être davantage. Tout y est moyen âge, sévère, rigide. Sait-on que ses trois cent trente évêques ont fourni deux papes à l'Église; qu'ils entretenaient une armée de quinze cents hommes, battaient monnaie, avaient des rois comme vassaux, et ne reconnaissaient que le pape et l'empereur d'Allemagne pour suzerains? Sait-on que sa cathédrale est une des plus petites et des plus extraordinaires de France? Plantée au sommet d'une falaise ardue qui surplombe le Rhône, elle est à la fois forteresse par l'épaisseur de ses murs massifs, et bijou par les ravissants clochetons, les balustrades de son chœur. Plus curieux encore est l'intérieur. Rien n'y rappelle la forme ordinaire des églises du moyen âge. Pas de nefs, transepts, chapelles latérales; rien qu'un chœur presque circulaire et un vaisseau court et large au-devant. Sur ce simple espace, des voûtes d'une merveilleuse légèreté. Tout le pourtour du chœur est tendu de magnifiques tapisseries d'après Le Brun, Raphaël, Poussin. C'est à la fois noble et élégant.

Après Viviers, la route, détrempée, est détestable. Mais, pour nous achever, nous n'étions pas en chemin depuis un quart d'heure qu'un nouveau déluge, celui-là de première classe, vint à fondre sur nous. Nous n'eûmes que le temps de gagner un passage à niveau et de nous réfugier, nous et nos bicyclettes, dans la guérite du garde-barrière. Là, pendant deux heures, notre unique distraction fut de voir passer à divers intervalles les trains, noirs et ruisselants, et de contempler de grands rideaux de peupliers frissonnants sous les rafales.

Ces gros orages sont très fréquents dans les montagnes de l'Ardèche. Lorsque celui-là fut passé, nous repartîmes. Mais, hélas! par quelles routes, à travers quelles flaques et quelles fondrières! Nos vaillantes montures firent courageusement face à l'épreuve, et jamais nous ne leur fûmes plus reconnaissants. Car le moyen de se tirer, à pied, de pareils chemins, de franchir de tels lacs!

Au Creusot, nous avions vu un pays noir. Ici nous sommes au pays blanc. Tout le long de la route, au pied des collines, ce n'est qu'une suite de fours à chaux. Les flancs de la montagne sont entaillés de gigantesques échancrures où s'exploite la pierre calcaire. D'interminables bâtiments d'usine, tout blancs, font une infernale cuisine en de souterraines halles. Des rails, où circulent ces wagonnets qui sortent des entrailles du sol, s'entre-croisent partout. Les fours s'entr'ouvrent parfois, nous laissant voir d'insondables brasiers, crachant des fumées louches. Et ce qui frappe surtout, c'est l'absence de couleur de tout cela ; c'est cette éblouissante blancheur : blancs les hommes, blancs les wagons, blanches les machines, blanches les routes. C'est ici la vraie symphonie en blanc majeur. A la Farge, au Teil, cette blancheur nous poursuit.

Mais nous allons retomber dans le noir. Déjà les ruines du château fort du Teil, échelonnées sur ses montagnes sombres, dominent le Rhône et l'entrée de la vallée où s'enfonce la ligne d'Alais et des Cévennes. A partir de là, la route dépasse en horreur, pour nous, pauvres bicyclistes, tout ce que nous avons vu jusque-là. De fabuleux orages ont dû passer par là il y a très peu d'heures, car le chemin est transformé en chaos ; les murs qui retenaient les terres sont abattus en bloc ; les champs ont passé par-dessus, et les pierres de la montagne, descendant en avalanches, ont suivi les terres. Le plus petit repli de terrain a donné naissance à un torrent dévastateur qui a enlevé la route et a tout recouvert d'épais lits de cailloux. Ces irrésistibles galets ont déraciné les arbres au passage, broyé tous les obstacles. C'est un terrifiant spectacle, et l'on se demande ce qui arriverait si l'on

Rochemaure (page 328).

était surpris, en voyage, par une semblable inondation.

Hippocrate jeune est dans une colère facile à concevoir. Il se prétend de plus en plus en butte à la haine des agents voyers. Toutes mes explications ne font que l'exaspérer davantage contre eux. Hélas! les pauvres gens font ce qu'ils peuvent, et les forestiers aussi. Mais que peuvent-ils, sinon réparer au plus vite la route cassée partout, véritable travail de Sisyphe et des Danaïdes? C'est grâce à leur empressement que nous pouvons passer, tant bien que mal, sur des chaussées provisoires, en terre, en fascines!

« Rouler sur des fascines! ricane mon ami; si ce n'est pas honteux! »

Cela vaut pourtant encore mieux que de ne pas rouler du tout.

C'est à peine si je puis obtenir de ce persécuté qu'il daigne regarder le magique spectacle que présente Rochemaure, juché tout en haut d'une haute colline, hérissée de murs et de tours en ruine, une des merveilles de la vallée du Rhône. Le donjon, séparé par un abîme du château et de la ville, se dresse, seul et sauvage, sur un pic isolé, étonnant dyke volcanique dénudé. Le ciel, rouge d'avoir tant pleuré, lance à travers les brèches et les fenêtres vides d'ardents rayons qui ajoutent au fantastique de la chose. Dans la plaine, de l'autre côté du Rhône, on aperçoit, à une lieue d'ici, Montélimar, la ville de nougat.

Toujours pestant contre les voyers, mon compagnon jure de ne plus rien regarder tant qu'ils persisteront à nous octroyer de si mauvaises routes. Je contemple donc *in petto* un grand rocher isolé qui se détache des pentes de la montagne et vient, comme un éperon violent qui aurait la forme d'un monstre accroupi, barrer le passage. Il faut le contourner, et nous arrivons enfin à Cruas, encore empanaché de vieilles ruines.

La victime des agents voyers déclare qu'elle couchera ici et ne donnera pas un coup de pédale de plus. Va donc pour Cruas! D'autant plus que nous avons pas mal de choses à y voir.

A l'auberge on nous déclare qu'il n'y a qu'une chambre à trois lits, — hum! nous pensons à Saint-Cyr-sur-Menthon! — et qu'un des lits est déjà pris.

Sans nous enquérir si l'occupant est mort ou vif, nous déclinons cette hospitalité. Nous avons désormais une peur superstitieuse des chambres à trois lits. C'est au café Sylvestre que nous trouvons gîte.

Gîte excellent, je tiens à le dire, et accueil conforme. Chambres hollandaises de tenue, dîner exquis sur une terrasse qui regarde la verte plaine du Rhône, hôtes complaisants sans affectation, aimables sans familiarité, tout est parfait. Malheureusement le café Sylvestre n'a pas d'enseigne, et c'est au hasard seul que nous devons de le connaître.

Bicyclistes, mes confrères, profitez de cet heureux hasard, et, quand vous irez coucher à Cruas, descendez au café Sylvestre !

CHAPITRE XXIV

LES BORDS DU RHONE — VALENCE

Cruas et son abbaye. — La Voulte, Beauchastel, Crussol. — Valence. — Tain et Tournon. — Voyage à travers les vins de France. — Saint-Vallier et les grandes manœuvres. — Champagne, ses chiens et ses aubergistes. — Peyraud. — Un lit d'aiguilleur.

Cruas possède deux choses qui doivent lui assurer la visite du touriste : son église, citée partout comme un des plus purs types du style roman de la première époque, et son abbaye-château. L'église est surmontée d'une tour carrée à plusieurs étages d'arcatures, sur la façade, et d'une tour ronde au-dessus du chœur. L'intérieur est à peine éclairé par quelques-unes de ces étroites fenêtres caractéristiques de l'époque. Au-dessous, une remarquable crypte du neuvième siècle.

De misérables et sales ruelles grimpent jusqu'au château qui couronne la montagne. C'était toute une ville que ce château, et en même temps que forteresse il était abbaye. Les abbés étaient, selon l'événement, moines ou capitaines, hommes de paix ou gens de guerre. La chronique du Vivarais est remplie des sièges vaillamment supportés par eux.

De toute cette puissance il ne reste que des ruines, malheureusement dans un état de profond abandon. Pour qui ne craint pas un peu de gymnastique et des escalades innombrables, la visite en est pleine de charme. Ce qui reste est suffisant pour se faire une idée de ce que furent les temps prospères. Nulle part on ne peut mieux se rendre compte de l'ingéniosité des constructeurs du moyen âge à profiter des moindres avantages du terrain pour les faire concourir à la défense. Partout les pièces sont disposées de manière à dominer un précipice; les escaliers sont tellement étroits et raides que l'ascension en est difficile de toute façon; ils tournent brusquement et se terminent inopinément dans le vide. Impossible de continuer si un pont-levis n'est pas abaissé. De belles salles voûtées conservent de grandes cheminées monumentales, aux manteaux armoriés. Puis ce sont de longues galeries souterraines, des logettes creusées dans l'épaisseur des murs, avec de traîtresses meurtrières, fort utiles pour viser l'ennemi et l'occire en restant inaperçu.

Une population très misérable pullule dans ces ruines et s'est installée dans tous les coins et recoins, où elle grouille pêle-mêle avec les porcs, les chiens, les chats, les poules et d'autres bêtes infiniment plus petites et plus nuisibles. A chaque pas qu'on fait dans le labyrinthe des fortifications, on tombe sur une marmaille d'enfants jamais débarbouillés et sur des tas de « povres gens » qui nichent dans des oratoires, dans des salles basses, dans des panneteries, dans des corps de garde, au milieu des voûtes, des chapiteaux sculptés et des fenêtres à meneaux, depuis des siècles veuves de leurs plombs.

Les propriétaires des châteaux en ruine des bords du Rhône n'en font rien, ne les entretiennent pas. Tous les manants qui logent dans ces débris n'ont jamais rien payé pour cela. Ils sont la plaie de ces lieux pittoresques. Un de mes amis fut dernièrement sur le point d'acheter Rochemaure qu'on lui aurait vendu un prix dérisoire de bon marché. Il recula devant l'impossibilité d'exproprier ce ghetto. Il aurait fallu recommencer un siège. Il n'osa.

Le temps s'est rasséréné, les routes sont plus praticables. Nous quittons Cruas plus gais que nous n'y étions arrivés. Une lieue plus loin, nous passons à Baix où il y a deux châteaux forts ruinés et un beffroi carré. Nous remontons toujours le Rhône en le longeant de tout près. Nous voici au Pouzin, tout fumant d'usines et flanqué de ruines féodales, à la Voulte, dont nous montons par cent étroits escaliers visiter le vieux château, la chapelle aux sculptures des plus gauloises, la vaste esplanade et les terrasses d'où la vue est splendide sur la plaine du Rhône et les Alpes. Derrière ces ruines il y en a d'autres plus tristes, parce que plus modernes. Ce sont les hauts fourneaux, qui occupaient des centaines d'ouvriers, et dont la faillite a désolé tout le pays. Ces grandes usines, désertes et se rouillant, inactives, ont quelque chose de navrant et de laid à la fois.

Après la Voulte, Beauchastel, gracieusement assis à l'entrée de la vallée de l'Eyrieux, qui lui joue trop souvent de vilains tours, en débordant atrocement et en couvrant de galets vignes et cultures. Çà et là des cyprès dressent leurs cônes noirs parmi les habitations. Ils indiquent la plupart du temps une tombe de protestant. Les huguenots n'avaient pas droit à la sépulture en terre bénite. On les enterrait dans des jardins, souvent en cachette, et l'on plantait un cyprès pour indiquer l'emplacement de la fosse. Aujourd'hui ces arbres ont grandi et se dressent devant nous comme de vivants reproches des longs siècles d'intolérance.

Mais les rochers clairs, dorés et hardiment découpés qui portent sur leur promontoire les ruines imposantes du château de Crussol nous indiquent l'approche de Valence. Les *Cornes de Crussol*, comme on les appelle, font, d'un côté, à la ville un fond magnifique, tandis que, de l'autre, les Alpes dauphinoises ferment son horizon d'une ceinture incomparable.

※

Le chef-lieu de la Drôme a fort bon air, lorsqu'on y arrive par le pont suspendu qui lui fait une sorte d'entrée triomphale. Une large et belle place monte doucement, ombragée de promenades touffues, vers des rues vastes et bordées de maisons modernes qui ne laissent pas que d'être fort cossues. De beaux cafés, des magasins élégants, un air de prospérité et de propreté donnent à Valence un cachet de préfecture distinguée.

Il s'agit de visiter la cathédrale Saint-Apollinaire. En la cherchant, nous passons dans la Grande-Rue, devant la *Maison des Têtes*. C'est une façade de la Renaissance, célèbre dans tous les guides, surtout à cause de quatre grosses figures bouffies qui, sortant d'œils-de-bœuf dans la frise, représentent les vents des quatre points cardinaux.

Saint-Apollinaire est un grand édifice du bon moment de l'art roman. L'intérieur est très vaste, très élevé, et d'une grande sobriété de détails. Cette cathédrale a été très restaurée depuis une trentaine d'années. On la croirait toute neuve. La tour, très haute, et non sans élégance, a été refaite aussi.

Après Valence, la route redevient tout à fait bonne, et c'est plaisir que d'y rouler. MM. les agents voyers laissent reposer quelque temps leur victime. A deux lieues de la ville, nous passons sur l'Isère, retrouvant ici notre compagne de voyage de la vallée du Graisivaudan, mais fort grossie d'une quantité de grands et de petits affluents.

Nous traversons une plaine fertile, bien cultivée, avec des échappées sur le Rhône et les Cévennes, et bientôt nous arrivons à Tain, petite ville située au pied du fameux coteau de l'Ermitage. Vous vous rappelez Boileau :

> Un laquais effronté me verse un rouge-bord
> D'un auvergnat fumeux qui, mêlé de lignage,
> Se vendait chez Crenet pour vin de l'Hermitage.

Ainsi, du temps de Boileau, on se plaignait déjà des vins falsifiés !

Le phylloxera a détruit toutes les vignes de l'Ermitage. Une à une on les a replantées, et le cru a repris son antique fortune.

Nous déjeunons à Tain, mais le vin qu'on nous sert n'est pas de l'ermitage.

Pour aller visiter Tournon et passer de la Drôme dans l'Ardèche, il suffit de franchir un des deux ponts suspendus ; on change à la fois de ville et de département.

✲

Nous longeons la célèbre Côte-Rôtie, et si nous le voulions bien, notre voyage aurait pu s'intituler Voyage a travers les Vignobles de France. N'avons-nous pas traversé la Basse-Bourgogne, Auxerre, le pays du chablis, Joigny avec sa côte Saint-Jacques ; en Haute-Bourgogne, tout le Mâconnais ; en Provence, la vallée de la Durance ; maintenant voilà que mûrissent autour de nous les côte-rôtie, les Ermitage, les château-grillet ; bientôt, au bord de la Loire, ce sera le tour des vins blancs et du pouilly ; et nous terminerons par les chasselas de Fontainebleau. Si nous avions eu le temps de pousser une pointe vers Cette et Bordeaux, notre carte d'échantillons serait complète.

Quel malheur que la sobriété soit la vertu cardinale du bicycliste !

A mesure que nous remontons vers Lyon, la

contrée perd de son originalité. On ne parle plus provençal ; depuis Valence, l'olivier a disparu ; les tuiles aussi, qui donnaient aux maisons un caractère italien ; enfin les montagnes elles-mêmes ont arrondi leurs sommets, adouci leurs rocs et se couvrent de cultures céréales. Çà et là se montrent encore quelques ruines de forteresses féodales. En revanche la route est toujours des meilleures. Rien de délicieux comme de filer à une allure soutenue sur ces longs rubans qui, à pied, sembleraient interminables, et qu'en vélo on voit disparaître prestement. Un bon véloceman en arrive à ce point qu'il ne s'occupe plus de sa machine ; c'est instinctivement et sans le moindre effort qu'il l'actionne et la guide. Pour peu que la selle soit bonne et la route passable, on se croit emporté par un magique coursier à travers l'espace.

De nombreux confrères en bicyclette commencent à sillonner la route. Il en est de civils, il en est de militaires. Les uns et les autres sont fort affairés et ne voyagent évidemmement pas dans l'unique but de vélocer. C'est qu'on fait, quelque part aux environs, des manœuvres, et qu'un régiment de cavalerie vient d'arriver à Saint-Vallier. En effet, la petite ville est toute pleine d'uniformes bleu de ciel. Sur la place s'agite une multitude active comme une fourmilière, autour de batteries d'artillerie, de voitures régimentaires et d'ambulances ; les rues sont remplies de chasseurs en bandes, qui vont à la botte ou qui en reviennent, chargés de paille. Sur toutes les portes de remises ou d'écuries des inscriptions à la craie mentionnent le nombre d'hommes et de chevaux qui leur est attribué, les numéros des escadrons, les noms des maréchaux de logis. C'est une ville conquise, mais conquise gaîment, et le baron des Adrets n'aurait que faire ici. Toute la population est sur pied, enchantée de cette aubaine qui laissera aux marchands quelques louis, aux enfants la vocation militaire, aux fillettes de longs souvenirs.

Nous traversons de nouveau le fleuve ; successivement Sarras et ses ruines, Andance, baignant le pied de ses maisons dans le Rhône, en face d'Andancette, Champagne et son église romane où sont encastrées des quantités de sculptures gallo-romanes, reçoivent notre visite.

On n'est pas hospitalier dans ce Champagne-là. L'unique et minable auberge de la localité refuse de nous héberger pour la raison à peine dissimulée que nous avons trop mauvaise figure. Assurément la poussière des grandes routes n'a pas embelli nos costumes, ni le hâle estival blanchi notre teint. Mais est-ce une raison pour coucher dehors? Nous tenterons donc la fortune au village suivant, et, si l'on nous y refuse encore, nous irons demander à coucher à M. le curé.

Les chiens de Champagne sont aussi aimables que les aubergistes. L'un d'eux m'inscrit sur la cheville, en caractères indélébiles, que c'est ici un fichu pays, digne de la réprobation des bicyclistes jusqu'à la consommation des siècles.

Nous poussons donc jusqu'à Peyraud, nuitamment. Et l'on consent à nous recevoir et à nous cuisiner un dîner approximatif.

Pour le couchage, il faut s'arranger. La maison ne dispose que d'un lit, trop petit déjà pour une personne seule. Mon compagnon le prendra. Il y en a bien un autre, mais c'est celui d'un pensionnaire, un employé du chemin de fer. Voyez la chance ! Ce brave garçon est justement de service cette nuit ; de sorte que je pourrai prendre sa place, à condition de la lui céder demain matin à six heures. Va bien ! d'autant que ma chambre est ornée d'une casquette galonnée, d'un drapeau rouge et d'une lanterne à verres multicolores, élégamment disposés en trophée le long des murs.

Je dors mal ; je rêve que je suis aiguilleur. Et puis, il me semble tout le temps que six heures vont sonner et que le pensionnaire vient prendre possession de sa couche.

Pendant ce temps-là, Hippocrate jeune passe la nuit à chercher des combinaisons pour tenir à l'aise dans son lit trop petit. Le jour arrive, qu'il **cherche encore.**

CHAPITRE XXV

VIENNE — LYON

Un pays difficile à cultiver. — Sainte-Colombe. — Vienne. — Une ville gaie. — Les ruines romaines. — De Vienne à Lyon. — Le Mont-Blanc. — La bicyclette militaire. — Lyon. — Fourvières et ses objets de piété. — La Convention et les œuvres d'art.

Peu réconfortés par une hospitalité des plus modestes, mais qu'on nous fait payer au taux des hôtels les mieux achalandés, nous reprenons au petit jour notre route le long du Rhône. De jolies prairies vertes, des chemins ombragés et bordés de haies nous en séparent de temps en temps. A gauche, nous longeons des collines toutes couvertes de vignobles, et dont les terres sont maintenues par de petits murs en pierres sèches patiemment établis par les habitants du pays et sans cesse rebâtis après chaque orage. On les appelle des *mas*. Le paysan normand, qui paisiblement laboure ses terres, fauche dans les plaines ses blés ou ses foins, récolte les fruits de ses pommiers sans jamais s'en occuper autrement, ne connaît pas la peine et le mal que donne la terre à ceux qui, comme en Provence ou en ces pays, doivent lui arracher, à force de soins, de labeur incessant et d'entêtement, le produit de leurs sueurs ; il ne sait pas qu'il est des pays où le sol se dérobe au travail acharné de l'homme, où il faut le remonter du bas de la vallée sur le flanc du coteau ; où, dans la plaine, il est parfois recouvert, en une heure, d'une couche de plusieurs pieds de galets, ou bien choisi pour lit par le torrent qui la veille passait à côté. Pour ces pays,

La terre vend bien cher ce qu'on croit qu'elle donne.

Ces contrées, d'ailleurs, n'ont pas un pittoresque extrême. Sans le fleuve, qui roule avec rapidité ses eaux jaunâtres, elles manqueraient un peu d'intérêt. Serrières, gros bourg propre et d'apparence aisée, aligné le long du Rhône au bord d'un quai superbe, Saint-Pierre-de-Bœuf, sur un petit mamelon qu'il faut monter pour le descendre ensuite, Condrieu connu par ses vins blancs capiteux, nous offrent surtout comme charme des bandes de chiens dévorants qui se

La Voulte (page 334).

disputent entre eux le gras de nos mollets. Il nous faut traverser à pied la plupart des villages, nous tenant plus souvent sur la défensive que sur nos bicyclettes.

La route est bonne et reste presque constamment de niveau jusqu'à Vienne, c'est-à-dire pendant huit lieues. Sur la rive opposée, les collines se rapprochent du fleuve et remplacent la grande plaine que nous avions en face de nous. Dans le brouillard du matin nous apercevons des tours, des clochers, une ville, et des ruines de forteresses gothiques escaladant les hauteurs, tout cela se détachant l'un sur l'autre ainsi que des découpures de carton capitonnées d'ouate. A mesure que nous avançons, nous distinguons mieux le mont Salomon, — un mont de 150 mètres de haut, — le mont Pipet, le mont Arnaud, et les villes et les jardins qui en égayent les flancs, la Bastie couronnée de son vieux château démantelé, et, au pied de ces collines, Vienne et ses monuments, ses quais et son pont suspendu.

A l'entrée même du pont et avant de le traverser, il faut visiter Sainte-Colombe, une bourgade qui semble être de ce côté le vestibule de Vienne. Un donjon tout doré par le soleil, un vieux monastère de sombre apparence, de beaux arbres, d'importants vestiges de la magnificence des habitants au temps de Philippe le Bel, donnent à cette ancienne ville, bien déchue, un parfum des vieux âges qui a beaucoup de charme. On y a trouvé nombre de vestiges de l'époque romaine ; en 1773, on y découvrait une des plus belles mosaïques historiées du premier siècle ; l'auteur même de la découverte, homme ami du repos, la fit détruire afin de se débarrasser de la visite des curieux !

☉

Comme à Valence, le pont suspendu fait à Vienne une manière d'entrée triomphale. Mais ici l'arrivée est bien plus imposante : juste au bout du pont, l'ancienne cathédrale Saint-Maurice dresse ses deux tours sans flèches et sa large façade toute fouillée de sculptures. C'est d'un magnifique effet.

Malheureusement, de près il faut en rabattre. Faite sans doute d'une pierre trop tendre, la cathédrale est dans un pitoyable état. Les mille ornements flamboyants, jadis si élégamment ciselés, si patiemment découpés, modelés, parfinis, sont mangés par les intempéries ; les choux, les chicorées, les acanthes, les vignes, les géraniums de pierre ont perdu leurs arêtes, leurs vigueurs se sont arrondies, et ce qui fut autrefois de superbes frises, des arceaux richement ornés, n'est plus que surfaces bosselées de vagues protubérances. Le pignon riche et compliqué de la porte principale est découronné à la moitié de sa hauteur ; la rosace est bouchée, ainsi que la plupart des fenêtres ; les tours surtout sont délabrées et rongées de lèpres blanches. Le baron des Adrets a passé par là et il éprouvait presque autant de plaisir à décapiter des statues que des hommes.

☧

Mais Vienne est avant tout une ville romaine.
C'était même, paraît-il, une ville très gaie, très joyeuse et très riche, une des villes de l'ancien monde où l'on s'amusait le plus. Les mœurs y étaient des plus faciles et d'une légèreté merveilleuse. Ce n'est pas là qu'il fallait venir chercher la matrone romaine, l'épouse sévère qui filait la laine et gardait la maison. On y trouve jusque sur les épitaphes la trace de cet aimable laisser-aller, témoin celle qu'un mari dédie à sa femme, surnommée, dit-il, l'*Amoureuse*; une autre où un bon vivant déclare qu'il part pour le grand voyage après avoir, en parfaite santé, mené soixante ans joyeuse vie ; d'autres encore, si crues qu'il me serait difficile de les citer, même en latin.
Nous ne pouvons, malheureusement, nous absorber dans l'étude des curiosités déterrées à Vienne. La selle d'une bicyclette est une mauvaise chaire d'archéologie. Nous nous bornons donc à courir les rues à la recherche des monuments romains qu'un touriste qui se respecte ne peut passer en profits et pertes. Chemin faisant, nous

notons que, sans être bien vivante, sans même présenter l'animation que justifierait le chiffre de sa population de 25 000 habitants, la ville n'est pas triste et banale. On déniche à chaque instant quelque maison encastrée dans des ruines romaines, quelque entrée voûtée du moyen âge, on y voit, assis sur un piédestal, devant l'hôtel de ville, un Ponsard de bronze, dont l'artiste a respecté la calvitie. Aux bords du Rhône, un caillou de plus ou de moins, ce n'est pas une affaire. On y sent partout la térébenthine et la benzine; c'est une ville de teinturiers. Et sur une petite place, on découvre la *Maison Carrée*. Un charmant morceau d'architecture que ce temple dédié à Auguste et à Livie.

Après avoir jeté un coup d'œil sur les arcades romaines, appelées *la Porte du Théâtre*, nous allons, par la rue interminable d'un faubourg industriel, faire le pèlerinage obligatoire au *Plan de l'Aiguille*, pyramide en pierre portée par quatre arcades, datant aussi de la conquête romaine. C'était probablement la *meta* d'un cirque, la borne autour de laquelle viraient les chars.

En 1792, on érigea en grande pompe à son sommet un énorme bonnet phrygien en tôle surmonté d'une ample girouette tricolore. Il est fâcheux qu'on ait renversé vingt ans plus tard cette preuve du goût artistique de nos pères.

Dans une ville aussi romaine, nous comptions qu'on nous servirait à déjeuner des lamproies, des tétines de truie (*sumina*), du hachis de foie et de cervelle (*tomaculum*), de la brioche au fromage (*scribilitum*) et du vin à la poix (*vinum picatum*); notre menu fut moins antique, à l'hôtel de la Poste, mais certainement meilleur. Encore un hôtel à recommander aux bicyclistes.

⊛

Nous partons, exceptionnellement, aussitôt après déjeuner. Dans notre désir d'arriver de bonne heure à Lyon, nous prenons par le plus court, et, au lieu de suivre la légère inflexion que fait ici le Rhône, nous enfilons la grande route de Marseille à Paris, qui va en ligne droite, en coupant la presqu'île.

En quoi nous avons trois fois tort. Cette route, il est vrai, nous épargne 5 ou 6 kilomètres. Qu'est cela pour les bicyclistes ? En revanche elle a le défaut de n'être pas intéressante, tandis que les bords du fleuve, par Givors, Vernaison, Pierre-Bénite, en suivant la rive droite, sont dignes d'être parcourus.

Deuxièmement elle n'est pas à recommander aux vélocemen. Le sol en est raboteux, dur, décharné, et de plus il y a deux ou trois côtes assez rudes, une notamment à la sortie de Vienne. Pour comble de malheur, les cavaliers que nous avons rencontrés hier à Saint-Vallier ont passé par là et ont déchaussé avec les fers de leurs chevaux tous les cailloux de la route. En de certains endroits elle est même impraticable et il faut descendre, si l'on n'aime mieux tomber.

Troisièmement, en suivant les bords du Rhône, on arrive à Lyon par le faubourg de la Mulatière, au confluent de la Saône et du Rhône, et l'entrée en ville est moins monotone que celle qui nous attend.

Pourtant l'itinéraire que nous avons choisi a une compensation. Un peu après Saint-Symphorien-d'Ozon — un gros bourg au fond d'un vallon où se précipite une descente très dangereuse pour les bicyclistes, — comme nous roulons sur un plateau très cultivé, vers la droite un petit nuage blanc semble s'élever sur notre horizon, au-dessus des champs d'avoine. Le ciel est d'une admirable pureté, nulle part ailleurs le moindre flocon n'en ternit l'azur.

Ce petit nuage, qui grandit à mesure que nous avançons, et dont la forme ne change pas, nous intrigue. Quand tout à coup :

« Eh! c'est le Mont-Blanc! »

En effet, c'est lui, lui, le roi des montagnes, lui, le géant des Alpes, avec ses neiges éternelles, ses terribles glaciers, lui, le Père des Eaux, le Grand Ancêtre!

Cette apparition nous remplit de joie. Nous

nous arrêtons pour mieux voir la grande montagne qui se découpe délicatement sur l'horizon, avec un ton d'un blanc nacré et des ombres bleues si fines, si fines! On la dirait tout près de nous et l'on croirait qu'il suffira de traverser les avoines pour aller la toucher de la main. Et, quand nous réfléchissons combien elle est loin, pourtant, combien elle est grande, que la moindre de ces ombres bleues est un glacier immense ou une énorme vallée, combien de pays et de hautes montagnes couchées à ses pieds il faudrait franchir pour arriver jusqu'à elle, nous sommes écrasés, et, comme dit Corneille, nous demeurons stupides.

✼

Ce n'est plus contre les agents voyers que grogne mon compagnon, mais contre la cavalerie. Est-il Dieu possible d'arranger pareillement les routes!

Certainement, ce n'est pas amusant. Et je pense que, pour les esprits pratiques, la vélocipédie militaire est jugée. Nous avons ici une route, route nationale et constituée de la plus sérieuse façon. Or le passage d'*un seul régiment* de cavalerie a suffi pour la rendre à peu près impraticable aux bicyclettes. Que serait-ce si plusieurs régiments, si de l'artillerie l'avaient parcourue? Que serait-ce si, au lieu qu'il fasse un temps magnifique, des pluies ou des neiges la transformaient en même temps en fondrière ? Que serait-ce si, au lieu d'une route nationale, il s'agissait de chemins vicinaux ou de voies plus étroites encore ? Les mouvements de troupes ne seraient pas commmencés depuis huit jours que les bicyclistes fort penauds seraient versés dans les brancardiers, où ils pourraient du moins rendre quelques services.

Telle est, ami lecteur, notre impression personnelle. Nous trompons-nous ? Peut-être, puisque les bicyclistes militaires sont officiellement constitués, paradent en tête de nos régiments et, en temps de manœuvre, fendent l'air de tous côtés, portant des ordres, reliant des postes, rappelant beaucoup, par leur sveltesse et leur légèreté de mouvements, certaine mouche qui faisait un jour aller certain coche. Mais nous voudrions voir ce que cela deviendrait en guerre et surtout en hiver!

On n'arrive pas souvent à Lyon de ce côté-ci. C'est dommage, car la ville y est merveilleuse à voir. Largement étalée au pied des collines qui l'entourent, et dont la plus élevée est dominée par les tours de Notre-Dame de Fourvières, qui de loin prennent des airs de château fort, baignée dans les fins brouillards de ses rivières, dans les fumées de ses mille usines, encens de l'industrie moderne montant vers le dieu Capital, Lyon fait un splendide effet.

Cantonniers, soyez bénis! Vous travaillez de toutes vos forces à réparer la route, à replacer dans leurs alvéoles les galets déchaussés par les sabots belliqueux des coursiers. Grâce à vous, la longue descente qui mène à Lyon sera pour nous un tapis de velours et mon ami cessera de vitupérer. Ce serait idéalement bon, si en approchant de la ville le pavé ne commençait, cet affreux pavé à précipices des abords des grandes cités. Et ce pavé se perpétue jusqu'au cœur de la ville, où nous pénétrons par l'avenue de Saxe, une des plus longues rues qui existent au monde et une des plus dépourvues de tout caractère quelconque.

Des tramways, des ateliers, des voitures en quantité, un grand concours de citoyens, beaucoup d'affiches, des sergents de ville, puis des places bien propres, bien balayées, bien quinconcées d'arbres, des quais, des ponts, de hautes maisons très banales, des bateaux-mouches, un hôtel avec des garçons en habit noir et des chambres où l'on ne voit goutte... Décidément nous sommes dans une grande capitale.

✠

Essayer de décrire Lyon serait téméraire. C'est une grande ville et voilà tout. Une très grande ville, rien de plus. De Marseille Lyon n'a ni la verve ni l'exubérance; de Rouen elle n'a pas les monuments, ni de Paris l'éternel fourmillement. Mais c'est le type parfait de la grande ville moderne, bien tenue, tirée au cordeau, industrielle, riche, correcte, sauf dans quelques ignobles vieux quartiers, dégoûtants sans même être pittoresques.

La partie la plus originale, c'est Fourvières. Il y a là toute une petite Rome, très catholique, plus catholique presque que la grande. C'est le quartier des couvents; longues rues désertes et muettes, bordées de hautes bâtisses closes ou de grands murs que dépassent les feuillages des préaux et des jardins dévots. Beaucoup d'ordres religieux ont leur maison mère à Lyon. La Propagation de la Foi y a son siège. C'est une des villes les plus importantes de la chrétienté.

Nous montons à Fourvières, comme de juste, par le chemin de fer à la ficelle, pour y voir le Mont-Blanc. Le Mont-Blanc étant, suivant l'usage, caché par les brouillards, nous redescendons entre deux rangées de boutiques d'objets de piété à l'usage des cœurs simples. Les marchandes qui tiennent ces musées sont femmes âpres au gain et sans vergogne. Elles se jettent sur nous comme la misère sur le pauvre monde, nous provoquent de la voix, du geste, de l'œil, nous barrent le passage, nous arrêtent de force. Comme Hippocrate eune contemplait un lamentable portrait de saint Labre, en se récitant mentalement la poésie si connue :

> Un jour le bienheureux Labre
> Se promenait au soleil.
> Il s'assit dessous un arbre
> Pour se livrer au sommeil...

il devint la proie d'une de ces redoutables amazones, lesquelles sont généralement vieilles, presque toutes bossues ou vaguement contrefaites, et claudicantes le plus souvent, mais laides toujours. Il ne put recouvrer la liberté qu'en la payant du prix de quelques opuscules pieux ; si le bienheureux Labre n'avait été sous verre et mal commode à adapter au guidon, il se le fût laissé colloquer sans merci.

En descendant, nous visitons la cathédrale Saint-Jean, qui tourne malheureusement le dos au quai de la Saône. Ses vitraux sont fort beaux. A côté, le bâtiment de la Manécanterie, ou maison des Chantres, est un magnifique morceau d'architecture du onzième siècle.

Sauf l'hôtel de ville, qui est du dix-septième siècle, tous les monuments de Lyon sont modernes. Ce qui ne veut pas dire qu'ils soient sans mérite, assurément. La Convention, pour punir Lyon de s'être montrée rétive au grand mouvement révolutionnaire, ordonna la démolition de la ville. Couthon le paralytique, Fouché, le futur ministre de l'empire, et Collot-d'Herbois, l'ancien cabotin, furent chargés d'exécuter ce décret insensé. La mine fut employée contre les maisons, la mitraille contre les habitants. Et, comme plus tard à Varsovie, l'ordre régna.

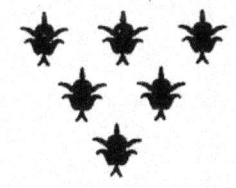

CHAPITRE XXVI

LE BEAUJOLAIS — LA VALLÉE DE L'AZERGUES

L'Azergues. — La Mure. — Un voyageur qui ne voyage guère. — Le col des Écharmeaux et son Napoléon. — Que d'eau! que d'eau! — Les auberges se suivent et ne se ressemblent pas. — La Clayette.

Nous sortons de Lyon par le faubourg de Vaise; nous redoutions ces mortels kilomètres de quartiers industriels qui nous avaient tant assommés au départ de Marseille. A Lyon, de ce côté du moins, il n'en est rien. Uue longue côte, qui, dans l'air frais du matin, n'est pas désagréable à monter, et aussitôt on est dans la campagne.

Une campagne riche et touffue, pleine d'arbres et de prés, gentiment accidentée de collines agrestes et de vallées où coulent de jolies petites rivières. De très aimables paysages qui nous reposent des rocs menaçants, des coups de soleil ardents au milieu desquels nous vivons depuis quelques semaines. Nous entrons dans le Beaujolais, pays granitique et schisteux entièrement voué à l'agriculture, pays de vignobles dont le seul nom évoque des visions de verres pleins de ce vin parfumé, à la claire couleur pelure d'oignon, qui fait l'orgueil des bonnes caves. Les collines dans lesquelles nous nous engageons s'accentuent à mesure que nous avançons : la roche d'Ajoux, où nous passerons tout à l'heure, a 973 mètres. Elles continuent les monts que nous avons traversés il y a trois semaines, lorsque nous quittions Autun.

Du plateau où nous sommes nous descendons dans la vallée de l'Azergues par une ravissante route, en pente douce pendant plusieurs kilomètres, ombragée de bois verdoyants presque tout le temps ; à d'autres moments longeant des rochers gracieux ou passant de petits ruisseaux gazouilleurs et limpides. Une allée de parc. Ah ! le pays aimable, la séduisante contrée ! En vérité on aimerait à vivre ici. Il semble qu'on y doit ignorer les grandes passions, les grandes douleurs, que l'âme doit s'y mettre à l'unisson de ce calme universel et de la paix de ces vallées.

La vallée de l'Azergues est une des plus adorables qu'on puisse voir, et depuis longtemps réputée pour telle. Nous remontons les bords de la petite rivière qui va, affairée et rapide, se fâchant par intervalles contre les roches de son lit, retrouver la Saône. Je ne connais nulle part de vallon plus coquet. A chaque instant le paysage varie, toujours plein de grâce et de fraîcheur, jamais effrayant ni grandiose. Les villages sont rapprochés, de bonne apparence. On sent que le pays n'est pas pauvre, que le paysan n'est pas malheureux. Lozane, Châtillon et son château du moyen âge, perché sur une hauteur, bien et dûment restauré et habité, Chessy et ses mines de fer et de cuivre, Ternand, singulièrement juché au sommet d'un pain de sucre tout seul, Chamelet, la Mure, sont des bourgs des plus cossus.

✤

A la Mure nous déjeunons en compagnie d'un personnage d'une espèce rare. C'est un brave garçon de commis voyageur qui parcourt depuis vingt ans le Lyonnais et le Beaujolais, et qui n'est jamais venu à Paris. Il n'en éprouve nulle envie et tout son horizon se borne à ce Beaujolais et à ce Lyonnais.

L'homme de la chanson, qui n'avait pas vu Carcassonne, ne pouvait s'en consoler. Celui-ci, qui ne verra jamais Paris, s'en console à merveille. Paris, déclare-t-il, ne lui dit rien.

Après la Mure, nous montons longtemps pour

Cour du château de la Voulte (page 334).

aller chercher, au col des Écharmeaux, le passage qui nous fera entrer du bassin de la Méditerranée dans celui de la Loire. Les collines se compliquent et se pressent. Des bois de sapins commencent à couvrir les hauteurs, et le paysage, sans prendre beaucoup de grandeur, devient plus sévère et plus montagneux. Sur le large flanc d'une montagne battue des vents, le petit village de Poule se tasse autour de son clocher carré. Pic plus élevé que ses voisins, le mont d'Ajoux se fait remarquer par la régularité de sa pointe et les forêts de conifères qui grimpent sur ses pentes. Un brouillard épais, humide et froid, s'accroche à ces sommets en blancs nuages. A peine y pénétrons-nous que le soleil s'éteint, et que tout prend une teinte blafarde et lugubre. Quelques maisons basses s'alignent au sommet du col, un des plus tristes que nous ayons vus. C'est le hameau des Écharmeaux.

Ce passage est le point de rencontre de sept ou huit routes qui y aboutissent, venant des quatre points cardinaux. Il est le plus fréquenté de tout le bas Beaujolais; il l'était surtout avant les chemins de fer qui ont dérivé tous les courants de circulation; toutes les maisons du village sont des auberges. Ils sont à plaindre, les gens de cet endroit, s'ils n'aiment pas les courants d'air. Car le vent souffle ici sans cesse, froid et vif.

Un Napoléon en pierre s'élève au bord de la

route, sous une demi-douzaine de sapins. Il est d'une naïveté peu commune, et l'artiste a mis derrière lui deux piles de boulets qui lui donnent, vu de certain côté, l'air d'avoir pour jambes des chapelets de saucisses. La vue même de cette statue, qui doit dater du dixième ou onzième siècle, ne suffit pas à égayer ce lugubre passage.

Du point le plus élevé du col, nous jouirions d'une vue illimitée sur le Charolais, sur Paray-le-Monial, les montagnes d'Autun et celles du Morvan, n'était ce maudit brouillard, et que nous grelottons de froid.

Allons, vite en selle, et descendons vers de nouveaux pays !

*

Nous atteignons, dans le fond de la vallée, le village de Propières; une descente d'importance nous fait traverser des paysages verts et de gras pâturages. Çà et là un castel moderne anime un peu de ses tourelles la monotonie du spectacle; ou bien c'est une grande scierie que fait marcher le Sornin, jolie petite rivière dont nous longeons les bords margés de peupliers, de saules et de gazons, et qui va se jeter dans la Loire. Des moulins beaucoup. Des sabotiers aussi. C'est ici pays de petits bois, et l'on y est fort industrieux.

Quelques gouttes d'eau égarées nous arrivent, en manière d'avertissement pour presser l'allure.

C'est que le ciel, au-dessus du Charolais, est d'un noir d'encre et que nous allons tout droit vers les averses. Nous procédons à notre imperméabilisation.

Il était temps! Les nuées crèvent sur nos têtes et une fois de plus nous voici en plein déluge. Sur les verdures qui nous entourent, la pluie fait de sonores flic-flac, et le Sornin grossit à vue d'œil. Par malheur, nous sommes en pleine campagne, trop loin déjà de Propières pour songer à tourner bride, trop loin aussi de la Clayette, où nous devons arrêter l'étape, pour espérer y arriver avant une grande heure. Nous en prenons gaîment notre parti. Et comme il ne tonne pas et que malgré les flaques nos vélos se comportent à merveille, nous devisons sous les cascades. Nous voudrions qu'on inventât un procédé pour couvrir d'une tente mobile les bicyclettes en cas de pluie. Mon ami me soumet une invention à lui, la pédale-chaufferette, qu'on remplirait de charbon de Paris, et qui serait éminemment confortable. On y arrivera sans doute. En attendant, voici au bord de la route une espèce d'auberge où nous mettons pied à terre, décidés à n'aller pas plus loin et à ne pas braver le ciel plus longtemps.

O infortunés que nous sommes! Là, comme à Champagne au bord du Rhône, on nous refuse carrément, avec cette circonstance aggravante que mettre des chrétiens à la porte par un temps où l'on n'y mettrait pas un toutou, et où les grenouilles elles-mêmes crient : Assez ! est de la part d'un aubergiste un manquement au devoir professionnel.

Nous remontons donc sur nos nobles montures, après avoir exprimé à ces gens au cœur dur l'assurance de notre parfait mépris, et une demi-heure après, ruisselants et éperdus nous frappons à la porte de la première maison de la Clayette, qui se trouve précisément être une auberge.

Sortir d'une inondation comme celle que nous venons de traverser, s'être vu honteusement refuser asile en son chemin, arriver transis et à l'état de noyés repêchés, et trouver un accueil empressé, affectueux, des fagots jetés à pleines brassées dans la vaste cheminée d'une cuisine monumentale, pour réchauffer et sécher les pauvres voyageurs à leur flamme claire et gaie, n'est-ce pas merveille ! La bonne Mme Plassard-Dufy et ses deux charmantes filles se multiplient autour de nous et à notre service. Pendant que nous disparaissons devant le feu au milieu des nuages de vapeurs qui s'exhalent de nos personnes, derrière nous, sur le fourneau monstre, chante la musique délicieuse des casseroles où mijote notre dîner ; nos pieds s'enfournent dans de vastes pantoufles qu'on nous a forcés d'accepter; les jeunes filles préparent pour nous leur propre chambre, et le fils de la maison, qui se connaît en bicyclette, s'empare de nos machines, resserre les écrous, essuie, assèche, frotte, astique, nettoie, dévisse, leur fait enfin une toilette complète, dont elles avaient bon besoin.

Et alors le dîner vient, exquis, plantureux, servi avec mille attentions raffinées; une nappe, des porte-couteaux, des pelles à sel, la plus belle argenterie!

Il pleut toujours. L'eau tombe avec fracas sur la surface d'un petit lac, l'étang de la Clayette, qui s'étend devant nos fenêtres, de l'autre côté de la route. Nous montons prendre possession des virginales alcôves. Les braves cœurs, et quelle touchante confiance ils ont en nous! Tout est à notre disposition, les mille petits bibelots des demoiselles, les menus cadeaux qui ornent les étagères et la cheminée, leur garde-robe tout entière, et les clefs sur les armoires.

Nous n'en abusâmes point. Notre seule indiscrétion consista à parcourir un album de photographies et à faire défiler devant nous tous les parents et amis de la famille Plassard-Dufy. Nous n'y trouvâmes que des physionomies honnêtes et ouvertes, nulle part la tête madrée et sournoise du paysan de certaines autres provinces. Cette revue nous confirma dans l'opinion que notre hôtesse, encore fort bien, avait été une très jolie personne, et que ses filles, une brune et une blonde, pourraient partout passer pour de véritables beautés.

Repasserons-nous jamais par la Clayette? C'est peu probable. En tout cas, l'accueil de ces trois aimables femmes nous restera comme un des plus touchants, des meilleurs de nos souvenirs de voyage.

CHAPITRE XXVII

LE CHAROLAIS — DIGOIN

Histoire d'une culotte et d'un bicycliste. — Comme quoi un Français ne s'arrête jamais en route. — Oyé. — La Loire et ses divers aspects. — Digoin.

Ce matin, la pluie a cessé. Mais le ciel garde encore les traces de ses pleurs d'hier et de cette nuit, et il faudrait peu de chose pour qu'il recommençât à fondre en larmes. Je prévois que l'étape d'aujourd'hui ne sera pas longue.

D'abord c'est dimanche. Nous nous accordons grasse matinée, heureux d'avoir été si bien reçus et sous le prétexte qu'il faut donner aux routes le temps de sécher. En prenant notre café, on nous apprend que le Napoléon d'hier, avec sa redingote grise et son petit chapeau, est l'œuvre d'un sabotier qui s'est enseigné à lui-même la sculpture. Il ne date donc pas de l'époque romane.

Vers huit heures seulement nous nous décidons à partir. A travers de grosses nuées menaçantes le soleil fait de courtes apparitions. Peut-être le temps va-t-il s'élever. Prenant congé de nos hôtesses, nous traversons le village, qui a très bonne mine ; les pompiers se rendent à l'exercice, les femmes et les fillettes à la messe, dans leurs plus beaux atours. Un château du seizième siècle mire dans l'eau du lac ses grosses tours à mâchicoulis et ses hautes toitures en ardoises. Tout respire la prospérité et l'aisance.

Nous mettons la barre sur le petit village de Vareille. Mais nous ne sommes pas en route depuis une demi-heure qu'un premier accident se produit. Hippocrate jeune s'aperçoit, à de certains courants d'air, que sa culotte, déjà mûre au départ, a dû capituler sous les incessants assauts de la selle, et que sa vie privée ne sera pas suffisamment murée à l'avenir. Heureusement la chose est prévue, et une culotte de rechange attend son tour dans nos bagages. C'est le cas ou jamais de profiter de cette prévoyance. Mais voilà ; où trouver un cabinet de toilette décent ? En ce pays découvert, les haies sont maigres ; et, quand une d'elles paraît propice, il arrive que le maître du champ a profité de son dimanche pour aller faire une tournée sur ses terres et qu'il serait inconvenant de s'y installer. Pourtant on finit par s'arranger, et la caravane, culottée de neuf, se remet en marche.

C'est à ce moment qu'une effroyable averse se prend à nous assaillir sans crier gare. En cinq minutes nous sommes trempés, et nous nous réfugions dans une petite auberge où nous procédons de nouveau au séchage de nos individus et de nos machines. Les pieds dans des sabots géants, pendant que nos espadrilles fument devant un misérable feu, nous allons et venons, de la porte à la fenêtre, regardant le ciel, très comiques avec notre air déconfit et notre démarche de canards embourbés.

Mon ami, que l'aventure du pantalon a rendu morose, est pris d'un accès de misanthropie. Il garantit qu'il pleuvra maintenant jusqu'à la fin de notre voyage, que le paysage devient bête, que nos machines vont être mises hors d'usage par l'humidité, les pas de vis se rouiller, les rayons se casser, que sais-je, toute une série de malheurs! De tout quoi il résulte qu'il va prendre le chemin de fer à la prochaine station — c'est la Clayette — et rentrer tout droit à Paris.

« Comment! m'écriai-je. Vous avez fait plus de 1600 kilomètres; il ne nous en reste plus que 4 ou 500 à faire, et vous reculeriez? Et cela parce qu'une pauvre culotte fort âgée s'est mise à

Ruines du château de Crussol (page 355).
(D'après une photographie de M. P. Peyrouze.)

bâiller! Mais c'est honteux! Est-ce qu'un Français s'arrête jamais en route, même et surtout quand il s'est embarqué dans une absurdité! Allons, allons, du cœur, que diable! Après la pluie le beau temps. Sommes-nous en sucre candi ou en cassonade pour redouter quelques averses! Quoi, ni le soleil de la Provence qui nous fondait la cervelle dans le crâne, ni les côtes du Jura, ni le mouton pourri d'Orgon ne vous ont vaincu, et cet affront vous serait infligé par une misérable averse dans un petit trou perdu, à Vareille, dont tout l'univers ignore l'existence! Songez quel déshonneur va souiller votre gloire! Le paysage est bête, vous dites? Mais il n'y a pas de paysages bêtes, il n'y a que des manières bêtes de regarder les paysages. La bêtise est en nous et non dans la nature. Et la Loire, qu'il nous reste à voir, et Nevers et Cosne, et le plaisir de remplir jusqu'au bout un programme tracé, que faites-vous de tout cela? »

Par ce discours à la manière de Tacite, et par bien d'autres encore m'efforçant de relever ses esprits abattus, je réussis enfin à rendre à ce touriste morne un peu de son ancienne ardeur. Un rayon de soleil vint à mon secours et nous repartîmes au bout d'une heure.

✺

Une nouvelle averse commence au moment où nous entrons à l'auberge de la modeste bourgade d'Oyé. La salle est pleine de buveurs en blouse bleue, qui attendent au cabaret que les femmes soient revenues de la messe. L'aubergiste, qui en même temps est boulanger, nous fait à déjeuner tant bien que mal, et plutôt mal que bien. Mais pendant ce temps la pluie cesse.

En sortant d'Oyé, on a une très belle vue sur toute la région du Charolais, région granitique analogue au Morvan comme sol, mais beaucoup moins pittoresque. Les pays les plus riches ne sont pas les préférés des artistes.

A travers une succession de collines et de prairies, nous suivons la petite rivière d'Arconce, qui arrose de verts et épais herbages, où paissent les beaux bœufs du Charolais, si prisés des connaisseurs. Malgré la pluie, la route — c'est un chemin vicinal — est on ne peut meilleure; nous y roulons dans la perfection, et à tous ses griefs contre cette fatale journée Hippocrate jeune joint celui-ci : il n'y a même pas moyen de maudire les agents voyers.

Insensiblement, nous nous rapprochons de la Loire. Après Saint-Yan, nous commençons à la voir. Elle n'a rien de bien séduisant. Très large, elle coule tranquillement au sein d'une grande plaine verte. Les fonds apparaissent en lagunes de sable rosé, qui forment aussi des grèves sur ses bords. Cette rivière a l'air de manquer d'eau. Combien différente elle est, dans le haut de son cours, entre Firminy et le Puy, du côté de Retournac, alors qu'elle se précipite en cascades, bouillonne en cataractes, se fraye un chemin au travers des rocs abrupts et des sapins. C'est la jeunesse, avec ses ardeurs et ses passions fougueuses; la voici maintenant, calmée, assagie, bien raisonnable comme on l'est — ou le devrait être — à l'âge mûr; et plus tard, comme bien des gens, en vieillissant, elle grossit, prend de l'importance, et l'on ne reconnaîtrait pas, dans le fleuve chargé de bateaux qui passe à Saint-Nazaire, le torrent du Forez ou la rivière sans eau du Charolais.

✤

Des fumées d'usines nous annoncent que nous approchons de Digoin.

Digoin est une petite ville industrielle, qui doit en partie son importance à sa situation entre la Loire et deux bras du canal du Centre.

Nous y terminons notre journée, par une dernière déconvenue. A l'hôtel, la remise a brûlé avant-hier; il nous faut mettre nos bicyclettes dans l'office, avec la vaisselle et les balais! Hippocrate jeune devient de plus en plus misanthrope. La vue du Pont-Canal, où je l'entraine pour le distraire de ses sombres pensées, et celle du pont suspendu qui relie Digoin à la plaine de l'autre rive, ne suffisent pas à le dérider. Il se couche en affirmant qu'il pleuvra encore demain.

CHAPITRE XXVIII

AU BORD DE LA LOIRE

Après Digoin. — Cronat. — Les paysages des bords de la Loire. Decize. — Imphy. — Un gendarme regardant.

Ce matin, le temps est remis au beau, et Hippocrate jeune se trouve avoir tort en ses prédictions. Mais il fait un froid très vif. Où sont les chaudes matinées de Provence, qui nous trempaient de sueur dès l'aube? Maintenant il nous faut vélocer ferme pour récupérer un peu de chaleur vitale. Les brouillards qui s'élèvent de la Loire et de la campagne si mouillée la veille nous transpercent. Heureusement l'exercice de la bicyclette est le meilleur de tous les toniques, et au bout d'un quart d'heure nous nous trouvons réchauffés. Nous traversons le canal, puis les deux branches de l'Arroux, cette même rivière que déjà nous avons passée à Autun ; et notre route file entre des collines verdoyantes à droite et la Loire à gauche qui décrit des méandres majestueux au milieu des roseaux, des saules et des osiers, et au delà de laquelle s'étendent des plaines à l'infini. Quelques insignifiants villages échelonnent sur les coteaux leurs maisons et leurs églises sans caractère : c'est Saint-Agnan, Gilly, Saint-Aubin ; les collines s'abaissent de plus en plus et deviennent de simples ondulations. La Loire, elle, s'élargit, s'étale dans sa plaine au milieu de bouquets d'arbres. A une petite lieue à droite, on voit les maisons de Bourbon-Lancy qui s'étagent sur une hauteur ; la petite ville d'eaux fait assez bonne figure sur son piédestal de verdure. Je doute cependant que les rhumatisants qui y viennent faire une saison s'y amusent beaucoup.

Après Saint-Aubin, Vitry ; après Vitry, Cronat. Les villages se succèdent toutes les deux lieues, à peu peu près tous pareils, alignant le long de la grande route leurs chaumières au toit de paille, ou groupés autour d'un clocher pointu en ardoises.

La route continue à être excellente; et vélocer dans ces conditions est un plaisir extrême. On traverse des prairies, des cultures, des campagnes riches et fertiles. Des châteaux modernes ou du siècle dernier se montrent au milieu des masses de verdure de leurs parcs ou au fond de leurs avenues. De riches propriétés ouvrent sur la route les grilles de leurs jardins sablés de gravier et encorbeillés de géraniums rouges. De petites collines bossuent la plaine sur l'autre rive de la Loire, et de minces clochers piquent de leurs flèches bleues le brun du sol ou le vert des prairies. La vue de ce côté plane, libre et découverte, sur des coteaux ondulés qui vont se perdre dans le bleu, ainsi que les vagues d'une mer figée. Des orages qui éclatent tout là-bas projettent de grosses ombres mouvantes sur ce panorama, auquel il manque malheureusement quelque saillie, quelque accident pour accrocher la vue et servir de point de repère.

Une belle descente nous amène tout au bord du fleuve, et en face de nous, au bout d'un beau pont de pierre enjambant la Loire, dans le lit de laquelle broutent paisiblement quelques chevaux, Decize nous apparaît, allongeant ses maisons sans beauté et les ombrages de ses promenades au bord des quais.

☬

Nous jetons en passant un coup d'œil sur les

mines de la Charbonnière et les verreries de Saint-Léger-des-Vignes. Le paysage continue à être bien sage et à manifester les opinions les plus modérées. Mon camarade n'ose plus le traiter de *bête*, connaissant désormais mes théories à cet égard ; mais je ne puis non plus lui demander de pousser des cris d'admiration devant les modestes vallées qu'alternativement nous descendons et remontons. Mais la route est bonne, et son humeur, à lui, s'en ressent. Semblable à ces cochers qui ont beaucoup plus de sollicitude pour leur bête que pour eux-mêmes ou pour leur femme, le bien de sa bicyclette le préoccupe avant tout, et, pourvu qu'elle roule à l'aise et sans se faire de mal, il se tient pour satisfait.

Pourtant, une fois que nous avons traversé l'Aron, une petite rivière qui vient du Morvan, le pays s'accidente quelque peu. De longs caps de collines arrondies s'allongent vers la Loire, et çà et là quelques bois jettent un peu de variété dans notre trajet.

C'est ainsi que s'achève notre journée, une des plus longues étapes, mais une des moins fatigantes du voyage, grâce à l'état parfait des routes. Pendant des lieues et des lieues, les descentes succèdent aux montées, les collines aux vallées, les bois aux champs ; et toujours, à notre gauche, la Loire tantôt éloigne, tantôt rapproche de nous son immense lit sablonneux.

Vers le soir, nous descendons rapidement dans la dépression de terrain où les Forges d'Imphy alignent au bord du fleuve leurs noires cheminées et les grandes halles de ses ateliers.

✹

A Imphy, l'auberge est toute sombre, l'hôtesse, une grande vieille dame décharnée, silencieuse, tout de noir vêtue, sépulcrale. La bonne, au contraire, est une jeunesse sémillante, accorte, gaie, faite au tour et découvrant d'un rire perlé trente-deux dents fines, — ou vingt-huit seulement, car nous n'oserions dire qu'elle ait ses dents de sagesse. — Comment ces deux femmes peuvent elles s'entendre ?

La duègne est méticuleuse. Elle nous apporte pendant le dîner, — lequel est excellent, ma foi, — le livre des voyageurs avec une foule de colonnes à remplir, signer, parapher, certifier. « C'est, nous dit la bonne, que ces messieurs gendarmes sont très *regardants* par ici. »

Justement, voici venir un de ces messieurs gendarmes. Il a l'air brave homme, et après avoir, lui aussi, paraphé le registre, il daigne accepter un petit verre, en échange de quoi il nous offre une prise, et nous raconte ses affaires de cœur. Il paraît qu'il est fiancé à la fille aux dents blanches, et que la noce ne va pas tarder à se faire.

Nous lui souhaitons bonne chance. Il fera bien, une fois marié, d'être plus *regardant* que jamais.

CHAPITRE XXIX

AU BORD DE LA LOIRE — NEVERS

Nevers. — La cathédrale. — Vert-Vert. — Pougues. — La Charité-sur-Loire. — Pouilly. — Cosne.

C'est la future Mme Pandore qui nous sert le café au lait matinal. L'autre s'est attardée au Sabbat et n'est pas encore rentrée. Après de touchants adieux, nous partons pour Nevers.

Imphy est un gros bourg très animé lorsque, comme aujourd'hui, c'est jour de marché. Nous croisons des files de voitures traînées par de beaux petits ânes, amenant au village les légumes, les fruits, le lait, les fromages. La route est très gaie. Beaucoup de bicyclistes, ce qui annonce toujours l'approche d'une grande ville. Un peu après Imphy, d'une colline ombragée de jolis bois, nous découvrons une vue très gracieuse sur Nevers et ses grands monuments, et la plaine de la Loire où fument au loin les usines de Fourchambault. Moins d'une heure plus tard, nous entrons à Nevers par la rue de la Nièvre.

Les rues sont irrégulières, tournantes, avec, dans certaines, de beaux magasins et riches, dans d'autres, d'antiques portes de vieux hôtels. Les quais et le pont sont juste au confluent de la Nièvre et de la Loire. Une belle place précède la façade Renaissance du château ducal, qui sert aujourd'hui de Palais de Justice et de Musée, façade toute couverte de sculptures et de bas-reliefs.

La place de l'Hôtel-de-Ville est contiguë à celle-ci. C'est là que s'élève le chœur de la cathédrale. Une tour ogivale flanquée de grandes statues, très décorative, la surmonte; elle est du seizième siècle, et n'a pas de flèches. L'abside est ornée d'élégants contreforts à jour et d'une grande sveltesse. La cathédrale a été restaurée à fond, beaucoup trop, car il ne faudrait toucher qu'avec la plus grande discrétion à nos joyaux de famille.

Nous cherchons la porte d'entrée principale de la cathédrale, mais à sa place nous tombons sur une autre abside, romane celle-là et bien plus ancienne que la première. De sorte que l'église a deux chœurs, et qu'on n'y peut entrer que par une porte latérale. Aussi a-t-on pu la comparer à un grand vaisseau tenu à l'ancre dans le port.

L'intérieur est grandiose et profondément religieux. Les colonnettes du triforium, — galerie faisant le tour de l'église, au-dessus des arcades qui ouvrent sur les bas côtés, — sont supportées par de petites cariatides fort amusantes. Dans les tympans sont sculptés des anges. Ces dispositions donnent à cette grande nef une originalité très attrayante, et qui corrige l'ordinaire sévérité des églises du moyen âge. Les deux absides, une à chaque extrémité, contribuent encore à l'imprévu de l'impression.

Non loin de la cathédrale est la *porte de Croux*, belle tour carrée qui atteste la richesse des fortifications de Nevers au quatorzième siècle, et qui, avec ses tourelles et ses mâchicoulis, semble dessinée par Gustave Doré, l'artiste des « moyen âge » fantastiques.

Mais le joyau de Nevers, plus austère, et plus intéressant que sa cathédrale, c'est l'église Saint-Étienne. Tout entière du style roman auvergnat, ancienne chapelle d'un monastère de Bénédictins, elle possède une unité de style bien rare. Toutes ses chapelles formant absides à l'extérieur, ses arcades en plein cintre et ses étroites fenêtres en font un type remarquable.

Le beffroi, hautain et carré, de belles maisons en bois, l'évêché, un véritable palais du temps de Louis XIV, attirent encore notre attention. Nous voudrions savoir, par-dessus tout, s'il y a encore un couvent de Visitandines :

> A Nevers donc, chez les Visitandines,
> Vivait naguère un perroquet fameux...

Mais tous les indigènes que nous interrogeons à ce sujet ne comprennent rien à notre histoire de perroquets et de religieuses, et se figurent que nous nous moquons d'eux. Il n'y a pas de ville en France où Vert-Vert soit moins connu qu'à Nevers.

ℰ

De Nevers nous filons sur Pougues. La route est bonne, mais le pays insignifiant. On arrive au village après 12 kilomètres de vertes campagnes, et par une belle descente.

Je suis bien convaincu que les gens qui viennent à Pougues ont réellement mal à l'estomac. Car c'est encore là une de ces localités où l'on ne doit pas s'amuser outre mesure. Certainement l'air y est pur et champêtre, la vie calme et paisible. Mais les excursions à faire aux environs sont d'un intérêt restreint; le bourg lui-même est terne, mi-villageois, mi-civilisé, et sans cachet.

Il y a un bon hôtel, de belle apparence, où nous déjeunons seuls dans une immense salle. La saison est finie. Il n'y a plus que quelques malades attardés; encore déjeunent-ils de bonne heure, et assurément de moins bon appétit que nous.

⊕

Treize kilomètres d'une route toute droite, alignée de façon à faire honneur aux arpenteurs qui l'ont tracée, entrecoupée seulement de quelques menues côtes et descentes, et nous voici tout au bord de la Loire, dont nous longeons la grève sableuse jusqu'à la Charité.

Halte à la Charité-sur-Loire ! C'est une petite ville célèbre parmi les antiquaires, par l'église Sainte-Croix, reste de sa magnifique abbaye clunisienne, un des plus admirables monuments de la France. Le roman fleuri s'y épanouit dans toute la splendeur de ses ornementations grasses et solides. C'est le modèle le plus parfait de l'école bourguignonne ornée, tandis que nous venons de voir à Nevers l'école auvergnate, plus grave, plus sobre.

Malheureusement tout est bien délabré et nous ne nous attendions pas à trouver dans un pareil état d'abandon et l'église et les restes considérables et fort curieux des bâtiments claustraux.

Tournon. — Au fond, Tain et le coteau de l'Ermitage (page 337).
(D'après une photographie de M. P. Peyrouze.)

Des particuliers se sont taillé des demeures dans les dépendances du prieuré ; la nef de l'église est un entrepôt. Le chœur seul est ouvert au culte. Et l'intérieur, imposant, est glacial et empâté d'un badigeon hideux. Quelques réparations intelligentes et discrètes sont urgentes.

Dans la ville, de jolis morceaux d'art se rencontrent partout, portes sculptées, écussons, escaliers en vis, etc. En un faubourg, au milieu des vignes, il reste des anciens remparts des tours, bien malades. Malgré ses fortifications, la Charité eut bien à souffrir, pendant les guerres de religion. Tour à tour la proie des catholiques et des protestants, on y faisait des massacres perpétuels que couronna celui de la Saint-Barthélemy, où la Loire, comme la Seine à Paris, coula rouge.

Une île, au milieu du fleuve, porte un quartier jadis fortifié comme un donjon ; c'était la défense du pont, qui la traverse. Les hautes toitures, se reflétant dans la Loire, tandis qu'en face s'y mirent les arbres des quais de la ville, sont d'un joli effet.

✳

Jusqu'à Pouilly, la route, toujours aussi bonne, ne quitte pas la Loire. De petits bois, de larges plaines, des vallées mignonnes.

Le gros bourg de Pouilly, dont les maisons font la haie au bord de la route, est en ébullition. Des *batteurs de trimard* qui écument les grandes routes viennent de cueillir deux paires de souliers à une devanture, sans seulement s'informer s'ils étaient bien à leur pointure. Ont-ils disparu dans les oseraies des bords de l'eau, dans un fossé de la grande route, ou Mercure, dieu des voleurs, les a-t-il subitement rendus invisibles ? Telle est la question que discutent les groupes animés devant toutes les portes, en attendant ces messieurs gendarmes qu'on est allé quérir. On nous interroge. Avonsnous rencontré des voleurs ? Non, nous n'avons rencontré que deux meuniers conduisant au moulin des sacs de blé. On dit en certains pays que c'est la même chose. Mais, quant à nos confrères en vagabondage, nous ne pouvons fournir sur eux nul renseignement.

Pouilly est un pays de vins blancs. Nous lisons sur l'enseigne d'une auberge :

VIN BLANC SPÉCIAL POUR VÉLOCIPÉDISTES

Avec quoi peut-on bien le faire, celui-là ?

Derrière le cimetière de Pouilly, où se décrépite une vieille chapelle du siècle dernier, symbole visible de la décomposition des choses au milieu de la décomposition des êtres, en s'écartant un peu de la route, on arrive sur un petit plateau d'où l'on a une des vues les plus étendues que je connaisse. Ce n'est point que l'horizon soit accidenté ou présente des points remarquables ; mais il est incommensurable et s'étend vers des infinis où les tons vont se perdant, se dégradant jusqu'à se fondre avec le bleu très apaisé, presque laiteux du ciel lointain. Ah! nous n'avons plus ici les firmaments si profonds, les bleus si noirs, les ombres si brutales de la Provence. Ce que nous voyons est plus doux et a un charme plus intime. De quelque côté que nous nous tournions, comme une mer enserrant un ilot, les plaines doucement ondulées bleuissent et s'enfoncent dans les espaces. C'est la Sologne, le Berry, puis les molles collines de Moulins et de l'Allier, derrière lesquelles on devine, sans les voir, du moins aujourd'hui, les monts de la Marche et du Limousin ; puis les coteaux calmes du Nivernais, et, tout au fond, les monts du Morvan. C'est le seul côté où la ligne d'horizon soit un peu découpée. On dirait que par là notre mer fait de petites vagues. Au pied de l'étroit plateau qui nous sert d'observatoire, la Loire lentement chemine, promenant ses eaux transparentes au milieu des bois et des roseaux. Au premier plan, Sancerre, sur la rive gauche, se dresse sur son monticule. Panorama à recommander aux touristes qui aiment à avoir d'un pays une vue d'ensemble. Admirable quartier général pour un stratégiste.

On s'écarte un peu de la Loire, mais pour la retrouver à Cosne.

Cosne a pour principal mérite d'être notre gîte d'étape pour aujourd'hui. Deux églises, dont une a une tour en faux roman, et l'autre possède une vraie abside romane ; plusieurs fabriques ; une rivulette claire, le Nohain ; un pont suspendu où il fait bon le soir venir, en écoutant murmurer les grands peupliers, regarder la lune faire dans les moires frissonnantes du fleuve un feu d'artifice de paillettes, et, comme dit la chanson, casser ses écus blancs, tandis que, noire et muette, la ville bizarrement se silhouette en sombre ; un hôtel où l'on paraît très ahuri de recevoir deux voyageurs à la fois, dont les fenêtres ferment mal et les tables de nuit pas du tout ; voilà tout le souvenir que nous emporterons de cette sous-préfecture.

CHAPITRE XXX

DE COSNE A PARIS

Encore les bords de la Loire. — Le Gâtinais. — Montargis et son chien. — La forêt de Fontainebleau. — Le retour.

Après Cosne, on continue à longer la Loire, abritée par les ondulations qui forment les derniers éperons de la Puisaye. La route suit la Loire, le chemin de fer suit la route, avec une parfaite régularité, et non moins régulièrement les villages se succèdent au bord du grand chemin. C'est la Celle, Neuvy, Bonny jadis fortifié et dont l'église Renaissance est assez jolie ; et après 30 kilomètres un peu monotones, on arrive à Briare, célèbre par la jonction du canal latéral à la Loire avec celui qui vient de Montargis. On lance précisément, à l'heure où nous passons, un pont-aqueduc en fer destiné à faire traverser la Loire à ce dernier canal. Briare, comme Digoin, vit de son transit et de la navigation.

A partir de Briare, nous quittons définitivement la Loire, non sans regret. Nous avions fini par nous habituer à cette nappe silencieuse et basse qui nous accompagnait depuis trois jours. Nous nous intéressions à ses îlots jaunes et plats, à ses îles que couvraient parfois des forêts miniatures, aux villages que nous apercevions sur la rive opposée, répondant symétriquement à ceux que nous traversions, à ses vignobles, à ses canaux. Mais bientôt nous touchons au terme du voyage. De la vallée de la Loire il nous faut passer, par celle du Loing, dans le bassin de la Seine. Tournons donc le dos au fleuve tranquille et lent, et montons sur le plateau du Gâtinais, dont Montargis est la capitale.

Gâtinais est synonyme de miel, de safran, de forêts giboyeuses, d'étangs poissonneux, d'une foule de bonnes choses ; pour le bicycliste, il est synonyme de routes délicieuses, idéalement roulantes, unies comme glaces, merveilleuses en tout point. De Briare à Montargis surtout, c'est une véritable promenade de 40 kilomètres environ, que nous ne saurions trop recommander aux amateurs. « Route de dames, » murmure mon compagnon, qui, après avoir maudit les agents voyers de leurs fondrières du Midi, leur en veut presque de nous rendre ici la besogne trop facile.

Avec cela on passe au milieu de taillis charmants et solitaires, où le bouleau mêle son tronc d'argent et ses feuilles légères aux sombres verdures des chênes, en des vallons romantiques et déserts. Des bruyères roses, des genêts couvrent de vastes clairières, entre les glandées. Quelques gros bourgs, fort plantureux, se rencontrent sur la route. L'un d'eux, la Bussière, possède un château en briques du quinzième siècle entouré d'un parc de toute beauté. On passe auprès d'un village au nom suggestif : il s'appelle les Choux.

Un peu avant d'arriver à Montargis, la route est fortement triturée par une foule de souliers à clous, allant tous dans le même sens. Des troupes ont passé par là ; nous pouvons nous assurer que le passage de l'infanterie ne détériore pas les chemins, à beaucoup près, autant que la cavalerie, ou que le piétinement de troupeaux de moutons.

Nous trouvons en effet Montargis rempli de pantalons rouges. Plusieurs régiments en manœuvres viennent d'y arriver, et ce ne sont dans toutes les rues que va-et-vient de sergents affairés, leurs cahiers sous le bras, d'officiers avec la sacoche en bandoulière, de troupiers aux souliers couverts de poussière et au visage tanné. Partout les sabres résonnent ; les hôtels sont envahis, les chambres emportées d'assaut, et nous n'obtenons deux lits qu'en nous faisant passer pour correspondants de journaux militaires.

※

Montargis est si près de Paris que tout bicycliste d'une certaine force peut y aller en une journée, et revenir le lendemain. La petite ville, gaie et proprette, ne manque pas d'intérêt. Arrosée par le Loing et son canal, et par le canal de Briare, toujours chargés de bateaux dont le principal passager est un petit âne qui aide souvent à la remorque, elle a, par endroits, l'air d'une Venise minuscule. Le vieux château qui s'élève sur une petite colline n'a plus grand caractère, mais l'église est une des plus élégantes que je connaisse; on ferait tout exprès le voyage pour voir à l'intérieur les colonnettes détachées au pourtour du chœur, d'un effet de perspective ravissant, et son abside Renaissance où les difficultés ont été multipliées pour le plaisir de les vaincre, et ses vitraux, les plus belles verrières modernes que je connaisse.

Nevers a son perroquet. Montargis a son chien. Il est même sculpté sur la cheminée de la grand'-salle du château, peint sur les vitraux de l'église ; comment n'a-t-il pas sa statue sur quelque place publique ? Du temps de Charles VIII, un nommé Mondidier fut assassiné en forêt de Bondy ; son chien, reconnaissant le meurtrier quelque temps après, lui sauta à la gorge. Cet homme s'appelait

Macaire. — Déjà ! — Le roi, prévenu du fait, ordonna que Macaire et le chien comparaîtraient devant lui à Montargis en combat singulier et jugement de Dieu. Ce fut le chien qui eut le dessus.

⊙

Et l'aube se lève sur notre dernière journée.

Nous entrons dans la vallée du Loing, aimable, verte et riante, où la route passe comme une allée de parc, parmi des paysages frais et tout à fait agréables à voir. A vue d'œil la petite rivière grossit. Les collines de ses bords s'escarpent de plus en plus, et finissent par devenir toutes déchiquetées de grès noircis par les pluies, verdis par les mousses, assiégés par des bois de sapins, une miniature des vraies montagnes, à qui ne manquent même pas, par places, l'aridité et la sauvage nudité des pays alpestres.

Mais tournons-nous. Ces entassements de roches aux formes bizarres regardent de grasses prairies, des bosquets touffus, au milieu desquels la rivière contourne ses replis d'argent, allant, pressée et active, à la Seine.

Ce sont par ici pays de pierres. Tout est creusé de carrières ; la plupart des maisons de Paris sortent de ces coteaux. Qui n'a entendu parler de la pierre de Château-Landon, de la pierre de Souppes ? En traversant ce bourg, mon spirituel ami ne peut s'empêcher de faire un rapproche-

Château de Fontainebleau (page 394).

ment gastronomico-géographique avec le village de Choux, d'hier.

Déjeuné à Nemours, dont le château baigne ses tristes murs gris dans la rivière. Traversé ensuite la forêt de Fontainebleau. Ses hautes futaies, ses belles routes ombreuses, ses solitudes toutes tapissées de mousses et de fougères, sont adorables encore, même après toutes les forêts, toutes les solitudes que nous avons fréquentées en notre voyage. Et puis, c'est une vieille amie ; c'est, à la porte de Paris, l'illusion des grands espaces verts, des lointains déserts où l'on peut oublier les bassesses, les misères, les platitudes de la vie, en face de la haute et souveraine nature.

Pourtant ce monde auquel nous voudrions échapper s'impose violemment à nous sous la forme de quelques artilleurs qui font l'exercice du canon dans le polygone où verdoyaient jadis les taillis et se glissaient les sentiers de la Gorge aux Merisiers. De sourdes détonations la forêt retentit, et les rêveries poétiques sont, de cinq minutes en cinq minutes, interrompues par un boum ! qui coupe les ailes à l'idéal et le rabat vers la réalité. Eh oui ! Pendant que sur nos bicyclettes nous jasons de l'art, de la beauté, de la fête des yeux que Dieu donne sans cesse à ceux qui savent la voir, des hommes sont là, qui s'exercent à s'entre-tuer avec intelligence, mathématique et précision. La nature est vaincue, et pinsons et fauvettes, effarouchés, se taisent dans les fourrés ; et l'homme, impuissant à créer, se sentant fort pour détruire, taille à même les forêts des polygones, à même les vieilles villes des rues, à même les murailles humaines que font les armées, de larges brèches, à même les cœurs des trouées sombres. Et quand sur son passage il a tout tué, tout démoli, tout dégradé, tout sali, tout anéanti, il se campe sur ces ruines et se proclame le Roi de la création !

⊕

C'est que, des excursions comme celle que nous venons de faire, on rapporte un grand amour, un grand respect de la nature. C'est qu'on en veut à l'homme, étant si petit, de tenir tant de place et de faire tant de mal, pouvant faire tant de bien. C'est que l'horizon de l'âme s'élargit comme les horizons que l'œil embrasse ; c'est que les poumons ne sont pas seuls à se dilater, les muscles seuls à se fortifier en ces courses saines et vivifiantes : l'esprit aussi et le cœur s'ouvrent à l'aise, n'étant plus bornés et emprisonnés dans les petites conventions et le monde faux où ils doivent se plier pendant de longs mois. C'est qu'on a pu dépouiller, avec la redingote ou l'habit, les hypocrisies, les humiliations, les déboires, les espoirs déçus, les mille petites lâchetés dont la vie est faite ; qu'on se sent vraiment libre sans qu'une loi ait besoin de vous le préciser, qu'on se sent vivre, enfin, et plus près de Dieu!

Quand les voyages en bicyclette n'auraient que ce mérite, dites, mes amis, si ce n'est pas assez! Dites si cela ne suffit pas pour les recommander aux jeunes, dont ils développeront l'intelligence, l'initiative, le courage, la persévérance, en même temps que les jambes et la poitrine ; aux plus mûrs qui y trouveront l'oubli momentané de leurs soucis et de nouvelles forces pour les affronter!

Telles étaient les réflexions que nous échangions en pédalant sur la route de Fontainebleau à Melun et de Melun à Paris. Quand nous franchîmes la barrière, nous avions fait 2112 kilomètres, visité deux cent trente communes, passé dans vingt-deux départements.

Et maintenant, lorsque en pensée nous refaisons ce voyage, le beau, le divin soleil de Provence le domine tout entier, l'illumine de ses rayons ; il nous semble encore sentir ses baisers ardents courir dans nos veines, et nous nous surprenons malgré nous, dans les neiges, les brumes et les boues du grand Paris, à redire les vers du poète provençal :

> O beau soleil de la Provence,
> O gai compagnon du mistral !
> Toi qui fais couler la Durance
> Comme brille dans le cristal
> Le vin de Crau ; lampe vermeille !
> Allume-toi, luis et nous ensoleille !

RENSEIGNEMENTS PRATIQUES

Pour les touristes qui se proposeraient de suivre tout ou partie de notre itinéraire, nous en donnons ici le relevé kilométrique exact, ainsi que des indications sur la nature des routes, les hôtels ou auberges des localités secondaires.

Nous ne citons aucun hôtel dans les grandes villes ou localités importantes, où le cycliste est assuré de ne jamais chercher longtemps un gîte.

Toutes les sections de route qui n'ont pas de mention particulière peuvent être considérées comme bonnes ou suffisantes pour la bicyclette.

Ne pas oublier que les cantonniers rechargent les routes dans le courant d'octobre et qu'elles deviennent alors presque partout impraticables.

De Paris à Villeneuve-Saint-Georges, 12 kilomètres.

Passer par Créteil et Valenton, la route nationale étant très mal pavée.

De Villeneuve-Saint-Georges à Melun, par Lieusaint, 27 kilomètres.

De Melun à Montereau, par Valence, 30 kilomètres.

La route par Chartrettes, Fontaine-le-Port et Moret, plus rapprochée de la Seine, est beaucoup plus pittoresque et n'allonge que de 4 kilomètres environ.

Jusqu'à Vézelay, le sol est excellent et les routes exceptionnellement bonnes.

De Montereau à Sens, 35 kilomètres.

Par Villeneuve-la-Guyard (12 kilom.), Pont-sur-Yonne, *Hôtel de l'Écu* (12 kilom.).

De Sens à Auxerre, 57 kilomètres.

Par Villeneuve-sur-Yonne (14 kilom.), Joigny, *Hôtel du Duc de Bourgogne* (16 kilom.).

La visite de Saint-Julien-du-Sault, *Hôtel des Bons-Enfants*, avant Joigny, allonge de 3 kilomètres, retour compris.

D'Auxerre à Avallon, 51 kilomètres.

Par Cravant (18 kilom.), Vermenton (5 kilom.), Arcy-sur-Cure, *Hôtel Champeau* (7 kilom.) et les gorges du Cousin.

La visite à Vézelay, *Hôtel de la Poste et du Lion d'or* (quitter la route d'Avallon à Sermizelles), allonge de 20 kilomètres, retour compris. On ne saurait s'en dispenser.

D'Avallon à Quarré-les-Tombes, *Hôtel Morlet, recommandé,* 16 kilomètres.

Route très dure, toujours en montant.

De Quarré-les-Tombes à Autun, 63 kilomètres.

Par Dun-les-Places (12 kilom.), Montsauche (9 kilom.), le lac des Settons, *Pied-à-Terre Hôtel, recommandé* (5 kilom.), Lucenay-l'Évêque (21 kilom.).

Faire attention, les routes du Morvan étant un véritable dédale où la bonne voie, une fois perdue, ne peut plus se retrouver sans des pertes de temps considérables.

Sol excessivement raboteux et fatigant.

D'Autun à Mâcon, 104 kilomètres.

Par le Creusot (26 kilom.), Montcenis (3 kilom.), Blanzy, *Hôtel Dauvergne* (11 kilom.), Cluny, *Hôtel de l'Étoile* (40 kilom.).

De Mâcon à Bourg-en-Bresse, 33 kilomètres.

Par le Logis-Neuf, *bonnes auberges* (18 kilom.).

De Bourg-en-Bresse à Nantua, 39 kilomètres.

Par Ceyzériat, *Hôtel du Balcon, recommandé* (8 kilom.). Le pays devient très accidenté : côtes très fortes et descentes dangereuses. Il faut être prudent. Hautecour (9 kilom.).

3 kilomètres après Hautecour, longue côte de Berthian, de 7 kilomètres. On peut l'éviter en passant, au sortir d'Hautecour, par Thoirette et Izernore, détour très pittoresque qui fait faire le tour des monts de Corent et allonge de 14 kilomètres environ.

De Nantua à Aix-les-Bains, 75 kilomètres.

Par Champagne-en-Valromey, *Hôtel Gorrel, recommandé* (39 kilom.), Artemare (5 kilom.), Culoz (8 kilom.), et les rives du lac du Bourget.

D'Aix-les-Bains à Chambéry, 17 kilomètres.

De Chambéry à Grenoble, 61 kilomètres.

Par les Marches (10 kilom.), le fort Barreaux (8 kilom.), le Tencin (17 kilom.) et Domène (16 kilom.); route détestable et défoncée à partir du fort Barreaux.

De l'autre côté de la vallée, sur la rive droite de l'Isère, une autre route, moins mauvaise et de même longueur, passe par le Touvet.

De Grenoble à Sassenage, 6 kilomètres.

De Grenoble au col de la Croix-Haute, 67 kilomètres.

Par Pont-de-Claix (8 kilom.), Vif (8 kilom.), Monestier-de-Clermont, *deux bonnes auberges* (17 kilom.), le col de Fau, Saint-Maurice-en-Trièves, *auberges rudimentaires* (28 kilom.).

Au col de la Croix-Haute, il n'y a ni auberge ni maison. Saint-Maurice, à 6 kilomètres, est le lieu habité le plus rapproché.

Du col de la Croix-Haute à Serres, *Hôtel Fifi,* 39 kilomètres.

Par Lus-la-Croix-Haute, *bonne auberge* (7 kilom.), la Faurie (12 kilom.), Aspres-sur-Buech (9 kilom.).

De Serres à Sisteron, *Hôtel Vassail,* 33 kilomètres.

Par Laragne (16 kilom.).

De Sisteron à Digne, *Hôtel Rémusat,* 38 kilomètres.

Par Château-Arnoux (13 kilom., route caillouteuse), Malijai (6 kilom.).

De Digne à Barjols, *Hôtel Rouvier,* 78 kilomètres. Nombreuses côtes et descentes rapides.

Par Châteauredon (10 kilom.), Puimoisson, *Auberge*

Galicy (22 kilom.), Riez (7 kilom.), Quinson (18 kilom.), Montmeyan (7 kilom.), Tavernes (9 kilom.).

L'arrivée à Barjols est une descente très raide, mais faisable.

De Barjols à Meyrargues, *Hôtel du Buffet de la Gare,* 48 kilomètres.

Par Tavernes (5 kilom.), Varages (4 kilom.), Esparron (10 kilom.), Rians (8 kilom.), Jouques (11 kilom.).

De Barjols à Draguignan, *Hôtel Bertin,* 42 kilomètres.

Par Sillans (16 kilom.), Salernes (5 kilom.), Flayosc (15 kilom.).

De Barjols à Brignoles, 21 kilomètres.

Par Châteauvert et le Vallon Sourd (7 kilom.), le Val (10 kilom.).

De Barjols à Saint-Tropez, 89 kilomètres.

Par Cotignac (13 kilom.), Carcès (7 kilom.), le Luc (20 kilom.), les monts des Maures, la Garde-Freinet, *Hôtel Sola* (20 kilom.), Grimaud (8 kilom.), Cogolin (3 kilom.).

Descente très forte en arrivant à Cotignac.

De Saint-Tropez à Toulon, 71 kilomètres.

Par Cogolin (9 kilom.), la Molle, Hyères, *Grand Hôtel de Paris* (40 kilom.), Carqueyranne. Route raboteuse et médiocre.

De Toulon à Marseille, 65 kilomètres.

Par la Seyne (5 kilom.), Saint-Nazaire (9 kilom.), Bandol (5 kilom.), la Ciotat, *Hôtel de l'Univers* (16 kilom.), Cassis (10 kilom.), Sainte-Marguerite.

Ou par la Ciotat et Aubagne, en allongeant de 8 kilomètres environ.

De Marseille à Avignon, *Hôtel du Louvre*, 94 kilomètres.

Route excellente par les Pennes (15 kilom.), l'étang de Berre, Lançon (27 kilom.), Salon, *Grand-Hôtel* (6 kilom.), Orgon — éviter d'y manger et d'y coucher — (18 kilom.), pont de Bonpas sur la Durance (16 kilom.).

D'Avignon à Orange, *Hôtel de la Poste*, 27 kilomètres.

Route toujours parfaite, par Sorgues (10 kilom.), Courthezon (9 kilom.).

D'Orange à Valence, 103 kilomètres.

Sol médiocre et souvent défoncé par les inondations. Par Piolenc (7 kilom.), Mornas (4 kilom.), Mondragon (4 kilom.), la Palud (8 kilom.), Donzère (16 kilom.), Viviers, *Hôtel du Louvre* (5 kilom.), Rochemaure (13 kilom.), Cruas, *Café Silvestre, recommandé* (9 kilom.), la Voulte (18 kilom.).

De Valence à Vienne, *Hôtel de la Poste*, 76 kilomètres.

Par Tain (17 kilom.), Saint-Vallier (13 kilom.), Andance (8 kilom.), Peyraud, *auberges* (7 kilom.), Serrières, *bons hôtels* (3 kilom.), Condrieu (17 kilom.).

De Vienne à Lyon, 38 kilomètres.

Route médiocre avec fortes montées et descentes, par Saint-Symphorien-d'Ozon (12 kilom.).

Passer de préférence par Givors et la Mulatière, le long du Rhône, en allongeant de 5 kilomètres environ. Route meilleure et plus intéressante.

De Lyon à Digoin, *Hôtel des Diligences*, 117 kilomètres.

Par Lozane (18 kilom.), la Mure (29 kilom.), le col des Écharmeaux, *auberges* (13 kilom.), la Clayette, *Hôtel Plassard-Dufy*, *recommandé* (20 kilom.).

De Digoin à Nevers, 97 kilomètres.

Très bonnes routes jusqu'à Montargis et Nemours.

Par Gilly-sur-Loire (18 kilom.), Cronat, *auberge* (23 kilom.), Decize (22 kilom.), Imphy, *Hôtel des Forges d'Imphy* (22 kilom.).

De Nevers à Montargis, *Hôtel de la Poste*, *recommandé* (123 kilom.).

Par Pougues, *Hôtel Guimaud* (11 kilom.), la Charité-sur-Loire (13 kilom.), Pouilly-sur-Loire (13 kilom.), Cosne, *Hôtel de la Nièvre* (15 kilom.), Briare, *Hôtel de la Poste* (31 kilom.), la Bussière (12 kilom.).

De Montargis à Fontainebleau, 42 kilomètres.

Par Souppes (15 kilom.), les bords du Loing, Nemours (10 kilom.), Bourron (9 kilom.), la forêt (croix de Saint-Hérem).

De Fontainebleau à Paris, 58 kilomètres.

Par la croix du Grand-Veneur, la Table-du-Grand-Maître, la Table-du-Roi et Melun (19 kilom.).

De Melun à Paris (39 kilom.), comme au commencement de l'itinéraire.

TABLE DES MATIÈRES

CHAPITRE PREMIER
AVANT DE PARTIR

Conseils d'amis. — Mon compagnon. — L'itinéraire. — La bicyclette et ses accessoires. — Bagage et costume. — Ce qu'il faut et ce qu'il ne faut pas emporter... 3

CHAPITRE II
DE PARIS A MELUN

Le départ. — Villeneuve-Saint-Georges. — L'entrainement pratique. — 150 kilomètres par jour. — La forêt de Sénart. — Melun, ses églises et sa musique...... 14

CHAPITRE III
MONTEREAU. — PONT-SUR-YONNE

Le château de Vaux. — Singuliers touristes. — Montereau-faut-Yonne. — La vallée de l'Yonne. — Une visite à Louis Piesse. — La bicyclette récalcitrante. — Pont-sur-Yonne et la chasse aux éphémères...... 26

CHAPITRE IV

SENS. — JOIGNY. — AUXERRE

De Pont-sur-Yonne à Sens. — Sens et sa cathédrale. — Pourquoi le vélocipédiste se fait détester. — Le sage Nestor. — Villeneuve-sur-Yonne. — Saint-Julien-du-Sault. — Une église qui moisit. — Joigny. — Auxerre et sa fête 40

CHAPITRE V

AUXERRE. — AVALLON. — LE MORVAN

Auxerre et ses églises. — La chaleur. — Cravant. — Vermenton et le flottage des bois. — Les grottes d'Arcy-sur-Cure. — Vézelay. — Avallon et les gorges du Cousin. — Marche nocturne. — Quarré-les-Tombes.. 58

CHAPITRE VI

LE MORVAN. — AUTUN

Le café au lait de Quarré-les-Tombes. — Le Morvan et son caractère. — Des routes mal famées. — Dun-les-Places. — Le lac des Settons et sa colonie marseillaise. — Moux. — Un bel orage. — L'arrivée à Autun 74

CHAPITRE VII

AUTUN. — LE CREUSOT. — BLANZY

Autun, ses ruines romaines et sa cathédrale. — L'art de descendre. — Un pays infernal. — Avocat malgré lui. — Visite à l'usine du Creusot. — Blanzy....... 88

CHAPITRE VIII

CLUNY. — MÂCON

De Blanzy à Cluny. — Cluny, ses maisons, son abbaye. — Les Vandales. — Des palefreniers bien logés. — Les montagnes. — Mâcon. — Un dîner gai. — Cruelle énigme.. 99

CHAPITRE IX
BOURG-EN-BRESSE. — NANTUA

La maison hantée. — Bourg-en-Bresse. — L'église de Brou. — Ceyzériat. — Notre confrère. — Visite aux grottes d'Hautecour. — La côte de Berthian. — Je tombe, tu tombes... — Arrivée à Nantua............ 108

CHAPITRE X
NANTUA. — LE VALROMEY

Le lac de Nantua. — Route de Genève. — Le Valromey et ses sapins. — Descente de la vallée. — Champagne-en-Valromey. — Une exploration nocturne. — Nouvelle énigme........................ 121

CHAPITRE XI
LE LAC DU BOURGET. — AIX. — CHAMBÉRY

Le Bourget. — Promenade au bord du lac. — Déjeuner improvisé. — Aix-les-Bains et la belle société. — Un jeu de cochers. — Des charrettes obstructionnistes. — Chambéry................................ 131

CHAPITRE XII
LE GRAISIVAUDAN. — GRENOBLE

Le fort Barreaux. — La vallée du Graisivaudan. — Une bien mauvaise route. — Une auberge où l'on ne revient pas. — Grenoble et ses excursions. — Les gorges de Sassenage. — Singulière façon de respirer le grand air.. 141

CHAPITRE XIII
DANS LES MONTAGNES

La ligne de Grenoble à Marseille. — Les montagnes. — Variété d'aspects. — Monestier-de-Clermont. — Un philosophe heureux. — Le col de Fau. — Le mont Aiguille. — Le pays de Trièves. — Des paillasses en révolution............................... 156

CHAPITRE XIV
LA CROIX-HAUTE. — SISTERON

Le col de la Croix-Haute. — Le Buech et Lus-la-Croix-Haute. — Pris dans les neiges. — Serres. — La vie en plein air. — Un boulanger mal à l'aise. — Des animaux considérés dans leurs rapports avec la bicyclette. — Sisteron. — Un Parisien égaré..... 167

CHAPITRE XV
LA VALLÉE DE LA DURANCE. — DIGNE

Un voyageur du dix-septième siècle. — L'olive et l'olivier. — La Durance. — Une mauvaise route. — Une procession de pénitents. — Digne. — La sieste. — Des torrents au travers de la route. — Puimoisson. 185

CHAPITRE XVI
DE PUIMOISSON A CALISSANNE

Riez et ses ruines romaines. — La descente dans la vallée de Quinson. — Qu'est-ce qu'une vache? — Le Verdon. — Montmeyan et les souvenirs des Maures. — Fox-Amphoux. — Mistral et sirocco. — Le Mûrier. — Calissanne........................... 199

CHAPITRE XVII
DANS LE VAR. — BARJOLS ET SES ENVIRONS

Le Var inconnu. — Une petite ligne. — Comment on on vit dans un « château ». — Barjols; ses beautés et ses fumiers. — Ascension des Bessillons. — *Conservatours* et *répoublicans*. — Le Vallon Sourd. — Sillans. — De Barjols à Meyrargues. — Orage..... 212

CHAPITRE XVIII
COTIGNAC. — LA GARDE-FREINET

Pluie et beau temps. — Cotignac et son rocher. — Le Luc. — Histoire d'un gobelet de cuir. — Les monts des Maures. — La Garde-Freinet. — Un Cochinchinois de Dunkerque. — Le vent............ 236

CHAPITRE XIX

LA MER. — HYÈRES. — TOULON

Géologie et bicyclette. — La région de Cogolin. — Les chênes-liège. — Hyères. — Toulon. — Les quais de Toulon. — Les rues et l'arsenal. — Les cafés. — Docteur en droit ou bandagiste?.......... 256

CHAPITRE XX

LA MER. — LA CIOTAT. — MARSEILLE

La rade de Toulon. — Saint-Nazaire. — Bandol. — Ce que doit boire un bicycliste. — Un joli ménage. — La Ciotat. — Séparation. — Cassis. — Marseille. — Promenade en mer. — Un bain, s. v. p.......... 268

CHAPITRE XXI

MARSEILLE. — SALON. — ORGON

Départ de Marseille. — Les faubourgs. — L'étang de Berre et son inutilité. — Lançon et son vieux château. — Salon. — Une consigne intelligente. — Orgon... 286

CHAPITRE XXII

AVIGNON. — ORANGE

D'Orgon à Avignon. — Laure et Pétrarque. — Les rues d'Avignon. — Le palais des Papes. — Son délabrement. — Une triste visite. — Les remparts. — Le pont d'Avignon. — Visite à Villeneuve. — Le Ventoux. — Orange et les Romains 298

CHAPITRE XXIII

LES CHATEAUX DES BORDS DU RHONE

Guerres civiles. — Piolenc, Mornas, Mondragon, Donzère. — Un pont séduisant. — Viviers. — Le pays blanc. — Une victime des agents voyers. — Le Teil, Rochemaure, Cruas.................................... 316

CHAPITRE XXIV
LES BORDS DU RHONE. — VALENCE

Cruas et son abbaye. — La Voulte, Beauchastel, Crussol. — Valence. — Tain et Tournon. — Voyage à travers les vins de France. — Saint-Vallier et les grandes manœuvres. — Champagne, ses chiens et ses aubergistes. — Peyraud. — Un lit d'aiguilleur.. 331

CHAPITRE XXV
VIENNE. — LYON

Un pays difficile à cultiver. — Sainte-Colombe. — Vienne. — Une ville gaie. — Les ruines romaines. — De Vienne à Lyon. — Le Mont-Blanc. — La bicyclette militaire. — Lyon. — Fourvières et ses objets de piété. — La Convention et les œuvres d'art.. 341

CHAPITRE XXVI
LE BEAUJOLAIS. — LA VALLÉE DE L'AZERGUES

L'Azergues. — La Mure. — Un voyageur qui ne voyage guère. — Le col des Écharmeaux et son Napoléon. — Que d'eau! Que d'eau! — Les auberges se suivent et ne se ressemblent pas. — La Clayette...... 356

CHAPITRE XXVII
LE CHAROLAIS. — DIGOIN

Histoire d'une culotte et d'un bicycliste. — Comme quoi un Français ne s'arrête jamais en route. — Oyé. — La Loire et ses divers aspects. — Digoin.. 366

CHAPITRE XXVIII
AU BORD DE LA LOIRE

Après Digoin. — Cronat. — Les paysages des bords

de la Loire. — Decize. — Imphy. — Un gendarme *regardant*.. 373

CHAPITRE XXIX
AU BORD DE LA LOIRE. — NEVERS

Nevers. — La cathédrale. — Vert-vert. — Pougues. — La Charité-sur-Loire. — Pouilly. — Cosne...... 378

CHAPITRE XXX
DE COSNE A PARIS

Encore les bords de la Loire. — Le Gâtinais. — Montargis et son chien. — La forêt de Fontainebleau. — Le retour... 388

Renseignements pratiques......................... 397

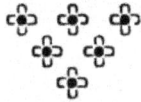

TABLE

DES

GRAVURES HORS TEXTE

Cascades de Sassenage, gorges du Furon	21
Sassenage. Grande cascade du Furon	45
La Meije	61
Massif de la Meije	93
L'Obiou, vu du Triéves	117
Route de la Grande-Chartreuse, entrée du Désert	143
Entrée des grottes de Sassenage	151
Le Plan des Roses, au-dessous du col de la Croix-Haute	161
Bords du Buech	169
Serres et le mont Jardanne	173
Vue générale de Sisteron	177
Le Rocher feuilleté de Sisteron	183
Sisteron	193
Le Pont de la Durance, à Sisteron	201
Pontevès	207
Les Besseillons, vus de Cotignanne	209
Barjols, vu du château de la Reine-Blanche	215
Vue générale de Barjols	219
Le Ravin des Carmes, à Barjols	221
Route de Correns, Le Vallon Sourd	225
Bords de l'Argens, dans le Vallon Sourd	228

TABLE DES GRAVURES HORS TEXTE

Falaises du Vallon Sourd.	231
Une rue à Correns.	233
Châteauvert, dans le Vallon Sourd.	239
Cascade de Sillans.	243
Au bas de la cascade de Sillans.	249
Cotignac.	251
Une rue de Cotignac.	253
Défilé dans les Maures.	259
Les Vieux-Salins d'Hyères. Au fond, l'île de Porquerolles.	271
Port-Miou, baie de Cassis.	279
Port de Cassis.	291
Arc de triomphe d'Orange, face Ouest.	319
Falaises du Rhône à Donzère.	323
Rochemaure.	327
La Voulte.	343
Cour du château de la Voulte.	359
Ruines du château de Crussol.	369
Tournon. Au fond, Tain et le coteau de l'Ermitage.	383
Château de Fontainebleau.	393

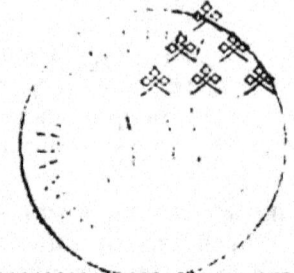

PARIS
LIB.-IMPRIMERIES RÉUNIES
2, rue Mignon

Librairies-Imprimeries Réunies. — ANCIENNE MAISON QUANTIN
May et Motteroz, Directeurs — Paris, 7, rue Saint-Benoît.

EN VENTE CHEZ TOUS LES LIBRAIRES

Encyclopédie des Sports, publiée sous la direction de M. Philippe DARYL.

Dernier Volume paru :

Les Jeux de Balle et de Ballon

(Paume, Foot-ball et Lawn-Tennis)

Par un Juge du camp

Un volume in-8° de 300 pages, contenant 150 dessins inédits de L. Riverend, Gentiloud et E. Vavasseur. — Couverture en couleur, composée par R. de La Nézière. — *Prix :* Broché, 6 fr. Relié, 7 fr.

Ont paru précédemment :

L'Équitation moderne, par un Officier de cavalerie. — Illustrations de R. de La Nézière.

La Vélocipédie pour Tous, par un Vétéran. — Illustrations de Gentiloud et Ed. Loevy.

Prix de chaque volume : Broché, 6 fr. — Avec reliure souple, 7 fr.

═══════════════════════════════

Guides-Albums du Touriste, par CONSTANT DE TOURS

Derniers Guides parus :

Vingt Jours sur les Côtes de l'Océan
de la Loire à la Gironde

Par CONSTANT DE TOURS

Album illustré de 125 dessins exécutés d'après nature. Dans un cartonnage artistique, avec fers spéciaux. *Prix* . . . . . . 3 fr. 50

Vingt Jours dans le Nouveau Monde

Par OCTAVE UZANNE

Un volume oblong de plus de 200 pages, avec 160 illustrations toutes inédites et d'après nature. *Prix* . . . . 5 fr.

GUIDES-ALBUMS précédemment parus :

Vingt Jours à Paris. Un album oblong de 200 p. de texte, illustré de plus de 200 dessins d'après nature. Dans une reliure artistique, argent sur bleu. . . . . 3 fr. 50

Vingt jours du Havre à Cherbourg (Rouen, Basse Seine et Côtes normandes). Avec 130 dessins d'après nature et Fernand FAU. Dans une reliure artist., avec fers spéc. 3 fr. 50

Vingt jours en Suisse. Avec de magnifiques dessins de Houpin, Nac et Montader. . . . . 5 fr.

Vingt jours à Tunis et en Tunisie retour par Constantine, par Ch. LALLEMAND. Avec 156q. et 175 dess. d'après nature. Dans un cartonnage artistique, avec fers spéciaux. . . 5 fr.

Vingt jours sur les Côtes de Normandie, de Bretagne et à l'Ile de Jersey. Avec 110 dessins d'après nature par les meilleurs artistes. Dans une reliure artistique, impr. en argent, sur vert de mer. . . . . . 3 fr. 50

Vingt jours en Bretagne (de Saint-Malo à Brest).

Vingt jours sur les Côtes Bretonnes (la Basse Loire et les Côtes de Nantes à Brest).

Deux Guides-Albums formant une Étude complète sur la Bretagne pittoresque, illustrés chacun de 125 dessins d'après nature, par Bourdien, FERNAND FAU, DE HUNGGRAFF, MONTADER, LOEVY, FAUCHER-GUDIN, VAUZANGES, NAC, GOTORBE, TILLY, etc.

Prix de chaque Guide-Album dans un cartonnage artistique avec fers spéciaux. 3 fr. 50

ÉTRENNES DU TOURISTE

Les CINQ Guides-Albums de la FLANDRE, de la NORMANDIE et de la BRETAGNE ont été réunis dans une élégante petite valise de fantaisie et sont en vente, sous cette forme, dans les principales Librairies.

13083. — Librairies-Imprimeries réunies, rue Mignon, 2, Paris.

www.ingramcontent.com/pod-product-compliance
Lightning Source LLC
Chambersburg PA
CBHW051836230426
43671CB00008B/982